한달 공부 **데이터 분석**

실무에서 바로 통하는 데이터 분석 특강
"시장 분석부터 빅데이터까지"

한달 공부 **데이터 분석**

실무에서 바로 통하는 데이터 분석 특강
시장 분석부터 빅데이터까지

저자 전익진

초판 1쇄 발행일 2020년 8월 25일
개정판 1쇄 발행일 2022년 2월 15일
개정2판 1쇄 발행일 2024년 9월 10일

기획 및 발행 유명종
편집 이지혜
디자인 이다혜, 이민
조판 신우인쇄
용지 에스에이치페이퍼
인쇄 신우인쇄

발행처 디스커버리미디어
출판등록 제 300-2010-44(2004. 02. 11)
주소 서울시 마포구 연남로5길 32, 202호
전화 02-587-5558

ISBN 979-11-88829-44-6 13000

한달 공부 **데이터 분석**

실무에서 바로 통하는 데이터 분석 특강
"시장 분석부터 빅데이터까지"

전익진 지음

디스커버리미디어

Contents
목차

개정판을 내면서 6

개정2판을 내면서 9

PART 1 시장 분석과 매출 분석

1 **집계와 분석** 데이터로 할 수 있는 것 12
2 **시장분석** 목표 시장을 선정하라 17
3 **시장 점유율 분석** 시장에서의 지위를 파악하라 28
4 **성장률 분석** 우리는 얼마나 성장하고 있는 거야? 36
5 **비용분석** 얼마나 남기고 장사하세요? 45
6 **제품별 매출 추이** 매출은 거짓말을 하지 않는다 54

PART 2 수요 예측

1 **목표 매출액 분석** 올해 매출 목표가 얼마인가요? 66
2 **시계열 분석** 정량적인 방법으로 수요를 예측하라 75
3 **시계열 추세 분석** 예측은 미래에 대한 최소한의 준비다 85
4 **기울기와 절편** 월별 예측치를 산출하라 95
5 **수요 예측** 조금 더 깊이 있는 접근 103
6 **수요 예측을 한다는 것** 모두가 내 생각과 같을 수는 없어요! 112

PART 3 재고 분석

1 **재고 분석** 재고의 회전율을 높여라 122
2 **적정 재고란?** 많지도 그러나 적지도 않게 135
3 **안전 재고 분석** 임아, 그 선을 넘지 마오 144

4 | **부서 이기주의** 어디든 다 똑같아 156
5 | **생산(발주) 모형** 지금 이 순간 그리고 이만큼 162
6 | **경제적 생산량 분석** 생산 비용과 재고 관리 비용을 동시에 최소화하라 172
7 | **ABC 재고 관리 기법** 선택하고 집중하라 1 184

PART 4 효율성 분석

1 | **생산성 분석 방법** 어차피 고객은 제품으로 판단한다 194
2 | **노동 생산성과 비용 생산성 분석** 뿌린 대로 거두리라 202
3 | **생산 효율성 분석** 생산은 잘 되고 있습니까? 210
4 | **설비 생산성 분석** 기계는 얼마나 일을 잘할까? 221
5 | **제품 효율성 분석** 퇴출시켜야 할 제품을 찾아라 233
6 | **제품 구성의 효율화** 선택하고 집중하라 2 247

PART 5 빅데이터 분석

1 | **제1강 납기 준수율 분석** 물류의 최종 목표는 기업의 진심을 고객이 느끼게 하는 것이다 258
2 | **제2강 소비자 반응 조사** SNS를 분석하라 266
3 | **제3강 연관규칙 분석** 소비의 흐름을 파악하라 279

에필로그

1 | 셀 수 없는 것을 분석하라 296
2 | 꼭 알아야 할 기업의 재무 건전성 지표 6가지 305

특별 부록 데이터 분석가가 갖추어야 할 5가지 핵심 역량

❶ 스킬보다 비즈니스 환경을 먼저 이해하라 315
❷ 수학을 잘할 필요는 없다, 그러나 확률과 통계는 알아야 한다 321
❸ 알고리즘은 코딩이 아니라 논리적으로 생각하는 힘이다 328
❹ 스토리텔링 기법을 활용하여 커뮤니케이션 능력을 키워라 334
❺ 다르게 생각하고, 색다른 시선을 가져라 343

개정판을 내면서

데이터 분석은 가치를 찾는 일입니다

"AI의 시대에 무엇을 준비해야 하나요?"

요즘 가장 많이 받는 질문입니다. 저의 대답은 명료합니다.

"데이터를 가능하면 많이 모으세요. 그리고 그 안에서 가치를 발견하세요."

인공지능시대엔 개인이든 기업이든 분야를 가리지 않고 데이터를 많이 확보하는 게 중요합니다. 특정 분야의 데이터를 수집하는 것보다 다양한 분야, 조금 심하게는 분야를 가리지 않고 확보하는 것이 좋습니다. 어떤 상황이, 어떤 이슈가, 특정 분야에 국한되어 나타나지 않는 시대가 되었습니다. 지금은 데이터를 다루는 기술보다 데이터를 충분히 확보하고 있느냐, 그렇지 않느냐가 더 중요합니다. 여기에 더해서 구성원의 데이터를 바라보는 관점의 차이가 기업의 운명을 결정할 것으로 판단합니다. 데이터를 확보하는 것만큼이나 중요한 게 데이터를 활용하는 일입니다. 데이터를 잘 활용하려면 데이터를 어떻게 바라보고, 어떤 의미와 가치를 발견해내는가가 중요합니다. 그렇게 되려면 무엇보다 데이터와 친숙해져야 합니다.

이 책을 처음 출간할 때보다 데이터에 대한 관심이 더욱 높아졌습니다. 여러분은 어떻습니까? 데이터와 더 친해지셨나요? 아니면, 아직도 데이터는 머나먼 우주의 이야기인가요? 여전히 데이터 분석에 대한 두려움이 존재한다면 아마도 이 책을 아직 읽지 않은 분들이겠죠?

개정판을 내는 지금도 이 책의 목적은 분명합니다. 데이터는 어떻게 가치가 되고, 어떻게 비즈니스가 되는지 더불어 고민하는 것입니다. 이제, 데이터 분석은 누구나 할 수 있고 누구나 해야 하는 덕목입니다. 누구나 쉽게 접근할 수 있는 영역임에도 '데이터 분석'이라는 단어가 부담을 주는 모양입니다. 꽤나 복잡해야 하고 알 수 없는 용어로 치장된 것만이 데이터 분석이라고 생각하기 때문입니다. 그래서인지 아직도 나와는 상관없는 이야기로 치부하는 분들이 많습니다. 하지만 데이터 분석은 그런 게 아닙니다. 데이터 분석은 아주 단순한 사칙연산만으로도 진행됩니다. 데이터를 통해 가치를 발견할 수 있다면 모든 것이 데이터 분석이 됩니다.

제 소개를 간단히 해볼까 합니다. 저로 말할 것 같으면 수학을 정말 더럽게 못하는 데이터 분석가입니다. 그럼에도 오랜 시간 데이터 분석 업무를 하며 살고 있습니다. 통계에 기반한 전통적인 방식의 데이터 분석에서 출발하여 AI 시대에 발맞춰 빅데이터 분석 분야까지 오게 되었습니다. 그렇다면, 저는 부족한 학문적 결함을 커버하기 위한 컴퓨팅 기술이 좋을까요? 아닙니다. 수학을 이렇게 못해도, 컴퓨팅 기술이 이렇게 모자라도 이 자리에서 계속 일을 할 수 있다는 게 저도 신기할 따름입니다. 뜬금없이 왜 자기소개인지 궁금하시죠? 저같이 부족한 사람도 데이터 분석하며 살고 있다는 말씀을 드리고 싶기 때문입니다. 그러니 저보다 훨씬 뛰어난 여러분에겐 충분히 가능한 영역입니다.

단번에 정상에 오를 수는 없습니다. 한 걸음 한 걸음 내 딛다 보면 그리고 꾸준하게 오르다 보면 정상에 다다를 수 있게 되는 것이죠. 세상사 모든 것이 그렇습니다. 데이터 분석도 산을 오르는 것과 같습니다. 쉽고 재미난 이야기부터 단계적으로 접근하고 이해하다 보면 좀 더 복잡한 것을 요구하고 다루게 됩니다. 솔직히 뭐 굳이 우리가 산 정상에 오를 필요가 있을까 생각도 듭니다. 산을 싫어 하는 분들도 계시니까요. 저는 직업이 데이터 분석가이니 산 정상을 향해 나아가야 합니다. 중간중간 가파른 언덕을 만나도 꼭 넘어야 합니다. 하지만 여러분은 평탄한 둘레길을 걷는 것만으로도 충분히 만족할 수 있습니다. 내 수준에 맞는 데이터를 분석하면 됩니다. 내가 속한 환경에서 필요한 데이터 분석으로 도움을 줄 수 있는 수준의 가치만 발견하면 됩니다. 이 책을 선택하신 모든 분들이 데이터 분석의 둘레길을 행복하게 걸었으면 합니다.

평범한 일상이 곧 되돌아오길 기원하는 마음을 담아

2022년 2월

전익진

개정2판을 내면서

데이터 분석의 작은 등대가 되길

먼저 많이 부족하지만, 이 책을 선택하고 읽어 주신 독자분들에게 감사의 말씀을 전합니다. 처음 책을 출간하던 그 당시 과연 이런 형식의 데이터 서적을 누가 읽어 줄까, 고민도 많았습니다. 이렇게 개정 2판까지 출간을 한다고 하니 너무도 소중하고 고마운 흔적이 된 것 같아 작은 뿌듯함도 느끼게 됩니다.

이 책을 처음 집필하던 그 순간, 그리고 지금 이렇게 개정2판이 출간되는 이 순간, 여전히 데이터는 우리 곁을 지키고 있습니다. 아니 오히려 그 중요성이 더욱 강조되고 있습니다. 누구나 데이터 과학자가 될 수는 없지만 누구나 데이터 분석은 필요하다는 생각은 지금도 변함이 없습니다. 어느 광고 문구처럼 '너도 할 수 있는 게' 데이터 분석입니다. 지금 새롭게 이 책을 발견하고 선택하신 모든 독자, 앞으로 독자가 되실 분들에게도 데이터 분석의 작은 등대가 될 수 있기를 바랍니다. 늘 변함없이 행복하세요.

그 어느 해보다 더운 2024년의 여름 어느 날

전익진

시장 분석과 매출 분석

장사는 이문을 남기는 것이다

제1강 집계와 분석 데이터로 할 수 있는 것

제2강 시장분석 목표 시장을 선정하라

제3강 시장 점유율 분석 시장에서의 지위를 파악하라

제4강 성장률 분석 우리는 얼마나 성장하고 있는 거야?

제5강 비용분석 얼마나 남기고 장사하세요?

제6강 제품별 매출 추이 매출은 거짓말을 하지 않는다

집계와 분석

1 데이터로 할 수 있는 것

우리가 데이터로 할 수 있는 건 크게 두 가지다. 하나는 데이터를 있는 그대로 정리하는 일, 그러니까 집계를 할 수 있다. 또 하나는 있는 그대로의 사실과 그 사실에서 도출된 가치를 발견하는 것이다. 이는 데이터 분석의 영역이다.

"안녕하세요. 제 이름은 성지나예요."

우리 정보분석팀에 새 팀장이 왔다. 여자다. 기혼이고, 나이는 마흔두 살이다. 미인인데다 인상도 좋다. 다른 팀 사람들이 새 팀장 인상이 좋다며 호기심 어린 표정으로 이것저것 묻는다. 실제로 성 팀장은 뭐가 그리 좋은지 항상 생글생글 웃는다.

"조심해. 그렇게 웃는 사람이 더 무서운 법이야!"

옆 팀의 유 대리가 이렇게 말했을 때 나는 가볍게 고개를 끄덕였다. 동의한다는 뜻이라기보다 그럴 수도 있겠다 싶었다. 사실 사람 속은 모르는 거다. 게다가 직장 상사는 늘 어려운 존재 아니던가. 그래도 팀장이 여자라서 조금 더 편하지 않을까, 은근히 기대는 하고 있다. 직장에선 상사 복이 최고다. 태양이 비추는 시간 대부분을 같이 보내야 하는

데 부디 좋은 관계를 유지했으면 좋겠다.

내 이름은 신은주. 졸업과 동시에 입사했다. 인턴사원 기간을 포함하여 입사 8년 차다. 요즘같이 이직이 많은 시대에 한 직장에서, 그것도 첫 직장에서 8년을 버틴 나는 내가 자랑스럽다. 나는 DA이다. 데이터 분석가DA, Data Analyst를 줄여서 부르는 말이다. 다른 회사에서는 비즈니스 분석가BA, Business Analyst라고도 하고, 또 어디서는 데이터 과학자Data Scientist라 부르기도 한다.

내가 입사하고 내 위로 과장님 한 분이 계셨다. 나름의 사수라고 꽤 듬직하고 믿을 만했다. 팀도 없고 경영전략실 소속으로 둘이 근무했는데 그 사수가 퇴사한 지도 벌써 3년이 다 되었다. 지금은 3년 차 경력직 주임이 나를 도와주고 있다.

재작년부터인가? 빅데이터, AIartificial intelligence니 하며 4차 산업혁명 이야기가 우리 회사에서도 많이 오갔다. 그리고 얼마 전 '시대 흐름에 발맞춰 가야 한다'며 정보분석팀이라는 조직을 새로 만들었다. 조직을 이끌어갈 팀장을 새로 뽑았는데 그 사람이 바로 성지나다. 나도 정보분석팀으로 이동했다. 팀이라고 해야 팀장 하나에 대리 하나, 주임 하나, 이렇게 세 명이다. 조촐한 조직이다.

그녀가 온 지도 어느덧 한 달이 지났다. 그녀는 늘 생글생글 웃는다. 한 달이 지났는데 딱히 하는 일도 없어 보이고 특별하게 업무를 지시하는 일은 더더욱 없다. 다행이다. 그건 그렇고, 아니 특별한 일도 안 하면서 매주 금요일 팀미팅이라는 거창한 모임을 왜 매번 반복하는 건지 솔직히 이해를 못 하겠다.

"신 대리, 조 주임? 한 주 잘 보냈어요? 시간이 참 빨라요? 벌써 한 달이 훅 지나갔네요? 호호호"

"아, 네……."

"문제는 아직 제가 업무 파악을 다 못했다는 거죠. 호호호."

업무 파악 안 한 게 무슨 자랑이라고 저리 웃을까. 아무래도 성 팀장은 속 편한 사람 같다. 직장 생활이 체질인 거 같기도 하고.

"그래도 제가 나름대로 신 대리와 조 주임 업무를 꾸준히 살펴보고 파악해 보았죠. 꽤 많은 일을 해서 놀라웠어요. 두 분 고생 많아요. 호호호."

"아, 뭐. 감사합니다."

조 주임이 말해놓고 약간 머쓱한 표정을 짓는다. 저 여인은 한번 묻지도 따지지도 않고 무엇으로 업무를 파악했다는 건지, 역시 신기하다.

"두 분이 매일 공유하는 자료, 각 부서에서 요청해 전달하는 자료 등을 살펴보았지요. 메일로 말이죠. 호호호."

오호! 그런 방법이 있었지. 자료 대부분이 메일로 전달되니까 충분히 상황 파악은 가능하겠네. 명색이 팀장인데 그 내용이 무엇인지 모르진 않겠지? 일단 우리 팀에서 다른 팀과 공유하는 자료는 크게 두 가지다.

1. 일별, 주별, 월별, 분기별 그리고 연별 매출과 재고 상황을 공유한다.
2. 역시 마찬가지로 일별, 주별, 월별, 분기별 그리고 연별 생산량을 공유한다.

"음, 다음 주부터는 우리 팀도 조금 색다른 일을 해볼까 해요. 뭐 아직 제가 정확히 '어떤 업무다'라고 말할 수는 없지만, 그러니까, 아무튼 조금 특별한, 그런 일을 할 거예요. 호호호. 물론 지금 하시는 일, 반복적인 자료 공유는 당연히 주~욱 앞으로도 해야죠. 각 팀에서 요청한 자료도 역시 계속 전달해 줘야 하고요. 우리 시간이 모자라겠어요? 호호호."

무식한 사람이 제일 무섭다고 했다. 본인 입으로 아직 업무도 정확히 파악이 안 됐다고 해놓고 일을 시키려 한다. 내가 과감하게 물었다.

"뭐, 구체적이지는 않아도 대충 어떤 일일까요?"

"궁금하죠? 호호호. 큰 기대는 금물이에요. 아, 걱정돼서 그러는구나? 호호호."

"아니 뭐, 딱히 걱정된다기보다는……."

말은 이렇게 했지만, 사실은 걱정이 됐다. 선무당이 사람 잡는다고 하지 않던가. 업무 파악을 못 했다는 성 팀장의 말이 자꾸 마음에 걸린다.

"간단하게, 아주 간단하게 말하면 앞으로 우리가 전달하는 자료에 우리의 생각을 첨부하려고 해요. 호호호."

"생각이요? 혹시 어떤?"

조 주임도 궁금한 모양이다. 조 주임 말에 나도 몇 마디 보탰다.

"그러게요. 저도 궁금하네요. 데이터는 있는 그대로 전달해야 하는 거 아닌가요? 생각을 더 하면 데이터가 왜곡되지 않을까요?

"그런 건가요? 호호호. 근데요. 두 분은 우리 팀, 아니 우리 팀을 떠나서 데이터로 무엇을 할 수 있다고 생각하세요? 그냥 순수한 질문이에요."

"데이터로 무엇을 한다? 데이터로 할 수 있는 일은 무궁무진하지 않을까요?"

"글쎄요? 질문을 정확히 이해 못 하겠네요."

"그렇죠? 질문이 좀 두리뭉실하죠? 호호호. 음, 저는요, 데이터로 크게 두 가지 일을 할 수 있다고 생각해요. 첫째, 데이터로 우리는 집계를 할 수 있어요. 이건 뭐 여러분이 저보다 훨씬 잘하는 업무죠? 그리고 지금 우리가 하는 일 대부분이기도 하고요. 데이터를 있는 그대로 정리하는 일, 그러니까 사실의 정리죠."

여기까지 말하고 잠시 뜸을 들이더니 성 팀장이 말을 이어갔다.

"두 번째, 데이터로 우리는 분석을 할 수 있어요. 즉, 있는 그대로의 사실과 그 사실로부터 도출될 가치를 발견해 가는 일. 바로 이 분석 업무가 앞으로 우리가 추가로 해야 할 일이 되는 거죠. 호호호. 집계는 분석이 아닌 건 잘 아시죠? 일반 사람들은 헷갈려도 우린 헷갈리면 안 되죠!"

"사람들이 좋아할까요? 우린 그냥 있는 그대로의 데이터를 전달해 주는 게 아무래도 속 편할 텐데요?"

"호호호. 우리가 뭐 속 편하려고 일하는 건 아니니까요. 자, 제가 여러분의 이해를 돕고자 간단하게 PPT 한 장 준비했어요. 데이터의 흐름을 이해하는 그림이에요. 호호호."

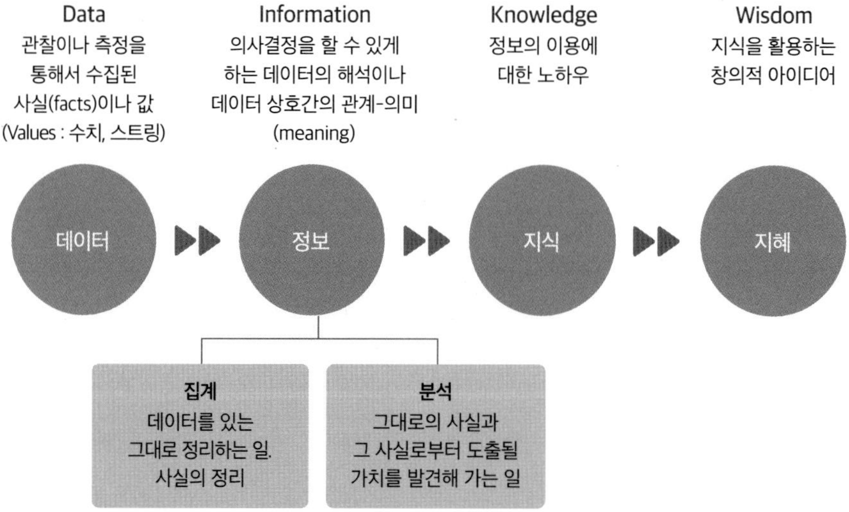

<그림 01_01. 데이터의 흐름>

"보이죠? 다들 너무 잘 아시죠? 데이터의 흐름. 앞으로 우리 팀이 해야 할 일입니다. 데이터의 흐름을 유연하게 해주는 일. 절 믿고 함께 가시죠! 우리는 DA이니까!"

시장 분석

2 목표 시장을 선정하라

우리 회사는 중국의 기초 화장품 시장 진출을 노리고 있었다. 영업본부의 요청으로 우리 팀이 후보 도시 시장 조사 분석에 들어갔다. 도시별 기초 화장품 잠재 고객 수, 연간 구매 횟수, 연간 평균 구매 비용, 연령대별 시장 크기 등을 분석해 목표 시장을 선정했다.

"여러분~! 이제 우리가 일다운 일을 하게 됐어요. 호호호. 자. 회의실로 와보세요."

아니. 이게 무슨 말이야? 그럼 지금까지 우리가 한 건 일다운 일이 아니었단 말인가? 조석두 주임과 나는 성 팀장을 따라 회의실로 향하며 손짓 눈짓으로 무언의 대화를 나눴다. 내가 '저건 또 무슨 말이래?' 하는 표정을 지어 보이자 조 주임이 어깨를 으쓱 들어 올렸다. '글쎄요, 한번 들어나 보죠.'라는 뜻이었다. 자리에 앉자마자 성 팀장이 말을 시작했다.

"드디어 우리 제품이 대만에 이어 중국에도 진출할 거 같아요."

난 또 뭐라고. 그건 성 팀장이 오기 전에 이미 결정된 일이었다. 우리 회사 사람 다 아는 일을 가지고 왜 이렇게 호들갑이람.

"그거 오래전에 결정된 사항 아닌가요?"

"저도 그런 줄 알았는데, 그게 아니었어요. 몇 달째 검토 중인데 아직 정해진 게 없어요. 그 일 때문에 오늘 업무 보고 때 영업본부장님이 사장님께 엄청나게 깨졌어요. 호호호."

성 팀장의 얘기를 요약하면 이랬다. 사장이 중국 시장 진출 사업의 진행 상황을 금영석 영업본부장에게 물었다. 금 본부장의 대답은 아직 거점 지역을 확정하지 못했다는 것이었다. 상하이 지역을 고민하고 있지만 지난해 일본에 진출할 때 단순히 시장 규모를 보고 도쿄로 정했다가 실패한 경험이 있어서 신중하게 접근하고 있다고 보고했다.

"아니, 몇 개월째 제자리걸음이면 어떻게 하자는 거예요?"

"그래도 신중하게 접근하는 게……."

사장은 답답하다는 듯 미간을 찌푸렸다.

"혹시 저희 팀이 참여하면 도움이 되지 않을까요? 호호호."

"정보분석팀이?"

사장이 의자를 당기며 성 팀장과 영업본부장을 번갈아 바라보았다.

"정보분석팀이 참여해주면 저희는 좋죠. 도쿄처럼 실수하지 않으려면 시장을 더 치밀하게 분석해야 할 거 같습니다. "

"정보분석팀은 사내 데이터 분석이 중심 업무잖아?"

"그래도 해보겠습니다. 중국 시장 데이터만 있으면 됩니다. 호호호."

사장이 잠시 생각하는 듯하더니 이내 답을 내놨다.

"좋아. 그럼 둘이 협의해서 잘 해봐. 하지만 한 달 안에 끝내야 해. 지금도 너무 늦었어. 딱 한 달이야!"

성지나 팀장이 처음 '데이터 집계'가 아니라 '데이터 분석'을 수행하겠다고 선언을 했을 땐, 솔직히 걱정이 앞섰다. '분석'이라는 말에 심리적으로 살짝 위축된 것도 사실이고,

새로 온 팀장이 군기를 잡으려 하는 게 아닌가 하는 의심이 들기도 했다. 하지만 걱정만큼 부담스러운 업무는 아니었다. 게다가 성 팀장은 기본적인 것에 충실한 사람이었다.

"뭐 분석이 꼭 복잡하고 어려워야 하는 건 아니죠? 쉽게 가자고요."

그랬다. '이래도 되는 건가?' 하는 생각이 들 만큼 손쉬운 분석을 할 때도 제법 많았다. 그동안 이 쉬운 분석조차 수행하지 않았다는 점이 약간 부끄러웠다. 그리고 의사 결정권자들이 집계 내용과 함께 전달되는 분석 자료를 은근히 기다리는 눈치였다. 물론 일부에서는 우리 같은 중견기업이 거창한 데이터 분석이라는 업무가 가당키나 한 것이냐는 볼멘소리도 있지만 굳세어라, 성 팀장은 그런 사람들에게 생글생글 웃으며 말한다.

"규모가 작을수록 데이터 분석은 더 필요한 거죠! 대마불사大馬不死 바둑 용어이나 대형 기업은 파산의 부작용이 커서 결국 구제 금융을 받게 되어 쉽사리 망하지 않는다는 뜻으로 많이 쓰인다.라잖아요. 큰 기업은 실패해도 또 기회가 있지만, 우리 같은 회사는 한번 실패하면 그냥 끝이거든요. 그러니 데이터 경영이 중요할 수밖에요. 호호호."

그렇게 시간이 조금씩 흐르고 데이터 분석은 당연한 우리 팀의 업무로 정착되어 가고 있었다.

"영업본부도 동의하고, 사장도 오케이하고……. 드디어 우리 분석 업무가 서서히 인정받고 있다는 증거 아니겠어요? 호호호."

성 팀장은 간부 회의 내용을 설명하며 뭐가 그리 좋은지 싱글벙글이다. 참으로 해맑다.

"팀장님. 그래서 중국 어느 지역을 분석할 건가요?"

"오~. 역시! 신 대리야. 아주 좋은 질문이에요. 그렇죠? 중국 땅이 무척 넓은데 무턱대고 아무 곳으로 진격할 수는 없죠. 그렇지 않겠어요?"

성지나 팀장이 나를 바라보았다. 당연한 질문을 했는데 뭐가 좋은 질문이라는 건지 나는 좀 어리둥절했다.

"영업의 최종 목표는 뭘까요? 당연히 매출을 극대화는 거죠. 영업 분석은 사실 매출 분석이 전부라고 해도 과언이 아니에요. 그런데, 그 매출이 어디서 발생하나요? 바로 시장이죠. 소비자에게서 나오는 것이죠. 매출이 발생하는 공간, 즉 시장을 분석하는 것이 영업 분석의 시발점이 아닐까 저는 생각해요. 그래서 영업본부장님의 요청이 반갑고, 기쁘고 그러네요. 호호호. 여러분은 어떠세요?"

"잘됐네요. 팀장님."

조석두 주임이 외교적으로 가볍게 맞장구를 쳐주었다.

"네. 뭐, 저도……."

나는 특별히 할 말이 없었다. 내 반응이 어떠하든 성 팀장은 이야기를 계속 이어간다.

"시장을 분석할 때는 판매 제품이 목표 시장에서 경쟁사 제품에 대해 얼마나 차별화되고 얼마만큼 기술력을 확보하고 있는지 선행하여 파악해야 합니다. 제품 차별화와 기술력은 해당 제품의 안정성을 확보해줍니다. 또 장기적인 경주에서 승리할 수 있는 토대이기도 하죠. 하지만 제품의 차별화와 기술력 확보는 단순한 수치만으로 판단되는 가벼운 대상이 아닙니다. 다행히도 영업본부와 기술팀은 이 두 항목에 대한 경쟁력 우위를 확보한 상황이라고 판단한 것 같아요. 그래서 우리는 시장에 대해 분석만 하면 되는 것이죠. 얼마나 간단해요. 호호호."

"근데, 분석하려면 데이터가 필요한데 어떤 데이터를 적용하나요?"

"조 주임 질문도 훌륭하네요. 이번에 지원팀에서 중국 3개 지역을 조사한다고 하네요. 광저우하고 선전 그리고 상하이를 다녀올 계획이라고 해요. 그래서 데이터 수집을 위해 신 대리가 함께 출장을 다녀오는 걸로 했죠. 신 대리 괜찮죠? 호호호."

"네. 뭐 가라면 가야죠……."

내 의견 따위는 중요하지 않다. 하지만 오랜만에 해외 출장이니 큰 거부감 없이 받아들였다. 성 팀장이 내게 준 미션은 의외로 간단했다. 3개 지역의 중심가를 돌며 기초 화장품스킨, 로션을 사용하는 사람을 대상으로 다음 항목별로 최대한 많은 인원을 조사하라는 지시였다.

1. 오로지 여성만 조사한다.
2. 조사 참여자의 연령대를 반드시 파악한다.
3. 브랜드는 상관없으니 주기적으로 기초 화장품을 구매하는 고객을 파악한다.
   즉 기초 화장품을 반드시 사용하는 고객의 수를 조사한다!
4. 3번 응답자를 중심으로 재구매까지의 일수를 파악한다.
5. 해당 제품 구매 시 1회 구매 비용을 파악한다.

신규 시장을 분석하는데, 게다가 그곳은 세계의 모든 기업이 노리는 중국인데 이 정도만 조사해도 되는 건가? 내심 의문이 들었지만 겉으로 내색하지는 않았다.

예상대로 출장은 부담스럽지 않았다. 주어진 일정에 비해 맡겨진 임무가 그다지 크지 않았기 때문이다. 광저우에서 4일, 선전에서 3일 그리고 상하이에서 5일, 근무 일수로 정확히 12일 동안 출장을 다녀왔다. 설문 역시 비교적 순조롭게 진행되었다. 예상외로 중국인들은 설문에 적극적으로 응해주었다. 설문 내용이 간단한 것도 한몫했을 것이다. 도시별로 정확히 1,500명씩 조사하고 회사로 복귀했다.

"어머~. 신 대리, 출장은 잘 다녀왔고? 즐겁게 다녀왔어요?"

"네. 어렵지 않은 일을 주셔서 부담 없이 조사하고 복귀했습니다."

성지나 팀장의 장점 중 하나는 지시가 명확하다는 점이다. 아니나 다를까 복귀하자마자 또 일을 시킨다.

"신 대리가 조사한 내용 잘 받았어요. 정말 수고 많았어요. 이제 본격적으로 목표 시장을 분석해 봐야죠? 신 대리가 마저 고생 좀 해줘야겠어요. 조사한 내용을 바탕으로 잠재 고객 기초 데이터를 정리해주세요."

"네. 어떤 형식으로 정리를 할까요?"

그녀는 칠판에 표를 그려주며 그렇게 정리해 달라고 했다. 이 역시 어려운 일이 아니니 다행이다. 다만 그녀가 칠판에 그린 표에서 한 가지 궁금한 부분이 있었다.

"그런데, 팀장님. 전체 여성 인구는 어떻게 파악하죠?"

"음~. 정확하게 파악하려면 다소 시간이 걸리니까. 일단 전체 인구를 파악하고 그 절반을 여성 인구로 하죠. 오차가 좀 있겠지만 인구수가 많으면 여성 인구도 많다고 가정하는 거죠. 뭐."

지역	총 여성 고객	대상	비율	잠재 고객 비율	평균 구매 주기	평균 구매 비용
광저우	2,000,000	20대	9%	42%	40일	45,000
		30대	21%	62%	38일	70,000
		40대	14%	63%	52일	90,000
		50대	25%	44%	55일	82,000
선전	1,200,000	20대	8%	51%	39일	51,000
		30대	28%	77%	30일	102,000
		40대	15%	69%	48일	53,000
		50대	22%	52%	52일	55,000
상하이	2,100,000	20대	11%	49%	40일	72,000
		30대	38%	71%	35일	90,000
		40대	10%	52%	49일	68,000
		50대	16%	55%	54일	62,000

<표 01_01 목표 시장의 잠재 고객 기초 데이터>

다음날, 내가 정리한 잠재 고객 기초 데이터를 확인하기 위해 우리 팀 세 명이 다시 모였다.

"이야~. 역시, 신 대리! 정리가 깔끔한데요? 그럼 설명 좀 부탁할까요?"

말을 아끼려는데 설명을 요구한다. 조금 귀찮다.

"네. 표를 보며 말씀드리겠습니다. 우선 목표 시장 후보 지역은 광저우, 선전, 상하이 이렇게 세 군데입니다. 비율은 총 여성 인구 대비 연령대별 인구 비율을 의미하고요. 잠재 고객 비율은 총 여성 인구 대비 주기적으로 기초 화장품을 구매하는 비율입니다. 그리고 평균 구매 주기는 재구매 일수를 의미하고 평균 구매 비용은 1회 구매 시 지불하는 비용을 말합니다. 데이터를 살펴보면 중국 선전 지역의 30대 고객이 모든 항목에서 높게 나타납니다. 우리가 가장 먼저 공략해야 할 대상으로 보입니다. 구매 주기도 빠르고 평균 구매 비용도 타지역 여성들보다 월등히 높게 나타나고 있으니까요."

"그러네요. 선전의 30대 여성이 구매 주기도 빠르고 비용도 많이 쓰네요. 조 주임은 어떻게 생각하세요?"

"뭐. 이것만으로도 충분한 거 같은데요? 확실히 선전을 공략하는 것이 현재로서는 좋아 보입니다."

"음……. 하지만, 여기까지는 집계죠? 호호호. 우리의 본업을 해야죠. 회의 끝나면 조 주임에게 수식 하나 이메일로 보낼게요. 그 수식에 맞춰 간단한 분석 좀 해주세요. 그 결과를 보고 다시 회의를 진행하겠습니다."

성지나 팀장은 회의를 마치자마자 조 주임에게 이메일을 보냈다. 이메일 내용은 대략 이랬다.

조석두 주임님!

신은주 대리가 정리한 잠재 고객 기초 데이터를 중심으로 다음을 분석해 주세요.

1. 연간 구매 횟수(P)를 파악해 주세요.

$$연간\ 구매\ 횟수(P) = \frac{365}{평균\ 구매\ 주기}$$

2. 대상 고객 수(C)도 파악해 주세요.

대상 고객 수(C) = (지역별) 총 여성 고객 X 비율 X 잠재 고객 비율

위 공식에 따라 지역별 연간 구매 횟수와 대상 고객 수를 파악했다면 이제 최종적으로 각 지역의 연령대별 시장 크기를 다음 공식을 바탕으로 산출해 주세요.

1. 지역의 연령대별 시장 크기 = P × C × 평균 구매 비용
2. 지역별 전체 시장 크기 = SUM(지역의 연령대별 시장 크기)
3. 전체 시장 크기 = SUM(지역별 전체 시장 크기)

이상이에요. 수고해 주세요~.

수식을 정해주자, 조 주임은 빠른 시간에 어렵지 않게 데이터를 정리했다. 우리는 조 주임이 뽑아준 데이터를 들고 다시 회의실에 모였다.

총 여성 고객 X 비율 X 잠재 고객 비율

365/평균구매 주기

지역	총 여성 고객	대상	비율	잠재 고객 비율	평균 구매 주기	평균 구매 비용	연간 구매 횟수(P)	대상 고객 수(C)
광저우	2,000,000	20대	9%	42%	40일	45,000	9	75,600
		30대	21%	62%	38일	70,000	10	260,400
		40대	14%	63%	52일	90,000	7	176,400
		50대	25%	44%	55일	82,000	7	220,000
선전	1,200,000	20대	8%	51%	39일	51,000	9	48,960
		30대	28%	77%	30일	102,000	12	258,720
		40대	15%	69%	48일	53,000	8	124,200
		50대	22%	52%	52일	55,000	7	137,280
상하이	2,100,000	20대	11%	49%	40일	72,000	9	113,190
		30대	38%	71%	35일	90,000	10	566,580
		40대	10%	52%	49일	68,000	7	109,200
		50대	16%	55%	54일	62,000	7	184,600

<표 01_02 목표 시장의 연간 구매 횟수와 대상 고객 수>

평균 구매 비용 X P X C

지역	전체 시장 크기	지역별 시장 크기	대상	평균 구매 비용	연간 구매 횟수(P)	대상 고객 수(C)	연령대별 시장 크기
광저우	지역별 시장크기의 총합 1,623,678,648,396	437,285,294,534	20대	45,000	9	75,600	31,043,250,000
			30대	70,000	10	260,400	175,084,736,842
			40대	90,000	7	176,400	111,437,307,692
			50대	82,000	7	220,000	119,720,000,000
선전		447,493,692,115	20대	51,000	9	48,960	23,368,984,615
			30대	102,000	12	258,720	321,071,520,000
			40대	53,000	8	124,200	50,055,187,500
			50대	55,000	7	137,280	52,998,000,000
상하이		738,899,661,746	20대	72,000	9	113,190	74,365,830,000
			30대	90,000	10	566,580	531,775,800,000
			40대	68,000	7	109,200	55,313,142,857
			50대	62,000	7	184,600	77,444,888,889

연령대별 시장 크기의 총 합

<표 01_03 목표 시장의 연간 시장 크기>

"팀장님, 시장 크기 분석 결과를 보면 기초 데이터 내용과 조금 다릅니다. 상하이 지역의 시장 규모는 다른 두 지역에 비해 약 3,000억 가까이 더 큽니다. 또 30대 고객의 시장 크기는 다른 두 지역보다 압도적입니다. 반대로 광저우 지역의 경우는 각 연령대에서 고른 시장 크기를 나타내고 있습니다. 또한 선전 지역은 인구 대비 시장 규모가 광저우 지역을 뛰어넘는 것으로 나타납니다."

"조 주임, 정확한 해석 감사해요. 호호호. 상하이의 시장 규모가 역시 크네요."

"네. 상하이 지역을 먼저 공략하는 게 좋을 것 같네요."

"맞아요. 으음, 근데……."

성 팀장이 뜸을 들인다. 뭐가 또 남았나? 나와 조 주임이 성 팀장을 바라본다.
"아쉽게도 단순한 시장의 크기만으론 해당 지역을 완벽히 공략할 수는 없어요. 목표 시장 내에서 얼마만큼 지위를 획득할 수 있는지 파악하는 게 중요해요. 그러기 위해서는 제품 선호도, 브랜드의 가치, 신제품의 발생 비용, 사후 관리 비용 등 고려해야 할 사항이 한둘이 아니겠죠? 호호호. 그래도 목표 시장의 규모를 파악하지 못한 채 접근하는 어리석음은 모면할 수 있을 것 같아요. 나름대로 의미가 있는 분석 자료였어요. 두 분 고생했어요."
"뭐, 저희야. 다 팀장님이 정확하게 지시한 덕분이죠."
"자, 신 대리가 이 분석 내용을 영업지원팀과 기술팀에 송부하죠. 영업본부장님 꼭 참조해 주시고요. 우리 의견을 함께 전달하는 것도 잊지 말고요! 물론 선택은 그들의 몫이지만. 호호호."
성지나. 그녀, 은근히 매력적이다. 나를 중국으로 출장 보내기 전부터 그녀는 다 계획이 있었다. 최종 결과목표 시장 선정을 도출하기 위한 포석이 무엇인지 정확히 파악하고 있었다. 슬슬 그녀에게 믿음이 간다. 이쯤에서 성 팀장에 대한 경계심을 풀어야겠다.

불과 10일 뒤 영업 2팀을 중심으로 상하이 공략이 시작되었다. 상하이가 잠정적으로 결정된 상황에서 시장 규모까지 파악해 전달해 주었으니 망설일 이유가 없었다. 6개월 후 상하이 공략은 목표 대비 정확히 126%를 초과 달성했다. 무엇보다 6개월도 채 지나지 않아 상하이를 중심으로 중국 남부 주요 도시를 빠르게 점령해 갔다. 이때도 우리 팀에 시장 분석을 요청했었다. 우리의 시장 분석 자료는 유용하게 활용되었다. 그해 영업 2팀의 주머니는 두둑했다. 우리에게는 그들보다는 한참 모자랐으나 그래도 조금 떡고물이 떨어졌다. 사실 많이 서운했지만, 데이터 분석의 힘이 증명된 것으로 만족하기로 했다. 게다가 몇 개월 만에 우리 팀의 위상이 한층 높아졌으니 그것만으로도 충분히 위로받을 만했다.

시장 점유율 분석

3 시장에서의 지위를 파악하라

시장 점유율을 분석하는 목적은 크게 네 가지이다. 첫째 제품의 매력도를 파악할 수 있다. 둘째, 경쟁사 제품의 위치를 파악할 수 있다. 셋째, 시장의 규모와 질적 수준을 파악할 수 있다. 마지막으로 경쟁 우위 제품을 파악하고 선별하는 데 유용하다.

우리 회사 이름은 노바NOVA이다. 기초 피부 케어 화장품을 제조하고 판매하는 회사다. 1998년 외환 위기로 모두가 시름에 빠진 그때 역발상의 기지를 발휘한 12층 독거인사장 남윤민이 00화장품을 박차고 나와 설립한 기업이다. 본사와 연구소는 한국에 있고 생산은 중국과 베트남 등지에 외주를 준다. 나름 연 매출 4,000여 억 원의 건실한 중견기업이다. 한눈 팔지않고 오롯이 기초 화장품에 집중하여 오늘에 이르렀다.

노바의 여름철 선 케어Sun Care 제품군은 시장에서 인기가 높다. 매출 비중이 높지는 않지만 계절성을 반영한 상품치고는 효자 종목에 가깝다. 보통 선 케어 관련 제품은 3월~4월엔 계획이 수립되고 생산이 시작된다.

"이번 시즌에는 한발 앞서 제품을 출시하려고 합니다. 먼저 치고 나가면 시장을 선점하는 데 효과적 이니까요."

정보분석팀과 마케팅본부의 전략 회의에서 선 케어 제품을 담당하는 마케팅팀 이동민 과장이 당찬 포부를 밝혔다. 그의 말에 힘이 들어가 있다.

"호호호. 좋은 생각이네요. 그런데……, 혹시 우리 선 케어 제품들의 시장 점유율이 얼마나 되나요?"

"글쎄요? 뭐, 대충 20~30% 정도 되지 않을까 싶네요."

저 허세, 저 말투. 귀에 거슬린다.

"아, 그렇구나. 혹시 정확한 수치를 알 순 없을까요?

"그건……저희도 정확한 데이터는 없습니다."

이동민 과장이 살짝 꼬리를 내린다. 그는 번갈아 가며 영업본부장과 성 팀장의 표정을 살피고는 말을 이어간다.

"뭐 굳이 지금 그게 필요한가 싶긴 한데. 그보다는 먼저 치고 나가는 게……."

"제 생각엔 이게 꽤 중요하다 싶은데요. 호호호. 시장 점유율이 1% 높아지면 선 케어 매출액이 얼마나 늘어나나요?"

"글쎄요. 아직 거기까진……."

"조금 전에 시장을 선점하기 위해 먼저 치고 나가야 한다고 말씀하셨어요. 근데 선점 효과를 알려면 일단 현재 점유율을 정확히 알아야 하지 않을까요? 그래야 선점 효과가 얼마인지 파악이 되죠! 그리고 점유율은 우리 선 케어 제품의 시장 가치를 판단할 수 있는 지표로도 유용하다고 생각되거든요. 선 케어 제품군뿐만 아니라 우리 회사의 다른 제품들도 마찬가지고요. 호호호. 정보분석팀에서 시장 점유율을 확인하고 그 내용을 전달해 드리는 게 어떨까요? 호호호."

역시! 굳세어라, 성지나답다. 이동민 과장이 제대로 한 방 먹었다. 한동안 둘의 대화를 지켜보던 마케팅본부장이 입을 열었다.

"좋은 의견 같은데? 그래요. 성 팀장님이 한번 분석해 주세요. '도움이 된다, 안 된다'는 일단 나중 문제고 그런 지표가 있으면 좋겠네요."

성지나 팀장은 마침내 마케팅본부장의 동의를 받아냈다. 그녀, 부드럽게 힘이 세다.

우리 팀은 곧 선 케어 제품군의 시장 점유율 분석에 들어갔다. 회의 시작과 동시에 조석두 주임의 질문이 이어졌다.

"팀장님, 시장 점유율이라는 게 시장에서 제품의 위치를 파악하는 것 외에 어떤 의미가 있을까요?"

"좋은 질문이에요. 호호호. 시장 점유율은 조 주임 말처럼 우리 제품이 시장에서 얼마나 영향력이 있는지 확인하는, 즉 시장에서의 지위를 나타내는 상징적인 지표예요. 시장 점유율을 확인하는 목적은 여러 가지가 있는데 무엇보다 시장에서의 생존을 판단하는 잣대로 활용할 수 있어요. 쉽게 말하면 이미 패배가 확실한 전장에 부대를 주둔시키는 건 큰 의미가 없는 것과 같은 이치입니다. 좀 더 설명하자면 제품의 매력도를 확인할 수 있어요. 점유율 분석을 지속적으로 해서 추이를 살피면 해당 시장의 규모와 질적 수준까지도 판단할 수 있답니다. 마지막으로 경쟁 우위 제품을 선별하는 매우 좋은 도구가 될 수도 있고요. 호호호."

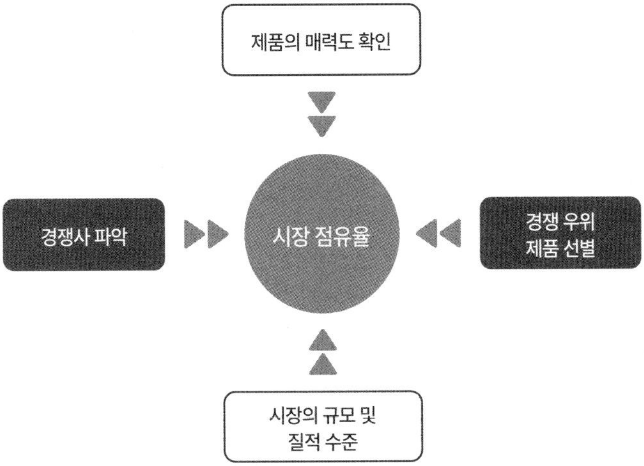

<그림 01_02. 시장 점유율 분석의 목적>

"말씀처럼 경쟁 우위나 지위를 파악하려면 당사의 매출도 필요하지만, 경쟁사 매출 정보도 필요한 데, 그런 데이터는 어디서 구할 수 있을까요?"

이번에는 내가 성 팀장에게 물었다.

"맞아요, 신 대리. 시장 점유율을 분석할 때 또 하나 중요한 건 경쟁 업체의 매출액을 파악하는 일이죠. 많은 기업이 리서치Research 회사를 통해 큰 비용을 들여 연간 단위로 경쟁사 정보를 받고 있어요. 하지만 큰 비용이 발생하므로 우리는 그렇게 할 수 없어요. 이럴 때 사용하는 방법이 절대적 시장 점유율을 분석하는 것이죠. 전체 시장 규모를 파악하고 그 속에서 우리의 비중을 파악하는 거죠. 전체 시장 규모는 여러 통계 사이트대표적으로 통계청이나 각 산업협회 등에서 어렵지 않게 구할 수 있으니까요. 그래서 우리는 상대적 점유율보다 전체 시장 내에서 우리의 위치를 확인하는 절대적 점유율에 대해서만 접근해 볼까 해요."

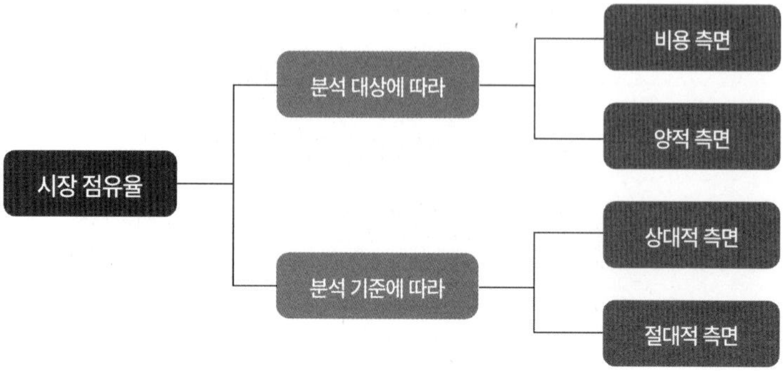

<그림 01_03. 시장 점유율 분석의 분류>

“자, 시간이 많지 않으니 빠르게 움직이죠? 신 대리가 최근 5년간 선 케어 제품군 시장 규모를 파악해 주세요. 동향 분석 자료는 어렵지 않게 구할 수 있겠죠?”

“네, 그렇지 않아도 매년 보고 때문에 5년 동안 전체 시장 규모는 알고 있습니다.”

“잘됐네요. 호호호. 그럼 바로 시작해 볼까요? 수식은 다음과 같아요.”

$$\text{매출액 기준 절대적 시장 점유율} = \frac{\text{당사 매출액}}{\text{전체 시장 매출액}} (\%)$$

KRW	1Y		2Y		3Y		4Y		5Y	
1,000,000	매출	점유율	매출	점유율	매출	점유율	매출	점유율	매출	점유율
당사 매출	21,203	2.8%	26,739	3.4%	35,998	4.2%	45,397	5.0%	57,488	5.8%
전체 시장 매출	750,200		797,500		855,800		916,300		986,700	

당사 매출 / 전체 시장 매출 → **동일한 방법으로 산출**

<표 01_04 최근 5년간의 선 케어 시장 전체 매출과 노바의 시장 점유율>

"어머~! 마케팅팀에서 말한 20%~30% 점유율은 어림없는 수치네요. 점유율이 꾸준히 상승하고 있지만 그래도 채 10%도 안 되는걸요."

"신 대리 말처럼 아직 가야 할 길이 멀어 보이네요."

"근데 의외로 시장 점유율을 구하는 방법이 어렵진 않네요?"

"호호호, 정말 간단하죠? 하지만 시장 점유율은 단순히 매출이나 생산량만으로 크기가 결정되는 건 아니에요. 시장 자체가 오래되고 견고하여 경쟁 기업의 정보를 충분히 확보한 경우에는 상관 없지만 그 반대의 경우는 시장 점유율 자체를 100% 신뢰하면 안 돼요. 또 한 가지 주의해야 할 점은 시장 지배력의 척도가 시장 점유율인 것은 사실이지만, 높은 시장 점유율이 반드시 시장 선도력으로 이어지는 것은 아니라는 것이죠. 높은 시장 점유율에도 불구하고 실적 향상이 뒷받침되지 못 하는 경우가 발생할 수 있어요. 이는 과도기적 현상이거나 무리한 시장 선점의 결과일 수도 있는 것이죠. 중요한 건 시장 점유율 자체가 아니라 수익성으로 이어질 수 있는 실질적인 시장 지배력이라는 점을 잊어서는 안 돼요. 시장 점유율과 시장 지배력의 관계를 그림으로 나타내면 다음과 같아요."

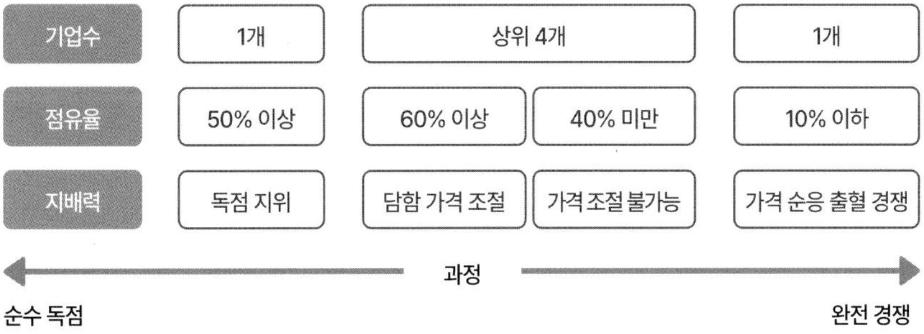

<그림 01_04. 시장 점유율과 시장 지배력의 관계>

"그래도 시장 점유율을 알게 되니까 우리의 위치를 어느 정도는 파악할 수 있어서 좋네요. 발전적인 전략을 수립하는 데도 도움을 받을 수 있을 거 같아요."
"오~! 신 대리는 역시 DA이에요. 호호호."

다시 선 케어 제품군의 전략 회의 자리. 12층 독거인도 참석했다. 무슨 구멍가게도 아닌데 이렇게 자잘한 일까지 신경을 쓰는지 이해가 안 가지만, 그게 그의 성격이려니 한다.
"이동민 과장, 김 본부장? 자네들 나한테 선케어 시장 점유율이 못해도 20%는 된다고 하지 않았어?"
"그래서 좀 더 정확성을 기하기 위해 마케팅본부에서 다시 분석해 보고 있습니다."
"뭘 다시 분석해? 이미 정보분석팀에서 수치를 뽑아 왔는데."
"그 수치가 정확한지 확인도 해야 하고, 정보분석팀이 시장의 상황을 잘 모르니까……."
"그럼 왜 여태 안 하고 있다가 이제 와서 한다는 거야? 시장에서 위치가 어디인지도 모르면서 무슨 장사를 한다고. 흐음. 다음 주 월요일까지 모든 제품의 시장 점유율 파악해서 보고하도록!"
독거인이 지시를 남기고 회의실에서 나갔다. 여기저기에서 '어휴, 어휴' 한숨 소리가 들린다.
"그거 어떻게 뽑는 겁니까? 점유율 말이요."
김종수 마케팅본부장이 성지나 팀장에게 물었다. 시장 점유율도 모르고 장사한다는 사장의 꾸지람에 꽤 충격을 받은 모양이다. 아니, 그보다도 자기들 생각과 실제 점유율 차이가 너무 커 놀랐을 것이다. 사장도 마찬가지일 테고.
김 본부장이 말을 이어갔다.

"제가 판단해도 점유율은 매우 중요한 지표입니다. 마케팅 부서원 전체에게 그 방법 좀 알려주세요. 누구나 자기가 담당하는 제품이 시장에서 어느 정도의 지위와 위치를 차지하고 있는지 파악할 수 있게 말이죠."

"네, 그렇게 하겠습니다. 공감해 주셔서 감사해요. 호호호."

회의실을 나오며 성지나 팀장에게 작은 소리로 말했다.

"괜히 일이 커진 것 같아요."

"아니! 전혀요. 얼마나 긍정적인 반응이에요? 우리의 분석이 정말 중요한 가치라는 걸 깨닫고 동의해 주는 변화가 너무 좋네요. 노바도 데이터 분석의 중요성을 조금씩 인지해 가고 있다는 신호 아니겠어요?. 호호호."

"팀장님은 참 긍정적이세요."

"뭐든 긍정적이면 좋죠. 안 그래요? 호호호."

성장률 분석

4 우리는 얼마나 성장하고 있는 거야?

BCG 매트릭스는 성장률과 시장 점유율을 기준으로 사업 또는 상품의 가치를 네 가지 등급으로 분류하는 평가 도구이다. 네 가지 분류란 계속 투자해야 할 사업, 성장 지체 사업, 성장성 높은 신규 사업, 시장에서 철수해야 할 사업을 말한다.

실제 점유율이 공유되자 영업본부에서도 적지 않게 놀란 눈치다. 물론 가장 충격받은 곳은 마케팅본부다. 마케팅본부에 비상이 떨어졌다. 큰소리 치던 선 케어 담당자 이동민 과장도 바빠졌다. 현실적인 목표를 수립하겠다며 우리에게 추가적인 분석을 요청해 왔다.

"성 팀장님? 점유율로 시장 위치를 파악하는 것까지는 이해했는데, 그래도 사업부에서는 점유율이 매출과 직접적인 연관성이 있는지 알고 싶은데요."

"호호호. 그럼요. 점유율을 통해서 매출의 크기가 어느 정도될지 충분히 파악할 수 있어요."

"그래요? 그럼 부탁 좀 합시다."

나만 느끼는 건가? 오늘도 그의 어투가 맘에 안 든다. 부탁하러 온 사람 같지 않다.

"네네, 꼼꼼히 분석해서 전달해드리겠습니다. 호호호."

성 팀장은 불편한 소리는 거르고 듣는 능력을 갖춘 것 같다. 하지만 난 아니다. 난 최대한 사무적으로 그에게 말했다.

"원하는 내용을 정리해서 자료와 함께 정보분석팀으로 메일 보내주세요. 그러면 검토해 보겠습니다."

"언제까지 가능하겠습니까?"

그런데, 이 인간 나는 쳐다도 안 보고 성 팀장에게 계속 이야기한다.

"급하신가 봐요? 호호호. 오늘, 내일 분석해서 보내드리겠습니다. 좀 전에 우리 신은주 대리가 요청한 요구 사항과 자료, 돌아가시면 바로 전달 주세요. 호호호."

"요구 사항요? 점유율에 따른 매출이 알고 싶다니까요?"

"그래도 요청에 따른 작업이니 기록은 남겨야죠. 메일 부탁드려요? 호호호."

이동민 과장이 보낸 이메일이 도착했다. 형식 없고 딱딱하고 예의 없고, 가관이다.

> 안녕하세요. 이동민입니다.
> 조금 전 회의에서 논의된 것처럼 선 케어 제품의 점유율과 매출 크기를 상세히 부탁드립니다.
> 이상입니다.

"에효, 참……. 인간성이 보이네."

정보분석팀 메일함을 확인한 조 주임도 거든다.

"그러게요. 좀 버릇이 없어 보이긴 하네요."

"호호호. 상대가 버릇이 있든 없든 무슨 상관이에요? 우리가 그 사람 심리를 분석하는 건 아니니까, 우린 우리 일만 잘하자고요. 호호호."

"그렇긴 한데. 그래도 일 때문에 몇 번 더 봐야 한다는 게 문제인 거죠."

"우리, 일 때문에 만난 사람하곤 일과 관련된 부분만 반응해요. 그 사람의 감정과 태도에 반응하면 우리만 피곤해져요. 심플하게 일하자고요. 호호호."

긍정, 긍정, 이런 슈퍼 긍정의 아이콘은 내가 처음 본다. 우리는 회의실로 자리를 옮겼다.

"먼저 선 케어 제품이 얼마나 성장하고 있는지 구체적으로 확인해 보도록 하죠."

"팀장님, 성장률은 매년 해오던 것이니까 제가 정리하겠습니다."

"네~. 신 대리, 정리되면 메일로 공유해 주세요. 호호호."

노트북에서 매출 성장률 자료를 불러냈다. 특별히 복잡한 수식이 필요한 게 아니어서 금방 정리할 수 있었다. 지난 5년 동안 매출 성장률 자료를 성 팀장에게 보여줬다.

"팀장님, 여기 매출 성장률 자료요."

$$\text{단순 매출 성장률} = \frac{\text{올해 매출액 - 전년도 매출액}}{\text{전년도 매출액}} (\%)$$

KRW	1Y	2Y		3Y		4Y		5Y	
1,000,000	매출	매출	성장률	매출	성장률	매출	성장률	매출	성장률
당사 매출	21,203	26,739	**26.1%**	35,998	**34.6%**	45,397	**26.1%**	57,488	**26.6%**
전체 시장 매출	750,200	797,500	**6.3%**	855,800	**7.3%**	916,300	**7.1%**	986,700	**7.7%**

동일한 방법으로 산출

(2Y 매출 - 1Y 매출)/1Y 매출

<표 01_05. 5년간 매출액 기준 전년 대비 성장률>

"오오! 성장률이 꽤 높은데요. 신 대리, 평균 성장률도 부탁할게요."

"간단한데 여기서 하죠. 뭐."

나는 그 자리에서 바로 계산하고 답을 내놓았다.

"우리 회사는 22%, 전체 시장은 평균적으로 6.6% 성장했네요."

"호호호. 그냥 산술 평균적으로 그렇다는 거죠?"

"네."

"단순하게 산술 평균도 좋지만 내가 부탁한 건 CAGR인데, 호호호."

CAGR? 처음 듣는 용어다. 순간적으로 스캔했으나 내 뇌엔 그런 용어가 입력되지 않았다. 이럴 땐 그냥 묻는 게 낫다.

"CAGR이요? 그게 뭐죠?"

"아, CAGR은…… 잠깐만요. 조 주임도 같이 들을래요?"

조 주임이 자리를 옮기자 성 팀장이 말을 이어갔다.

"CAGR은 Compound Annual Growth Ratio의 약자예요. 평균 성장률을 의미하죠. 공식은 다음과 같아요."

$$\text{단순 매출 성장률} = \frac{\text{기간 내 마지막 매출액}^{\left(\frac{1}{\text{기간}}\right)}}{\text{기간 내 첫 매출액}} - 1$$

엑셀 이용 시 = rate(기간, 0, -시작 값, 종료 값)

KRW 1,000,000	1Y	2Y	3Y	4Y	5Y	CAGR
매출	21,203	26,739	35,998	45,397	57,488	28.3%
전체 시장 매출	750,200	797,500	855,800	916,300	986,700	7.1%

→ =RATE(4, 0, -21,203, 57488)

<표 01_06. 5년간의 매출액 기준 평균 성장률>

"산술 평균으로 구한 평균 성장률과 약간의 차이가 있죠? 자, 여기서 한 발 더 나가보도록 하죠. 시장 점유율을 이번 시즌에 얼마나 높일 것인가? 그리고 성장률 목표를 얼마로

할 것인가? 뭐 이런 걸 내보자는 거죠."

"그게 어떤 의미죠?

"여기서 바로 화면을 같이 보면서 만들어 볼게요. 호호호. 으음, 일단 내년 선 케어 제품군 전체 시장 규모를 작년, 즉 5Y 대비 7.1% 정도 성장할 것으로 가정했어요. 그러니까 시장 규모가 1조 원대가 넘어가네요. 여기서 NOVA가 시장 점유율을 기존 5.8%에서 6.5%로 올리면 매출은 6백 80억 원 정도가 되는 거지요. 시장의 규모와 상관없이 우리의 목표를 성장률에 초점을 맞추면 평균 성장률CAGR 28.3%를 목표로 했을 경우 약 7백억 원 규모의 매출이 발생하는 거고요. 어때요? 호호호."

"시장 점유율이나 성장률을 구하는 게 어렵진 않지만 목표를 설정할 때는 매우 유용하게 활용되네요. 막연하게 의지를 앞세워 목표를 설정하는 것보다 훨씬 논리적이고 좋네요."

"그렇죠? 호호호. 목표는 마케팅본부에서 설정하면 되는 거죠. 우린 가정을 했을 뿐이에요."

					KRW 1,000,000
전체 시장		5Y 매출	예상 성장률	6Y 예상 시장 규모	
		986,700	7.1%		1,056,665
NOVA	선 케어 제품 6Y 목표	5Y 매출	5Y 점유율	5Y 성장률	평균 성장률
		57,488	5.8%	21.0%	28.3%
		목표	**6.5%**	**22.0%**	**28.3%**
	6Y 예상 매출액		68,683	70,135	73,757

5Y 매출*(1+0.06)

5Y 매출*(1+0.283)

6Y 예상 시장 규모 X 0.065

<표 01_07. NOVA의 시장 점유율과 성장률 목표에 따른 6Y 예상 매출액>

성지나 팀장은 DA 업무를 할 때만 멋지다. 그 외는 철부지다. 조 주임과 나는 마케팅본부와 유관 부서에 분석한 내용을 정리하여 전달하기 위해 자리에서 일어났다. 어쩐 일인지 성 팀장은 미동도 없이 그대로 앉아 있다. 꽤 심각한 표정이다.

"팀장님? 뭐 하세요?"

"아, 네. 조 주임? 뭔가 좀 허전하지 않아요?"

"뭐가요?"

"다시 앉아봐요. 점유율하고 성장률 하면 딱 떠오르는 거 없어요?"

"뭐가 떠올라야 할까요? 아, 혹시 BCG 매트릭스?"

"역시 신 대리! 맞아요. 이왕 여기까지 온 거 BCG 매트릭스까지 작성해서 전달하죠? 신 대리가 잘 작성해 주세요. 호호호."

"네. 알겠습니다."

BCG 매트릭스는 내가 좀 안다. 학창 시절 시험지에 늘 등장했던 이 문제를 나만 틀렸던 기억이 생생하다. 그래서 더 잊을 수 없다. 솔직히 이제는 웬만한 사람들은 다들 한 번씩 들어본 이름일 것이다.

BCG 매트릭스는 미국의 보스턴컨설팅그룹Boston Consulting Group이 1970년대 초반에 개발했는데 성장률과 시장 점유율에 관한 매우 유용한 도구이다. 일종의 전략 평가 기법으로 사업의 성장률과 시장 점유율을 기반으로 작성한다. BCG 매트릭스의 구조는 Y축을 성장률로 하고 X축을 시장 점유율로 한다. 전체를 4분면으로 할당하고 각각 STAR, CASH COW, QUESTION MARK 그리고 DOG로 명명하였다.

먼저 STAR는 성장률과 점유율이 높아 지속적인 투자가 이루어져야 하는 사업을 의미한다. CASH COW는 점유율이 높아 현금의 흐름과 수익률이 높지만 이미 포화 상태에 이르러 더는 성장이 이루어지지 않는 사업을 말한다. QUESTION MARK는 성장이 빠른 신규 사업을 나타낸다. 이 시기에 있는 사업은 점유율을 빠르게 높여 STAR가 되도록 지속적인 투자가 이루어져야 하고 반대로 기술력이 떨어져 시장에서 더는 가치가 존재하지 않을 경우 DOG로 전락하는 것에 조심하여야 한다. 마지막으로 DOG는 해당 시장에서 빠르게 철수해야 하는 사업을 의미한다. 아무튼, 노바의 선 케어 제품에 대한 BCG 매트릭스는 다음과 같이 나왔다.

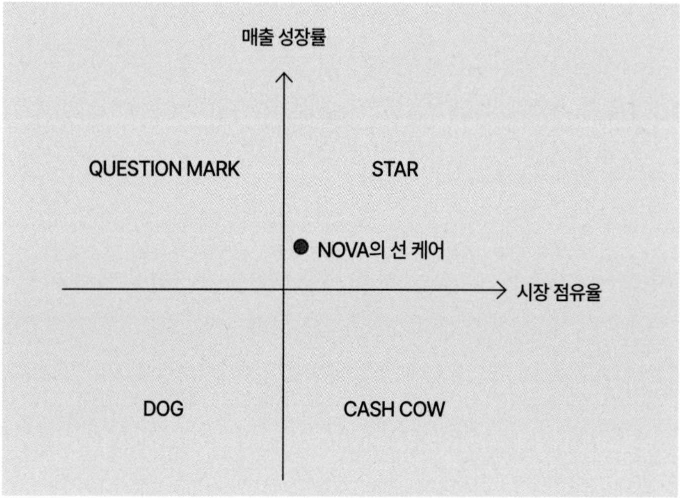

<그림 01_05. 5년간 NOVA 선 케어 제품군의 BCG 매트릭스>

"팀장님, 여기 결과 나왔습니다."

"어디 볼까요? 으음. 좀 약하지만 STAR에 해당하네요. 더 과감한 투자로 성장률, 특히 점유율을 빠르게 올리면 좋겠네요. 그런 내용도 추가해서 마케팅팀에 보내주세요. 호호호."

며칠 후 사장이 주재하는 선 케어 제품 판매 전략회의가 열렸다. 우리가 분석해준 데이터를 바탕으로 마케팅팀 이동민 과장이 발표했다.

"안녕하세요. 이동민입니다. 이번 연도 선케어 제품 판매 목표를 말씀드리겠습니다. 지난해 우리 제품의 시장 점유율은 5.8%였습니다. 최근 5년 동안 우리 선케어 제품 매출 성장률은 23% 내외입니다. 이 두 가지 지표를 고려하여 올 한해 25%의 매출 성장률을 향해 뛰겠습니다. 그리고 시장 점유율도 6.5% 이상을 확보하겠습니다. 매출 금액으로는 7백억 원을 달성하기 위해 모든 역량을 집중하겠습니다."

"야! 멋지다. 거봐. 데이터를 분석해서 정확하게 제시하니까 확실히 설득력 있잖아. 목표 실현 가능성도 커지고. 김 본부장, 다른 제품들도 데이터를 분석해서 구체적이고 디테일하게 접근해보자고. "

사장의 목소리가 어느 때보다 밝다.

"네. 알겠습니다. 사장님."

"이제야 뭔가 손에 잡히는 느낌이 들어. 수고했어. 근사하다. 근사해."

이동민 과장과 마케팅본부장의 입꼬리가 귀에 걸렸다. 사실 지금까지 NOVA의 마케팅과 영업 활동은 단순히 전년 대비 매출액을 일정 정도 상향 조정하여 성장 목표를 정하는 수준이었다. 어떤 근거나 분석을 바탕으로 한 게 아니었으므로, 그건 객관적인 목표가 아니라 담당 본부의 의지를 나타내는 수치에 불과했다. 이런 상황에서 데이터 분석에 기초한 목표와 전략을 세워 칭찬을 들었으니, 의기양양한 것도 이해는 간다. 그렇다고 모든 공이 마케팅본부로 가는 것까지 받아들이는 건 아니다.

"재주는 곰이 부리고 돈은 누가 번다더니. 딱 그 짝이네요."

내가 하고 싶은 말을 조 주임이 먼저 꺼냈다. 성격이 차분한 조 주임이 이렇게 말할 정도면 성지나 팀장도 비슷한 생각을 하지 않을까, 잠깐 생각했지만 내 예상은 또 빗나갔다.

"호호호. 누가 재주를 부리든 돈은 우리 회사가 버니까 좋은 거죠. 뭐. 호호호."

"팀장님, 그래도 공치사는 분명히 해야죠. 지난번 중국 시장 조사 때도 그렇고 이번에도 그들의 잔치에 우리 팀이 가서 춤춰준 꼴이 된 거 같아요."

"신 대리. NOVA가 변하고 있어요. 우리 팀의 가치가 날로 높아지고 있다고요. 난 그것만으로도 아주 좋아요. 수고했어요. 호호호."

말이야 성 팀장 말이 맞지만, 마음이라는 게 어찌 그런가? 나중에라도 나는 이 상황을 성지나 팀장처럼 웃으며 받아들일 수 있을까? 솔직히 쉽지 않을 거 같다. 허탈한 마음을 겨우 이끌고 자리로 돌아왔다. 책상 위에 작은 금빛 봉투가 놓여 있었다. 이게 뭐지?

정보분석팀 여러분!

데이터 분석으로 회사 업무에 긍정적인 변화의 바람을 일으켜주어 대단히 고맙습니다. 앞으로도 더 많은 분석을 통해 회사의 발전 방향을 제시해 줄 것이라 믿어 의심치 않습니다. 나 역시 데이터의 중요성을 조금씩 느껴가고 있습니다. 많은 활약과 더 멋진 데이터 분석을 기대합니다.

봉투 안엔 남윤민 사장의 간단한 편지와 6성급 호텔 식사권과 숙박권이 들어 있었다. 우리는 봉투를 든 채 서로의 얼굴을 바라보았다. 성지나 팀장이 해맑게 웃으며 말했다.

"오늘 우리 팀 회식할까요? 호호호."

비용 분석

5 얼마나 남기고 장사하세요?

비용을 분석하는 이유는 제품의 내부 경쟁력을 확인하기 위해서다. 시장 점유율 분석으로 적을 알고, 안으로는 투자와 재원 확보·생산 공정·노동력·설계 기술·유통 체계를 기준으로 내부 경쟁력을 명확히 파악해야 시장에서의 생존전략을 구체적으로 전개할 수 있다.

이동민 과장이 갑자기 나를 찾았다. 저 인간이 왜 날 찾아온 거지? 그의 거만한 말과 행동을 생각하니 불편한 마음이 앞선다. 그를 따라 회의실로 들어가며 성 팀장의 말을 떠올렸다.

"업무는 업무일뿐! 굳이 감정까지 보여줄 필요는 없잖아? 아마추어같이. 호호호."

그래, 뭐 업무는 업무일 뿐이다. 그런데 난 아직 아마추어인가 보다. 나도 모르게 그만 거북한 멘트가 나오고 말았다.

"우리 자주 보네요?"

"그러게요. 정보분석팀에 부탁할 일이 계속 생기네요."

나의 톡 쏘는 말에는 전혀 개의치 않은 듯 여전히 그의 태도와 대답은 거만하다. 어차피 그는 내가 어떤 말을 하든 거만했을 것이다. 그렇게 생각해보면 그가 나보다 더 프로답다는 생각도 든다.

“부탁할 일이 무엇인가요?”

“뭐 그리 복잡한 건 아니고, 이번에 선 케어 제품을 태국에 수출할 예정이에요. 그런데, 두 업체에서 서로 다른 제품으로 제안을 해왔습니다. 두 제품 모두 공급하면 좋은데, 아직 태국 시장에 대한 전반적인 이해가 부족한 상황이라 한 제품만 진행하고자 합니다. 그리고 아시다시피 정보분석팀에서 점유율 이야기를 하는 바람에 그거 높이느라 이번 시즌 국내 내수 물량 공급에도 벅찬 상황이죠. 그래서 두 마리 토끼를 모두 잡기가 곤란한 상황입니다.”

어머머. 이 인간 말하는 것 좀 봐. 뭐? 우리 팀에서 점유율 얘기를 꺼내서 힘든 상황이라고? 내 참, 기가 막히네. 아니 좋다고 거드름 피우며 발표하고, 칭찬받고, 우쭐대던 게 누군데. 아무튼, 이 인간 인간성은 정말 내 스타일이 아니다. 이에는 이, 눈에는 눈이다. 나 역시 딱딱한 표정과 말투로 대꾸해 줬다.

“그래서요?”

“그래서 어떤 제품으로 진출하는 게 더 나을지 제안 내용에 대한 비용 분석 좀 해주세요.”

“이제 그 부서 모든 분석을 우리에게 부탁할 계획인가요? 그리고 성 팀장님한테 부탁하지 왜 안 계실 때 굳이 저한테 얘기하세요?”

“뭐 그게 중요합니까? 때마침 안 계시네요. 싫으면 관두시고.”

“일단 알겠어요. 팀장님께 보고 드리고 진행 여부 말씀드릴게요.”

“급하니까 빨리 답변 주세요.”

정말 이동민 과장과의 대화는 유쾌하지 않다. 그래, 성지나 팀장 말 대로 업무는 업무

일 뿐이다. 내가 참자.

금요일 오후, 어김없이 우리 팀 주간 미팅이 열렸다.
"두 분 한주 잘 지내셨죠? 호호호. 이번 주는 특별한 일 없이 무사히 지나간 것 같아요. 우리 미팅 빨리 끝내고 차 한잔하러 가요. 호호호. 신 대리부터 특이사항 있으면 말씀해 주세요."
"네, 뭐 특별한 일이 있죠. 어제 팀장님 교육 참석하셨을 때 마케팅팀 이동민 과장이 부탁해왔어요. 이번에 태국에서 우리 선 케어 제품을 수입하고 싶다는 업체가 있나 봐요. 지난번 중국이나 대만처럼 우리가 직접 판매하는 게 아니고 그쪽 업자가 먼저 연락이 온 거래요."
"우와~! 선 케어 제품들 잘 나가네요. 담당 사업부 사람들 인센티브 올라가는 소리가 들리겠어요? 호호호."
성 팀장이 또 생글생글 웃는다. '뭐가 그리 좋으세요. 저는 팀장님 없을 때 그 인간을 상대했다고요.' 목구멍까지 올라온 말을 참았다. 지금 생각해도 불쾌하다.
"태국에서 K뷰티에 대한 인기가 급상승 중이래요. 동시에 두 개 업체에서 제안이 왔대요. 그 제안에 대해 비용 분석 좀 해달라고 요청이 왔습니다. 진행할까요?"
"아, 그랬군요. 뭐 항상 하던 건데 굳이 안 할 이유가 없죠? 호호호."
신 대리, 우리 그거 하지 말죠? 이런 말을 기대했으나 성 팀장 입에서 그런 말은 나오지 않았다. 사실 내 기대가 프로답지 못했다. 어차피 할 일이고 항상 우리 팀이 해오던 일이다. 누구의 부탁은 괜찮고 이동민의 부탁은 안 된다는 게 말이 안 된다. 다 알지만 기분이 썩 좋은 건 아니다.
태국의 T사와 U사가 수입을 희망한 제품은 다음과 같다.

제안사	제품명	단가(₩)	입수량(1CS)	요청 수량(CS)	제안 금액(₩)
T사	NOVA HOT 썬 스프레이 160	12,050	12	650	93,990,000
U사	NOVA 썬 크림 60	6,957	24	700	116,877,600

단가 X 입수량 X 요청 수량

<표 01_08. 태국 두 업체의 제안 내용>

비용 분석이 왜 중요할까? 결국, 전통적인 경쟁 요소에서 우위를 선점하기 위해서다. 내가 이런 얘기를 하자니, 꽤 성 팀장답다. 그녀의 기운이 어느새 내게도 스며들었다. 아무튼, 그 경쟁 요소란?

- 투자와 재원 확보
- 생산 공정
- 노동력
- 설계 기술
- 유통 체계

를 의미한다. 타 부서에서 비용 분석 요청이 오면 나는 늘 위 5가지 경쟁 요소에 대입하여 결과를 산출한다. 5가지 경쟁 요소를 현실적으로 NOVA의 비용과 연결하면, 먼저 투자와 재원은 원자재 구매 비용이 될 것이다. 생산 공정은 생산 설비 관리 비용이, 노동력은 인건비이다. 다만 NOVA는 외주 위탁 생산을 진행하므로 생산 공정과 노동력을 하나로 묶어 임가공비로 처리하면 된다. 그리고 설계 기술은 제품의 기술 개발 비용, 유통 체계는 물류비용으로 보면 된다.

비용구분 (기준 ₩)	투자 및 재원	생산 공정	노동력	설계 기술	유통 체계	분석 총 비용 (T)
	원자재 구매	임가공비		기술 개발	물류비용	
T사	45,800,000	5,240,000		10,302,400	16,430,000	77,772,400
U사	54,600,000	7,280,000		17,852,800	21,740,000	101,472,800

원자재 구매 + 임가공비 + 기술 개발 + 물류비용

<표 01_09. 태국 두 업체의 제안 비용 분석을 위한 기초 자료>

정리된 기초 자료를 바탕으로 다음의 수식에 대입하여 마진율과 매출 이익을 산출하면 끝이다.

$$\text{분석 단가(U)} = \frac{\text{분석 총비용(T)}}{\text{바이어 요청 개수}}$$

$$\text{마진율} = \frac{\text{제안 단가 - U}}{\text{제안 단가}} (\%)$$

매출 이익 = (제안 단가 - U) X 바이어 요청 개수

T / 요청 수량

제안사 (기준 ₩)	분석 총 비용 (T)	제안 개수			제안 단가	분석 단가 (U)	마진율	매출 이익
		입수량(1CS)	요청 수량(CS)	총 개수				
T사	77,772,400	12	650	7,800	12,050	9,971	17%	16,217,600
U사	101,472,800	24	700	16,800	6,957	6,040	13%	15,404,800

제안 단가 - U

/ 제안 단가

X 요청 수량

<표 01_10. 태국 두 업체의 제안 비용 분석 결과>

"어머, 신 대리 멋지다!"

"왜 이러세요. 팀장님. 항상 하던 업무인데."

"멋진 걸 멋지다고 하는데, 호호호. 근데 사업부는 마진율이 높은 계약이 중요할까요? 아니면 매출액이 높은 계약이 중요할까요? 마진율은 T사가 약 4% 정도 높지만 제안 금액은 U사가 조금 더 높네요."

내게 물었는지, 조 주임에게 물었는지 모르지만, 대답은 조 주임이 했다.

"글쎄요, 사업부에서 결정할 일이긴 한데, 그래도 매출이 중요하지 않을까요? 우리나라 기업은 매출 지상주의를 표방하니까요."

"호호호. 조 주임님 말이 맞아요. 매출이 중요하죠. 그래도 우리 딱 하나만 더 분석하고 자료를 전달하기로 하죠?"

그러면 그렇지. 이대로 그냥 넘어가면 성 지나가 아니지.

"그래요. 뭐 언제나 우린 그래왔죠. 팀장님 오고 나서는."

"호호호. 변화는 좋은 거죠?"

'어이그, 또 시작이군!' 몇 달 전이라면 나는 틀림없이 이렇게 생각했을 것이다. 이제는 나도 조금씩 적응하고 변하는 거 같다. 그녀의 조언과 설명이 내게 성장 자양분이 된 것일까? 요즘 그녀를 닮고 싶다는 생각을 자주 한다. 나도 언젠가 그녀처럼 긍정적이고 능력도 뛰어난 사람이 되고 싶다.

"지금 분석 결과는 1회 계약에 따른 결과를 의미하죠? 이를 조금 더 확대해서 두 업체와 꾸준한 계약이 이루어진다고 가정해 보는 거죠. 예를 들면 10회 정도 계약이 이루어진다면? 이런 걸 가정해 보자는 거죠. 간단해요. 1회 계약으로 나온 총매출액과 마진율에 따른 매출이익을 계약 횟수로 곱해주면 바로 그 결과를 확인할 수 있어요. 호호호."

1회 매출액 X 계약 횟수

(기준 ₩)	1회 매출액	1회 매출이익	계약 횟수	총 매출액	총 매출 이익
T사	93,990,000	16,217,600	10	93,990,000	162,176,000
U사	116,877,600	15,404,800	10	116,877,600	154,048,000

1회 매출액 X 계약 횟수

<표 01_11. 태국 두 업체와 10회 계약 시 제안 비용 분석 결과>

"어때요? 호호호."

"그러게요. 쉽네요. 그리고 결과도 의미가 있네요. 실제 누적된 결과를 확인해 보면 전체 매출액은 U사가 2억2천만 원 정도 많지만, 마진율에 따른 매출 이익은 T사가 약 8백만 원 정도 많네요. 1회 계약 시보다 격차가 더 벌어진 거죠. 한 업체만 선택하기 쉽지 않겠어요."

데이터 분석은 결과도 중요하지만 해석도 중요하다는 생각이 다시 든다. 내가 조금씩 성장해가고 있다는 느낌이 든다.

"빙고, 신대리. 하지만 어디까지나 가정이죠. 일회성으로 끝날 수도 있고 아니면 우리가 가정한 대로 반복 계약이 이루어질 수도 있겠죠."

"우리나라 기업들이 매출에 집중하지만 사실 마진율도 무시할 수 없겠네요."

"그렇죠. 하지만 한가지 간과해서는 안 되는 부분이 있어요. 위 예시는 모든 상황이 안정적으로 흐를 때 이야기입니다. 비용 우위를 확인하려고 데이터를 분석할 때는 몇 가지 고려할 게 있어요. 첫째, 너무 비용 우위에 치중한 나머지 제품 품질과 주변의 상황 변화를 감지하지 못하면 안 돼요. 둘째, 경쟁기업이 우리 기업의 기술을 모방하거나, 구매 비용 및 설비 도입을 동일하게 가져 갈 경우도 고려해야 합니다. 셋째, 이전에 우리가 가진 기술력과 경험을 무시하고 완전히 새로운 기술이 도입해야 하는 경우엔 적용이 불가하죠. 그리고 마지막으로, 비용이 터무니없이 높게 나와 가격 경쟁력이 상쇄되는 경우가 발생하지 않도록 해야 한다는 거죠."

"오늘도 또 하나 배웠네요."

"신 대리, 그거 칭찬 맞죠? 호호호."

"그럼요! 많이 배우겠습니다."

이건 진심이다. 칭찬은 고래도 춤추게 한다. 성 팀장이 춤을 추는 듯 계속 설명을 이어간다.

"매우 간단하지만, 비용 분석은 꼭 진행해야 합니다. 시장 점유율과 성장률을 통해 적을 알았다면 내부 경쟁력을 분석하여 나를 알아야 '백전불패'百戰不敗한다는 의미죠. 호호호. 기업이 내부의 경쟁력을 명확히 알아야 시장에서의 생존전략을 구체화할 수 있어요. 구슬이 서 말이어도 꿰어야 보배가 된다고 하죠. 품질과 기술력이 아무리 뛰어나도 소비자가 인식하지 못할 정도로 마케팅 노력이 부진하거나 판매 시장을 충분히 확보하지 못했다면? 또는 재무적으로 어려운 상황에 직면해있다면? 품질과 기술은 쉽게 묻히고 말아요. 본원적 내부 경쟁력을 확보하는 수단이 바로 보조적 내부 경쟁력을 충분히 분석하고 인지하는 것입니다. 이 모든 걸 분석할 수 없다면 그 최소한의 장치가 비용 분석인 거죠."

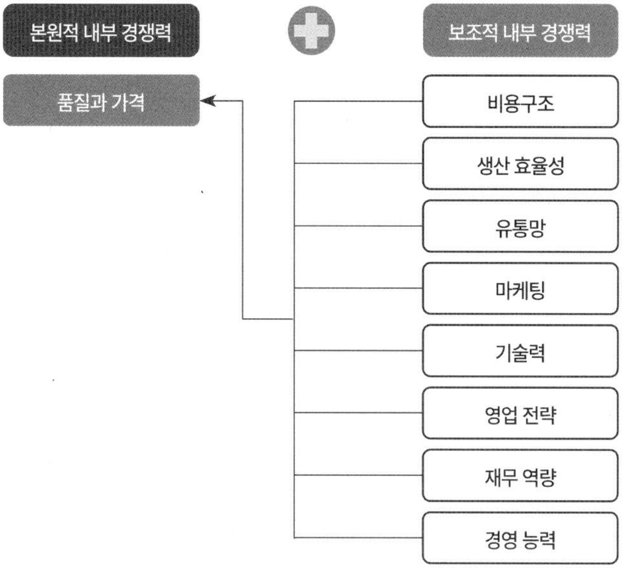

<그림 01_06. 내부 경쟁력의 두 가지 축>

이 여인은 정말 지식도 많고, 설명도 너무 잘한다. 데이터 분석이 결코 특별한 기법만 요구하지 않는다는 걸 새삼 느낀다. 사실 내가 분석한 내용도 마찬가지다. 특별한 분석 방법이 추가된 건 아니다. 하지만 생각의 폭을 조금만 넓히고, 데이터를 어떻게 해석하느냐에 따라 다른 의미를 도출할 수 있다는 걸 알게 됐다.

우리는 비용 분석 결과를 마케팅본부에 보내주었다. 추가 계약이 이루어진다고 가정한 결과도 같이 보냈다. 마케팅본부는 가능성을 선택했다. 매출이 많은 U사를 포기하고 마진율이 높은 T사를 선택했다. 당장은 매출이 적지만 추가 계약을 따내 중장기 이익을 높이기로 방향을 잡은 것이다. 매출 대신 마진율을 선택하는 게 흔한 일은 아니다. 그들은 도전을 선택했다. 그리고 그 근거는 우리 팀의 데이터 분석과 해석이었다.

제품별 매출 추이

6 매출은 거짓말을 하지 않는다

제품별 매출 추이를 분석하는 이유는 해당 제품의 수명과 성장 가능성을 확인하기 위해서이다. 제품의 장기간 매출 추이를 분석한 결과 성장 가능성이 크면 신기술 적용과 마케팅에 집중하고, 반대로 제품 수명이 다해 성장 가능성이 작으면 마케팅과 신기술 적용을 중단하면 된다.

"한 번도 실패하지 않은 사람은 한 번도 새로운 것에 도전하지 않은 사람이다."

20세기의 가장 위대한 물리학자로 칭송되는 알베르트 아인슈타인이 한 말이다. 성 팀장이 온 이후 정보분석팀은 끊임없이 새로운 업무에 도전하고 있다. 하지만 모든 도전이 성공적일 수는 없다. 단순한 집계를 넘어 우리의 의견을 반영한 데이터 중엔 긍정적인 반응을 받은 것도 있지만 격렬한 항의에 직면한 적도 있다. 이점은 충분히 이해가 간다. 하지만 우리의 새로운 도전이 신선한 바람을 몰고 온 건 사실이다.

올 한 해를 숨차게 달려왔건만 초반의 기세만큼 매출이 발생하지 않아 이곳저곳에서 성토의 목소리가 높다.

"에고. 매출이 생각만큼 오르지 않아 경영진에서 걱정이 이만저만이 아닌가 봐요."

성 팀장도 매출 이야기에는 웃기가 좀 민망한 모양이다.
"그러게, 말이죠. 여기저기서 매출, 매출 그러네요."
월간 업무 회의에서도 사장님의 질책이 있었다고 한다. 회의에 참석한 성지나 팀장은 자못 진지한 표정으로 업무 회의 분위기를 전해주었다.

"실적이 왜 이 모양입니까? 김종수 본부장, 영업을 하긴 하는 겁니까?"
"열심히 하고 있습니다만……. 마케팅도 공격적으로 진행하고 하는데 시장이 많이 위축된 것 같습니다."
영업본부와 마케팅본부 임원들이 가시방석에 앉은 듯 좌불안석이었다.
"성지나 팀장! 이런 상황에 맞는 데이터 분석 내용은 없어요?"
사장의 화살이 성 팀장에게 향했다.
"아, 네. 시장 상황이라는 게 워낙 변수가 많아서……. 제품별 매출 추이를 분석해 보면 해결 방안이 나오지 않을까 싶습니다."
"매출 추이? 지금 매출이 오르지 않아 고민인데 매출 추이를 본다는 게 무슨 의미가 있지요?"
당장 해결책을 원했던 사장은 이내 실망한 표정을 지었다.
"제가 말씀드린 건 단기적인 매출의 변화가 아니라, 제품별로 장기간 매출 흐름이 어떤지를 파악해 보자는 것입니다. 매출이 오르지 않거나 떨어지는 것이 과연 일시적인 현상인지 이후 반등요인은 없을지 등을 파악해 보자는 것입니다. 또 몇몇 제품은 지금 공격적인 마케팅을 펼치고 있습니다. 매출 추이를 확인하면 그 제품들이 공격적인 마케팅을 할 만한 가치가 있는지, 그렇지 않은지 파악할 수 있을 것으로 생각합니다."
"성 팀장, 공격적인 마케팅 효과를 제품별로 파악한다는 건가요?"

"네, 그렇습니다. 매출 추이를 확인해 성장 가능성이 작거나 수명이 다한 제품이라면 마케팅을 중단할 수 있을 겁니다. 반대로 성장 가능성이 확인되면 그 제품에 마케팅을 집중하면 어떨까 싶습니다."

몇몇 팀장이 성 팀장에게 따지듯 말했다.

"아니, 우리가 가능성이 없는 제품을 마케팅한다는 뜻인가요? 그렇게 무턱대고 홍보하지 않아요. 매출이 높고 시장에서 인기가 높은 상품을 선별해 접근한다고요."

"물론 그러시겠죠. 하지만 당장 매출만큼 중요한 게 제품 수명과 성장 가능성 등을 파악하는 일입니다. 이렇게 접근하면 매출 증대에 도움이 될 것이라는 의미입니다."

잠시 숨을 고르던 사장이 다음과 같이 지시했다.

"지금 딱 감이 오지 않는데, 일단 정보분석팀에서 결과를 도출해서 회의를 소집해 주세요."

"네 알겠습니다. 사장님."

새로운 임무를 부여받은 성 팀장이 우리를 회의실로 불렀다. 그녀는 매출 추이 분석의 중요성에 대해 강조했다.

"모든 기업이 매출에 민감할 수밖에 없죠. 호호호. 문제는 대다수 기업이 매출의 많고 적음에만 신경쓸 뿐 그 속에 담긴 의미를 깊이 고민하지는 않는다는 점이죠."

회의에 참석했던 사람들이 그랬듯이 나와 조 주임도 고개를 갸웃거렸다.

"매출 그거 중요한 거 아닌가요?"

"조 주임 말이 맞아요. 하지만 대다수 기업이 지속적인 성장만을 원할 뿐 매출이 그리는 곡선이 어떤 의미를 담고 있는지를 고민하지 않는다는 거죠. 특히 우리처럼 수익 구조가 기술을 수반한 제품이라면 더더욱 매출 추이에 대해 민감하게 대응해야 함에도 말이죠."

매출이 그리는 곡선? 왠지 호기심이 발동한다. 매출 곡선에서 의미를 찾자는 이야기가 신선하게 다가왔다.

"조 주임이 한번 정리해주세요. 모든 제품을 단기간에 파악하기는 힘드니까 제품 하나를 선정해 진행해 보죠. 음, 어떤 제품으로 할까요? 우리 회사의 상징적인 제품으로 하죠. 보습 로션 제품군 어때요? 뭐, 어려운 건 없어요. 보습 로션 제품군의 최근 5년간 매출 데이터를 월별로 정리하면 됩니다."

"네, 알겠습니다."

"그럼 조 주임이 자료 취합할 시간도 필요하니까 조금 쉬었다 할까요? 호호호."

성지나 팀장이 자리를 비우고 나가자 조 주임이 내게 물었다.

"대리님은 매출 곡선의 의미가 무엇인지 아세요?"

"아니. 나도 사실 궁금해. 무슨 이야기가 나올지. 나 커피 좀 타올게. 수고해."

"뭐, 어려운 일도 아닌데 수고는요."

"어려운 일이 될지 아닐지는 아직 모르지? 하하하."

조 주임 말대로 단순한 자료정리로 끝날까? 난 아니라고 본다. 성 팀장은 늘 한 걸음 더 들어간다. 조 주임이 정리하는 내용은 한 걸음 더 들어가기 위한 기초자료일 가능성이 농후하다.

다시 회의실에 모였다. 자리에 앉자마자 성 팀장이 자신의 랩톱에 화면을 띄우고 매출 곡선에 관해 이야기를 시작했다.

"조 주임이 정리한 내용을 보기 전에 잠깐 화면을 봐주시죠. 제품수명 주기 혹은 기술수명 주기라는 이론이 있죠? 잘 알고 계시죠? 호호호."

"아니요. 처음 듣는데요?"

조 주임이 씩씩하게 대답한다. 나 역시도 처음 듣는 이론이다.

"아, 두 분은 상경계 전공이 아니죠. 호호호. 이 이론은 아주 간단해요. 제품이 시장에 등장해서 사라질 때까지의 과정을 설명하는 이론이에요. 다음 그림이 바로 제품수명 주기 모형이에요. 영어로 Product Life Cycle, 일명 PLC라고 하죠. 제품이 시장에 도입되고 성장하며, 차차 안정기에 접어들었다가 서서히 사라지는 과정을 설명하는 이론입니다. 일반적으로 다음 그림처럼 4개 구간으로 구분하는데요.

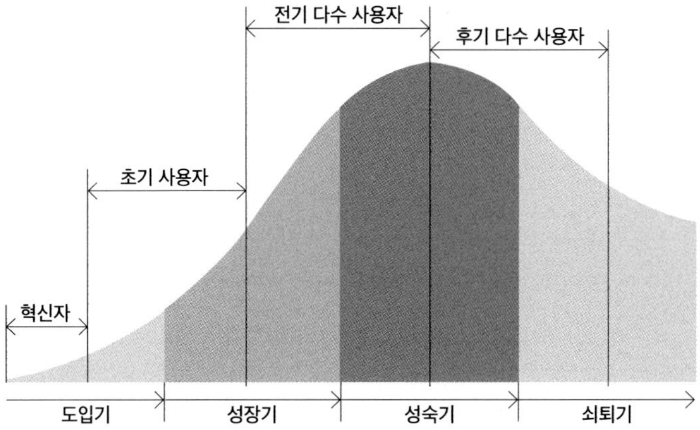

<그림 01_07. 제품수명 주기 모형>

- 특정 제품이 시장의 요구와 기술 선도로 새로운 시장을 형성해 갑니다. 이때는 새로운 제품과 신기술을 접하려는 고객층이 형성되어 완만한 곡선을 그리게 되는 시기죠. 이때 제품을 사용하는 고객을 '혁신자'innovators라고 하죠. 이 시기를 도입기라고 합니다.
- 다음은 성장기로 도입단계를 거쳐 해당 제품이 경제적 그리고 기술적 가치가 인

정되면서 시장의 수요가 급격히 늘어나며 경쟁 업체가 하나, 둘씩 생깁니다. 경쟁이 치열해지는 시기입니다. 도입기를 지나며 수요가 급증하는 시기의 사용자를 초기 사용자early adaptor라 부릅니다. 이 시기에는 이윤이 극대화됩니다.

- 제품에 대한 기업의 경쟁이 심화하고 치열해지면서 해당 기술에 대한 시장의 반응은 평정심을 유지하게 됩니다. 여기에 새로운 기술이 등장하여 기존의 시장을 위협하게 되고 수요가 급격히 감소하게 되죠. 이 시기를 성숙기라고 불러요. 다수의 사용자majority가 이곳에 포진하게 되죠.
- 마지막으로 시장의 반응이 냉담해지기 시작하면 서서히 해당 제품은 사라져 일부 몇몇 기업에 의해 유지되게 되는 시기가 옵니다. 쇠퇴기가 되는 거죠."

"아, 그렇구나. 근데, 이 제품수명 주기 이론이 매출 추이와 연결되어 있다는 건가요?"

이번엔 조용히, 가능하면 방관자 입장이 되려 했는데 나도 모르게 질문이 나와 버렸다. 질문이 나올 수밖에 없는 상황을 만드는 것. 이것 또한 성지나 팀장의 묘한 매력인가? 그럴지도 모르겠다. 아무튼, 이러한 해맑은 질문에도 성심껏 답변해 주는 이가 바로 성 팀장이다.

KRW 100,000,000

W	1월	2월	3월	4월	5월	6월	7월	8월	9월	10월	11월	12월	연간 총매출
1Y	53	29	69	53	63	41	106	42	56	105	36	74	279
2Y	54	30	69	54	65	42	111	43	57	107	37	76	745
3Y	108	43	77	77	81	47	123	72	71	119	53	95	966
4Y	134	71	94	92	113	91	135	87	99	127	88	133	1,264
5Y	171	120	123	127	168	193	153	116	148	154	149	198	1,818

<표 01_12. 보습 로션의 5년간 매출 자료>

성 팀장은 조 주임이 정리한 매출 내역을 바탕으로 엑셀 프로그램에 다음과 같이 간단한 막대그래프를 그렸다. 그리고는 말을 이어갔다.

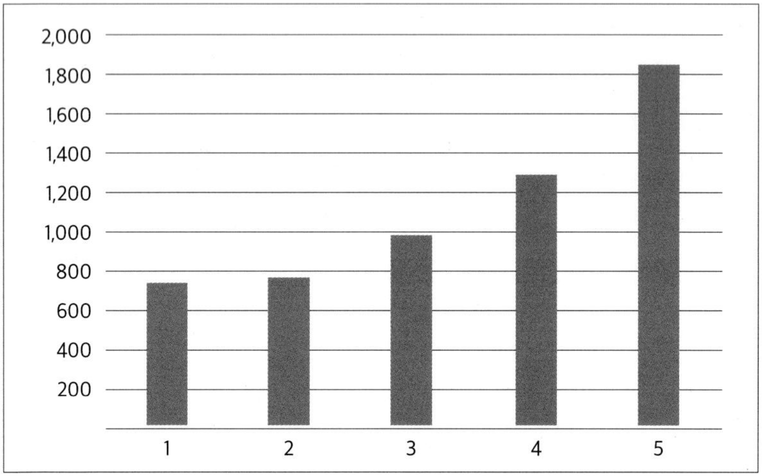

<그림 01_08. 보습 로션 5년간 매출 추이>

"그래프의 기울기를 확인해 보면 3구간3Y부터 매출이 늘어나고 있는 것을 확인할 수 있네요. 호호호. 해당 매출 추이 그래프를 제품수명 주기 모형에 대입하여 비교하면 현재 우리 보습 로션의 제품수명 주기 흐름을 읽을 수 있는 거죠. 이후의 매출 추이를 확인해야 하지만 현재 상황에서 보습 로션의 매출 흐름은 '전기 다수의 기간'에 포함된다고 할 수 있지 않을까 싶네요. 호호호. 제품의 수명주기를 파악하면 매출 성장 동력을 발굴하고 영업 전략을 수립하는 데 큰 도움을 받을 수 있어요."

"팀장님, 그러면 쇠퇴기에 접어들고, 아니 쇠퇴기로 판단하면 기업은 빠르게 해당 시장에서 철수해야 하나요? 해당 제품을 더는 공급하지 않는 게 맞는 거죠?"

나는 속으로 생각했다. 고마워 조 주임. 나의 질문이 묻히도록 더 많은 질문을 부탁해.

"조 주임, 빙고! 좀 더 이야기해보도록 하죠. 앞서 제품수명 주기 모형에서 성숙기의 정점, 그러니까 전기 다수 사용자가 포진한 곳까지 끊어서 보면 곡선이 이렇게 보이죠."

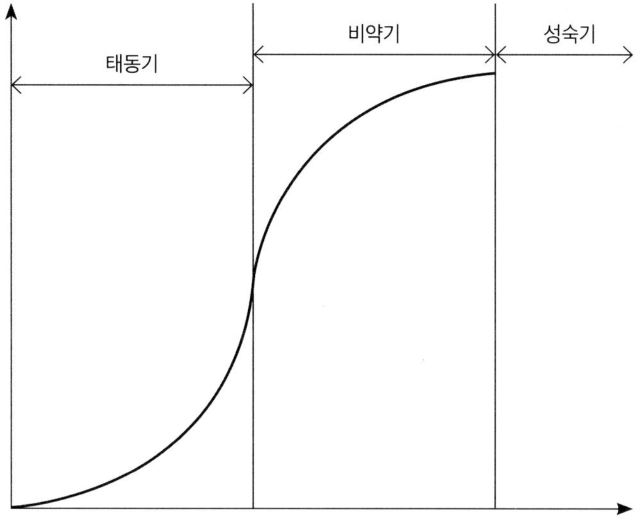

<그림 01_09. 기술의 S곡선(기술 수용 곡선)>

성지나 팀장이 랩톱에 곡선을 가리키며 말을 이어간다.

"이를 기술의 S곡선이라고 불러요. 근데 이 곡선은 가파를 수도 있고 또는 완만할 수도 있겠죠? 어찌 되었든, 곡선이 꺾이는 구간, 즉 후기 다수의 사용자가 등장하는 시기부터는 말씀드린 대로 새로운 기술이 이미 시장에 등장했다고 인식하게 되죠. 그래서 결국 새로운 기술이 등장했다고 가정해서 곡선을 연속적으로 그리면 다음과 같이 되는 거고요. 결과적으로 곡선은 계속 이어지며 연속성을 보이게 됩니다."

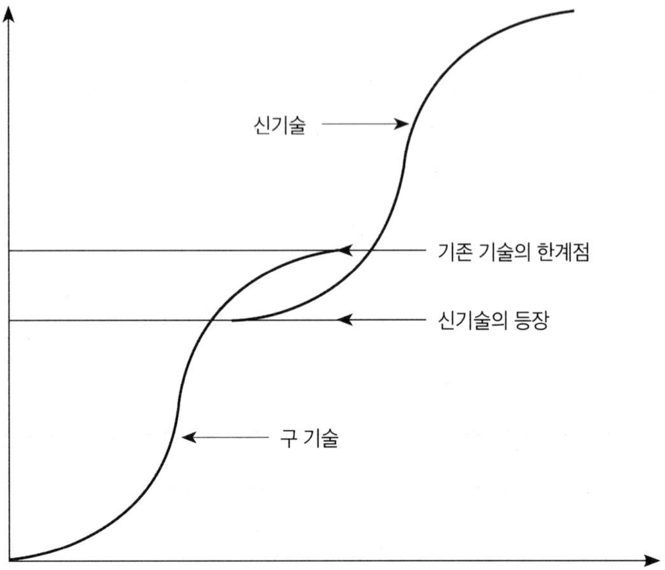

<그림 01_10. S 곡선에 따른 기존 기술과 신기술의 교차 곡선>

"음, 그러니까 기존의 기술이 한계점에 이르면 새로운 기술이 이미 시장에 등장했을 수도 있다는 이야기가 되네요. 그리고 이러한 신구 기술의 교차가 반복적으로 이루어지게 된다. 이 말씀이죠?"

"빙고! 특히 기술 집약 혹은 기술 기반 산업에 적용하여 분석하면 매우 효과적인 이론이죠. 기업이 기존 기술에 집착해서 시장 반응에 대한 대응이 늦으면 안 된다는 경각심을 주는 이론인 셈이죠. 그래서 매출 추이를 면밀하게 살피며 새로운 기술 개발에 집중해야 하는 거죠. 시장에서 도태되지 않으려면 제품이 그리는 매출 곡선, 즉 매출 추이는 매우 중요하게 여기고 세밀하게 살펴야 합니다. 자, 조 주임이 타부서 담당자들에게 회의 소집 메일 보내주세요. 그리고 멋지게 설명해 보세요."

다음 날 오전, 사장까지 참석한 매출 추이 분석 설명회가 열렸다. 조 주임은 의외로 떨지 않고 설명을 잘 마쳤다. 오후에 김종수 영업본부장이 성 팀장을 찾아왔다.

"성 팀장, 제품 목록 메일 받았죠? 그 제품들 수명 주기 분석하는 데 얼마나 걸리겠어요? 사장님 의견도 그렇고, 내 생각도 분석한 내용에 따라 제품을 선별해 영업하는 게 효과적이라고 생각합니다."

"네, 메일 잘 받았습니다. 호호호. 도움이 될 것 같다니 뿌듯하네요. 일주일 정도만 주세요. 빠르게 진행해 보겠습니다."

우리 팀의 분석 내용이 또 인정받았다. 인정받으면 좋은 걸까? 아니면 나쁜 걸까? 위상이 높아지는 건 분명 좋은 일인데, 정확히 위상을 인정받는 만큼 업무가 늘어나고 있었다.

"팀장님, 우리 팀이 인정받아서 좋긴 한데 그만큼 업무가 늘어나고 있어요."

"호호호. 신 대리, 너무 걱정하지 말아요. 사람은 누구나 능력치가 정해져 있어요. 할 수 있는 양만큼 일하게 돼 있어요. 조금 빠듯하지만 어쨌든 잘 해나가고 있잖아요? 호호호."

이 역시 긍정의 메시지인가? 믿어본다. 성지나.

수요 예측

과거는 미래를 보는 거울이다

제1강 목표 매출액 분석 올해 매출 목표가 얼마인가요?

제2강 시계열 분석 정량적인 방법으로 수요를 예측하라

제3강 시계열 추세 분석 예측은 미래에 대한 최소한의 준비다

제4강 기울기와 절편 월별 예측치를 산출하라

제5강 수요 예측 조금 더 깊이 있는 접근

제6강 수요 예측을 한다는 것 모두가 내 생각과 같을 수는 없어요!

목표 매출액 분석

1 올해 매출 목표가 얼마인가요?

매년 초 많은 기업이 데이터 분석보다 경영진과 영업, 전략 부서의 의지와 꿈이 더 많이 반영된 목표 매출액을 발표한다. 이를 정성적인 목표라 한다. 반대로 전년도의 성장률, 또는 점유율을 분석해 합리적이고 실현 가능한 목표를 세우기도 한다. 이를 정량적인 목표라고 한다.

새해가 밝았다. 1월 첫 주 월요일 전 사원이 지하 강당에 모여 시무식을 마쳤다. 처음으로 시무식에 참석한 성 팀장은 우리 팀의 위상을 한껏 올려준 시무식이었다고, 특히 사장님 신년사가 그렇다며 싱글벙글한다.

"아니 어느 부분에서 그런 생각이 들으셨어요?"

한없이 맑게 웃는 성 팀장에게 내가 진지하게 물었다. 그리고 옆에 있는 조 주임에게도 묻는다.

"조 주임도 팀장님하고 같은 생각이야? 사장님이 우리 팀 위상을 올려 준 것 같아?"

"네? 그게 무슨 소리예요? 사장님이 우리 팀 얘기를 했어요?

"내 말이. 사장님은 전혀 우리 팀 얘기를 하지 않았거든. 신년사 하는데 특정 부서만 딱 집어서 이야기할 수도 없는 거잖아."

"호호호. 저는 확실히 느껴지던데?"

"아니 자다가 옆 사람 다리 긁는 소리 그만하시고, 그러니까 어떤 부분이냐고요?"

"오늘 사장님 말씀 중에 가장 중요한 단어가 뭘까요? 제가 생각했을 때는 '미래'가 아닌가 싶어요. 유독 미래 이야기를 많이 하셨어요. 확실해요. 호호호."

나와 조 주임이 고개를 살짝 돌려 서로를 쳐다봤다. 들뜬 성 팀장을 달래듯 내가 말해주었다.

"팀장님. 사장님은 매년 미래를 준비하자고 말씀하세요. 팀장님이 처음이라 오해한 거예요."

"그래요? 신대리 말 대로 그럴 수도 있죠. 오해면 어때요? 오해한 대로 믿으면 되죠. 나쁜 얘기도 아닌데."

"에고. 우리 팀장님 참 긍정적이셔. 그건 그렇다 치고, 미래에 관한 얘기가 어째서 우리 팀과 관련이 있다는 거예요? 그것도 위상까지 올려주면서?"

"데이터 분석을 통해 미래를 보는 것. 그거 우리 팀이 제일 잘하는 부분 아닌가요? 호호호."

자리로 돌아온 우리는 커피를 한 잔씩 들고 위상까지 높여준 그 '미래'에 대한 이야기를 이어갔다.

"그러니까 사장님께서 올해 목표 매출액을 분석해 보라고 지시하셨다는 거죠?"

"맞아요. 지난주에 사장님이 저를 불러서 특별 지시를 내리신 거죠. 호호호"

"특별 지시? 목표 매출액? 구체적으로 말씀해주세요."

나는 '미래'를 언급했다는 사실보다 특별 지시가 더 궁금해졌다. 화제도 자연스럽게 그

쪽으로 넘어갔다.

"목표 매출액은 영업 각 부서에서 정하고 취합하면 되는데, 굳이 우리한테?"

"그건 정성적인 목표! 우리에게는 정량적인 목표 설정 지시! 사장님은 영업 부서의 목표가 현실적인 수준인지를 파악하고 싶대요."

그녀의 오해가 허황한 상상에서 나온 건 아니었구나 싶다. 새해부터 또 다른 업무를 시작하겠구나, 하는 기대와 또 바빠지겠구나, 하는 걱정이 교차한다. 아니나 다를까? 성 팀장은 바로 회의하자고 한다.

"10분 뒤에 5번 회의실에서 계속 이야기해보도록 하죠. 호호호."

자리에 앉기가 무섭게 성 팀장은 바로 설명을 시작했다.

"매년 초가 되면 모든 기업이 한 해 농사계획을 발표합니다. 목표는 얼마로 할 것이며, 그 목표를 달성하기 위한 구체적인 전략이 무엇인지 등을 말이죠. 대부분 경영진의 압력과 영업사원들의 계획이 주를 이루게 되죠. 즉 논리적이고 합리적인 목표보다는 그냥 자신들의 의지나 바람을 이야기합니다. 호호호. 의지와 바람 같은 정성적인 목표를 크게 설정하고 그에 맞춰 활동을 전개해 나가는 것이 좋겠죠. 다만 정량적으로 판단된 절대 수치를 알고 있다면 우리가 목표로 한 정성적 판단이 뜬구름에 불가한지 실현 가능한 목표인지 판단할 수 있을 거예요."

오늘 또 새로운 무엇인가를 배우겠구나, 하는 생각으로 나와 조 주임은 그녀의 설명을 듣고 있었다. 사뭇 진지한 표정의 성 팀장이 설명을 이어갔다.

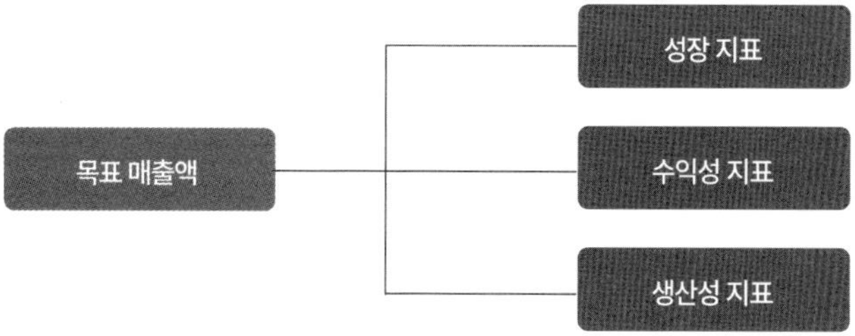

<그림 02_01. 목표 매출액 결정 방식>

"목표 매출액을 결정하는 방식에는 위 그림처럼 크게 3가지가 있죠. 이 중에서 우리는 성장 지표를 활용한 방법으로 산출해 볼까 합니다. 성장 지표를 활용한 목표 매출액 산정은 과거의 실적에 따라 미래를 예측하는 아주 기본적인 방법이죠. 성장률! 두 분 이제 전문가죠? 호호호. 조 주임이 지난 연말에 정리한 최근 5년간 매출액과 연도별 성장률, 시장 점유율 그리고 CAGR을 활용한 5년간 평균 성장률을 함께 보면서 이야기하죠."

KRW	1Y		2Y			3Y			4Y			5Y			CAGR
1,000,000	매출액	점유율	매출	점유율	성장률	매출	점유율	성장률	매출	점유율	성장률	매출	점유율	성장률	
NOVA 매출	3,270	3.9%	26,739	20.7%	7.9%	3,753	3.7%	5.4%	4,014	4.1%	6.5%	4,158	4.0%	3.5%	4.9%
전체 시장 매출	84,378		90,720		7.0%	100,421		9.7%	97,693		-2.8%	104,011		6.1%	4.3%

<표 02_01. 최근 5년간의 매출 성장률과 전체 시장 매출 대비 점유율>

*Part 1 제4강의 점유율과 성장률 공식을 참고

"와우! 위 표를 보면 4Y에는 전체 시장이 역성장했는데, 우리는 최근 5년간 최대 성장률을 기록했네요. 아무튼 조 주임이 깔끔히 정리해온 데이터를 바탕으로 목표 매출액을 산출해 보죠. 먼저 성장률에 따른 방법이에요. 성장률은 전년 대비와 평균 성장률이 있으니 이 두 개를 활용해서 각각 산출이 가능하죠."

목표 매출액 G1 = 5Y 매출액 × (1 + 전년 대비 성장률)

목표 매출액 G2 = 5Y 매출액 × (1 + 평균 성장률)

"위 공식에 대입해 목표 매출액을 산출하면 다음과 같네요."

목표 매출액 G1 = 4,158 × (1 + 3.5%) = 4,303(억 원)

목표 매출액 G2 = 4,158 × (1 + 4.9%) = 4,363(억 원)

"단순히 성장률만큼 목표가 설정되는 거군요."

"역시. 이젠 척하면 척이네요. 호호호. 그래요. 우리가 전년만큼 성장한다고 가정하고, 또는 평균적인 성장률을 대입해 매출액을 산출한 거죠. 어찌 보면 성장률 대비 목표는 해오던 만큼만 유지할 경우를 의미하는 것이 돼요. 하지만 지난번 성장률 분석 때도 말씀드렸지만 목표치를 올리기 위해서는 성장률에 변화를 주면 목표치가 변하므로 이 역시 중요한 수치가 되는 겁니다. 즉 성장률 대비 목표 매출액은 기준점이 되고 성장률을 조정하며 목표 매출액에 변화를 주는 것이죠. 호호호"

설명이 귀에 쏙쏙 들어온다. 나도 한마디 거들었다.

"아하, 그러니까 '우리가 작년에 3.5% 정도, 혹은 4.9% 평균 성장했는데, 올해는 5% 성장을 하겠다.' 이런 방법으로 성장률의 목표를 정하면 목표 매출액이 함께 산출되겠군요."

"호호호. 그렇죠. 이번엔 점유율에 따른 목표 매출액도 산출해 보도록 합시다. 수식은 다음과 같아요."

$$\text{목표 매출액 P1} = \text{5Y 매출액} \times (1 + \text{시장 확대율}) \times (1 + \text{시장 신장률})$$

"시장 확대율과 시장 신장률이라는 새로운 용어가 등장했어요. 뭐 놀랄 건 없고요. 시장 확대율이란 전년 대비 당사의 시장 점유율이 얼마나 증가했는지를 나타내는 지표를 의미해요."

$$\text{시장 확대율} = \frac{\text{5Y 시장 점유율} - \text{4Y 시장 점유율}}{\text{5Y 시장 점유율}}$$

$$\text{시장 확대율} = \frac{4.0\% - 4.1\%}{4.0\%} = -2.8\%$$

"시장 확대율은 -2.8%가 나왔네요. 매출에 따른 성장은 있었지만, NOVA의 판매 시장은 그만큼 줄었다는 얘기가 되네요. 다음으로 시장 신장률은 NOVA가 아닌 전체 시장이 매출 기준으로 얼마나 확대가 되었는지를 말합니다. 결과적으로 전체 시장의 성장률을 의미하게 되는 거예요."

$$\text{시장 신장율} = \frac{\text{5Y 전체 시장 매출액} - \text{4Y 전체 시장 매출액}}{\text{5Y 전체 시장 매출액}} = \text{전체 시장 성장률}$$

$$\text{시장 신장율} = \frac{104{,}011 - 97{,}693}{104{,}011} = 6.1\%$$

"수치로 나타난 것처럼 전체 시장은 커졌어요. 그런데 NOVA는 커진 시장을 충분히 확보하지 못한 거죠."

"간단한 분석 결과지만 꽤 의미가 있네요. 단순히 매출이 늘었다고 마냥 좋아할 일은 아니겠어요."

"신 대리 말이 맞아요. 그래서 다시 강조하지만, 성장률과 점유율 분석을 게을리하면 안 돼요. 호호호. 자, 이제 점유율에 따른 목표 매출액을 산출해 봐야죠."

목표 매출액 P1 = 4,158 × (1 + -2.8%) × (1 + 6.1%) = 4,289(억원)

"성장률에 따른 결과보다 점유율에 따른 목표 매출액이 떨어지네요. 정확한 표현인지 모르겠지만 규모를 확대하는 성장성장률도 중요하지만, 더 많은 시장을 확보하는 것점유율도 매우 중요해 보이네요."

말해놓고 보니 이제 나도 스스로 제법 근사한 이야기를 하는 것 같다.

"이야~! 이제 우리 모두 완벽한 DA가 된 거 같아요! 호호호. 시장 확대율과 시장 신장률을 산출해서 목표 매출액을 산정하는 것은 전체 시장이 얼마나 확산되고 있는지 파악하여 당사가 얼마 만큼 성과를 올릴 수 있는지 산정하는 간편하면서도 막강한 핵심 도구입니다. 아참, 그리고 신 대리가 정확히 이해하고 있으니 내일 오전에 사장님께 잘 설명해드리세요. 호호호."

내가 너무 방심했나? 의외의 한 방을 얻어맞았다.

"제가요? 발표도 잘하지 못하는 데다 사장님 얼굴만 보면 말문이 막히는데."

"아니거든! 신 대리 충분히 잘하거든! 호호호."

조금 있으면 매출 목표액을 발표해야 한다. 아까 발표 연습하며 청심환을 먹어서 그럴까? 사장님 앞인데 이상하게 떨리지 않는다.

"보시는 것처럼 시장 점유율에 따른 목표 매출액보다 성장률에 따른 목표 매출액이 조금 더 높게 나옵니다."

"결과가 서로 다른데 어떤 의미가 있나요?"

사장님이 질문했다. 다행히 미리 뽑아 놓은 예상 질문과 크게 다르지 않다. 나는 차분하게 설명했다.

"성장률에 따른 목표가 점유율에 따른 목표보다 높게 나온다는 것은 당사의 매출 규모가 매년 커지고 있기는 하지만, 전체 시장의 규모가 커진 만큼 우리가 충분히 시장을 확보하지 못했다는 의미도 있습니다."

"그건 시장이 커지는 만큼 우리 매출이 크지 못했다고 말할 수 있는 건가요?"

내가 준비하지 못한 질문이다. 내가 잠시 머뭇거리는 표정을 짓자 성 팀장이 재빨리 나서 답변을 한다.

"일반적으로 그렇게 볼 수 있지만, 반드시 그렇다고 판단할 수는 없습니다. 시장의 크기가 커지는 요인은 너무 많습니다. 시장에서는 기존의 제품군보다 새로운 제품군의 형성이 더 빠르게 진행되 었다고 판단할 수도 있겠습니다. 또는 새로운 경쟁사가 시장에 많이 등장하고 있다고 생각할 수도 있죠. 만약 후자의 경우라면 우리 회사는 꽤 좋은 입지를 가졌다고 판단이 됩니다."

"음. 그래서 우리가 어떤 목표를 설정하는 게 현명해 보이나요?"

성 팀장의 답변에서 힌트를 얻은 나는 기다림 없이 곧바로 말씀드렸다.

"이미 NOVA는 시장에서의 일정 부분 지위를 가진 상태입니다. 올해는 예년보다 많은 신제품을 출시하여 시장 점유율을 높일 필요가 있다고 생각합니다. 그러면 당연히 매출도 크게 오를 것으로 판단합니다."

"아주 좋은 의견입니다. 연구실에 이야기해서 올해 출시될 신제품을 더 빠르게 선보이라고 지시하겠습니다. 수고 많았습니다. 내일 점심시간 어때요? 점심 같이합시다."
"네, 알겠습니다."

사장실을 나오자 긴장이 한순간에 풀린다. 크게 심호흡을 하고 엘리베이터를 기다리는데 성 팀장이 옅은 미소를 띠며 나를 쳐다본다. 그리고 평소보다 큰 소리로 내 이름을 부른다.
"신은주!"
성 팀장이 활짝 웃으며 엄지척을 해준다. 나도 성 팀장을 보며 웃었다. 조 주임이 엘리베이터를 타며 한마디 거든다.
"신 대리님, 말씀 정말 잘하시던데요? 오늘 멋졌습니다."
칭찬은 고래도 춤추게 한단다. 기쁘고 뿌듯한 하루다.

시계열 분석

2 정량적인 방법으로 수요를 예측하라

수요 예측은 말 그대로 어떤 제품의 미래 수요를 예측하는 것이다. 목표나 전략 수립, 투자에 대한 의사결정을 위해 기업에서는 꼭 해야 한다. 수요 예측 방법엔 전문가와 소비자 등 다수의 의견을 조사하는 정성적 방법과 수치화한 가까운 과거의 데이터를 분석해 예측하는 정량적인 방법이 있다.

우리 팀 위상이 날이 갈수록 높아 진다는 걸 느낀다. 이제 다양한 부서에서, 다양한 분석을 요청한다. 새해부터 우리팀은 요청받은 내용을 분석하느라 분주한 나날을 보내고 있다. 그중에서 수요를 예측해 달라는 의견이 지배적으로 많다. 우리가 회사 전체의 목표 매출액을 정량적으로 산출해서일까? 이제는 카테고리별 수요 예측도 원한다.

이른 점심을 먹고 우리 팀 사람들이 회의실에 모였다.

"팀장님, 미래 상황을 정확하게 예측할 수 있을까요?"

데이터 분석을 업으로 하는 우리 팀도 이 질문에 확답을 내리기 힘들다. 그러면 정확하게 예측이 될지 안 될지도 모르는 미래 상황을 왜 예측할까? 의외로 성 팀장이 두리뭉실한 답변을 주었다.

"미래 수요를 예측하는 건 기업이 전략을 수립하고 투자에 대한 의사결정의 근거가 필요해서 아닐까요? 너무 교과서인가?"

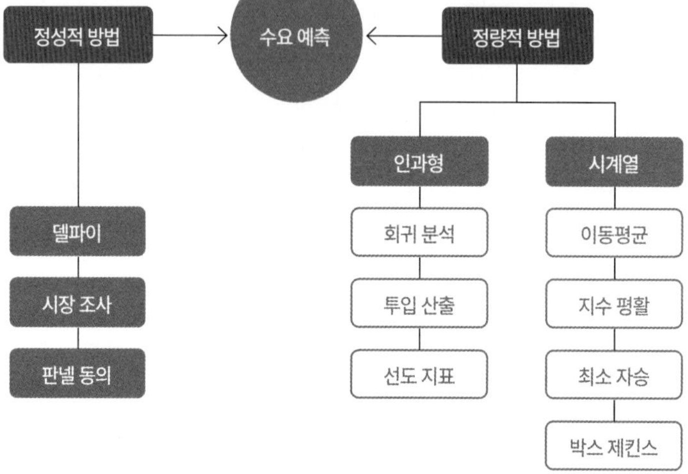

<그림 02_02. 수요 예측의 두 가지 축>

"네. 그러면 제가 좀 구체적으로 질문을 드리죠. 여기저기서 수요를 예측해 달라는 요청이 들어오는데, 팀장님, 예측이 뭔가요?"

"응? 갑자기? 예측이라……. 예측은 데이터 분석 아닐까?"

"잉? 데이터 분석의 한 분야라면 몰라도 데이터 분석이 전부 예측은 아니잖아요?"

"Nope! 방향성, 대상, 목표, 규모, 패턴, 전략 수립 등 통찰insight을 원하는 모든 행위가 더 나은 내일을 위한 것이라면 데이터 분석은 모두 예측foresight을 위한 행위라고 할 수 있죠!"

"그럴싸한데요? 그런데, 정말 과거를 통해서 미래를 예측할 수 있는 건가요?

"그럼요. 과거는 미래를 보는 거울입니다! 호호호. 한번 들어 볼래요? 시간적 개념으로 접근해 보면 우리는 미래를 알고 싶지만, 우리가 알고 있는 건 과거의 일뿐이죠. 결론적으로 과거를 통해 미래를 보는 것 말고는 딱히 다른 방법이 없어요. 그러니 데이터 분석의 핵심 대상은 앞으로 쌓여갈 미래의 데이터가 아니고 이미 쌓이고 누적된 과거의 데이터가 중심이 되는 것이겠죠."

이러니 내가 성 팀장을 사랑하지 않을 수 없다. 그녀는 언제나 나의 훌륭한 조력자고 듬직한 동반자다. 우리는 늘 함께 소통하고 고민하며 하루가 다르게 가까워지고 있다. 성 팀장이 수요 예측에 대한 전반적인 설명을 이어간다.

"수요를 예측하는 방법은 크게 두 가지예요. 하나는 정성적 방법입니다. 이는 전문가 의견을 반영하는 것과 시장에서 소비자 의견을 직접 조사하는 방법 그리고 다수의 의견을 수렴해 가는 방법 등으로 구분할 수 있어요. 대표적인 분석 방법에는 델파이 분석, 컨조인트 분석과 인덱스 분석 방법 등이 있죠. 과거의 데이터가 충분히 확보되지 않았을 때 주로 이 방법을 사용하지만, 정성적 방법은 의견을 제시하는 응답자의 반응에 따라 그 결과가 달라질 수 있다는 단점이 있어요. 이 반대편에 정량적 방법이 있답니다. 수치화한 과거의 데이터를 바탕으로 미래의 수요를 예측하는 방법이죠. 우리는 바로 이 정량적 방법의 하나인 시계열 분석을 하려고 해요. 시계열 분석은 분석하고자 하는 대상의 과거 자료가 미래의 상황을 충분히 설명할 수 있다는 확신에서 출발해요. 시계열 분석에서 가장 단순한 방법의 하나가 바로 이동평균법이라는 겁니다. 이동평균에 의한 수요 예측은 장기적인 예측보다 다음 차수의 예측값을 확인하는 데에 적합하답니다."

"신 대리, 요청 부서에 전달하는 게 급하니까 기존에 하던 방식대로 이동평균으로 산출해서 전달하자고요."

우리가 보편적으로 사용하는 이동평균으로 처리한다고 하니 다행스럽기도 하고 새로운 방법이 아니어서 약간은 실망스럽기도 했다.

"오호, 웬일이래? 후딱 해치우겠나이다."

"그래요. 조 주임하고 적당히 나눠서 처리해 주세요~."

어렵지 않은 일이라 많은 시간이 소요되지 않았다. 성 팀장은 우리가 정리한 내용을 확인하더니, 대표적으로 내가 정리한 보습 로션을 콕 집어 설명을 부탁했다.

KRW 100,000,000	1월	2월	3월	4월	5월	6월	7월	8월	9월	10월	11월	12월
전년도 매출	171	120	123	127	168	193	153	116	148	154	149	198

<표 02_02. 보습 로션의 전년도 월별 매출액>

"먼저 보시는 표는 보습 로션의 전년도 월별 매출 금액을 정리한 것입니다. 이동평균을 구하기 위해서는 먼저 기간을 설정해야 합니다. 그래서 저는 늘 하던 방식으로 3개월간 평균을 기준으로 산출했습니다."

"호호호. 기간을 설정한다고 하셨는데, 기간은 왜 설정하는 건가요?"

"에구, 팀장님 설마 제가 아무리 부족해도……."

"알지. 알아요. 그래도 한 번 더 상기한다는 차원에서. 호호호."

"알겠습니다. 기간, 그러니까 구간을 설정하는 이유는 구간별로 평균의 변화와 추이를 확인하기 위한 것이죠."

"정답! 그리고 추가로 기간, 즉 구간마다 변화도 감지할 수 있지요. 자, 그다음 작업은요?"

"기간이 정해졌으니 정해진 기간 내 매출의 총합을 기간으로 나누어 주면 끝이지요. 보시는 것처럼 보습 로션의 올 1월 예상 매출액은 167억 정도로 예측되네요."

D : 구간 = 3

$$\text{이동 평균}(F_t) = \frac{\text{구간 내 총합}}{\text{구간}} = \frac{\text{3개월간 매출 총합}}{D}$$

$$\text{보습 로션의 올해 1월 예상 매출액} = \frac{154 + 149 + 198}{3} = 167$$

"그리고?"

"이동평균을 구해 예측할 때는 언제나 예측값에 따른 변화와 실제 매출 추이와 비교하고 점검한다!"

"오호~. 그러기 위해서는?"

"비교 추세선을 그려 확인한다!"

"박수! 호호호."

KRW 100,000,000	1월	2월	3월	4월	5월	6월	7월	8월	9월	10월	11월	12월	올해 1월
전년도 매출	171	120	123	127	168	193	153	116	148	154	149	198	
이동 평균				138	123	139	163	171	154	139	139	150	167

전년도 1월 + 2월 + 3월 매출 / 3

전년도 2월 + 3월 + 4월 매출 / 3

이후 동일한 방법으로 산출

<표 02_03. 실제 매출과 이동평균의 비교를 위한 자료>

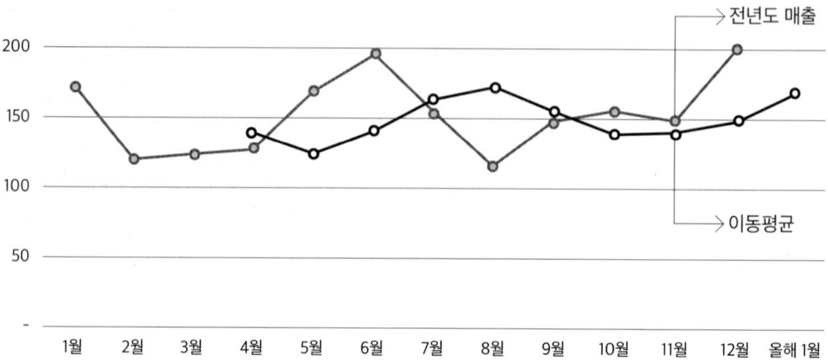

<그림 02_03. 실제 매출과 이동평균의 비교 추세선>

"비교 추세선을 확인해 보면 구간 내 매출 추이가 안정적인 관측값에 대한 예측4월, 7월, 9월, 10월, 11월은 실제 매출과 크게 차이를 보이지 않습니다. 즉 구간 내 관측값매출액이 일정하게 유지되거나, 지속적으로 성장하거나 혹은 하락할 경우 예측 결과가 좋게 나타난 거지요. 아, 그리고 구간 내 추이를 일정하게 하기 위한 방법으로 매출 추세선을 확인하여 구간을 넓히거나 좁혀 여러 측면으로 이동 평균을 구하면 된다고 지난번 팀장님이 알려 주셨죠!"

"잘했네. 잘했는데, 그래도 이번엔 약간의 변화를 줘 볼까 하는데. 신 대리, 조 주임 어때요? 호호호."

"그러면 그렇지 그냥 넘어갈 팀장님이 아니죠."

약간은 투정 섞인 불평을 해보았지만, 이 역시 어떠한 변화일지 궁금해진다.

"별 건 없어요. 호호호. 지금 우리가 수행한 건 대부분의 기업에서 수행하는 단순 이동평균이죠. 이번엔 기간 내 관측치에 가중치를 부여해서 이동평균을 진행해 보는 거예요. 즉, 가중 이동평균을 구하는 것이죠."

"가중 이동평균이요?"

"네, 가중 이동평균. 최근 매출이 다음 매출에 가장 많은 영향을 준다고 가정하고 이전 매출로 갈수록 가중치 값을 줄여가는 방법이죠. 제가 한 번 해볼게요."

가중 이동평균(WF_t) = (D_{t-1} X W_{t-1}) + (D_{t-2} X W_{t-2}) + ... + (D_{t-n} X W_{t-n})

구간 D1w=0.7, D2w=0.2, D3w=0.1
12월(D1) = 198 × D1w = 138.39
11월(D2) = 149 × D2w = 29.77
10월(D3) = 154 × D3w = 15.35
보습 로션의 올해 1월 예상 매출액 = D1 + D2 + D3 = 183.51

"가중 이동평균에 따른 보습 로션의 올 1월 매출은 184억 원 정도로 나타나네요. 단순 이동평균보다 다소 높게 나타나죠? 계속해서 가중 이동평균의 추세도 실제 매출과 비교해 봐야죠?"

KRW 100,000,000	1월	2월	3월	4월	5월	6월	7월	8월	9월	10월	11월	12월	올해 1월
전년도 매출	171	120	123	127	168	193	153	116	148	154	149	198	
가중 이동 평균				127	125	155	181	163	131	142	149	150	184

<표 02_04. 실제 매출과 가중 이동평균의 예측 자료>

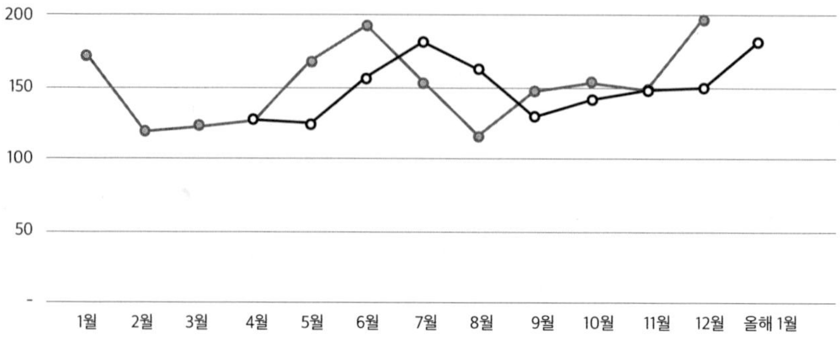

<그림 02_04. 실제 매출과 이동평균의 비교 추세선>

"어때요? 추세선이 서로 조금 더 가까워진 것 같지 않아요? 호호호. 결국 가장 최근 매출부터, 70%, 20% 그리고 10%를 반영한 거죠."

"확실히 가중 이동평균이 실제 매출과 비슷한 추이를 보이네요. 정확히 일치하는 예측값도 나타나고요. 아, 이런 방법도 있었네요."

이렇게 분석된 이동평균 값을 각 요청 부서로 전달하는데 의외의 곳에서 사건 아닌 사건이 발생했 다. 목표 매출액 때문인지 영업본부에서도 수요 예측에 대한 요구가 있었다. 그런데 영업 2팀에서 문제를 제기하고 나섰다. 그 중심에 오길영이라는 영업 2팀장이 있었다. 그가 우리 팀에 메일로 미팅 요청을 했다.

그날 오후 우리 팀과 영업 2팀이 회의실에 모였다.

"회의에 응해 주셔서 감사합니다."

"요청이 있으면 당연히 참석해야죠. 호호호."

성 팀장이 밝게 대답해준다. 오길영 팀장이 말을 시작했다.

"오늘 아침에 정보분석팀에서 메일이 왔길래 열어 보니까 다음 달 수요 예측이 와 있더라고요. 우리가 부탁한 것도 아닌데, 갑자기 예측, 뭐 이런 메일이 와서 놀랐습니다."

표정과 말투 그리고 태도까지 불손하다. 하지만 그런 거에 감정 소비할 성 팀장이 아니다. 그녀는 멘탈 '갑'이다.

"아, 네. 영업본부장님이 바쁘신 여러 팀장님 대신해서 우리 팀에 주문했습니다. 매월 말에 다음 달 매출 수요를 산출해 달라고 하셨죠. 호호호."

"잠시만요. 다음 달 예측을 뽑았다고요? 그걸 무슨 근거로 뽑아요?"

"으음, 이동평균으로 산출해 보았지요. 호호호."

마냥 긍정적인 성 팀장이 차분하게 미소 지으며 대답해 주었다.

"에이. 난 또 뭐라고. 이동평균 그거 못하는 사람도 있나요? 김 대리, 이동평균 할 줄 알지?"

"……."

옆에 앉은 영업팀 김기준 대리는 특별한 대답을 하지 않았다. 오 팀장이 계속 이야기했다.

"이동평균 이런 수준의 것으로 예측이 되는 곳이 아니에요. 여기 NOVA가. 뭐 다른 부서들이야 어떤지 모르겠지만, 그 이동평균 못하는 사람도 없고. 우리 팀은 특별히 필요 없으니 다음 달부터는 공유 안 해주셔도 됩니다."

상당히 무례하다. 아니 우리를 깔보고 있다. 말인즉 이런 분석 수준으로 뭔 예측을 한다고 난리냐, 이런 의미다. 속이 부글부글 끓어올랐다. 내가 나서 한마디 하려고 하는 찰나 성 팀장이 조용히 대답해 주었다.

"아, 그렇구나. 죄송해요. 좀 더 다양하고 깊이 있는 분석으로 예측치를 산출해서 공유해드릴게요."

성지나 팀장이 이렇게나 친절하게 말을 하는데도 이 인간이 또 내 속을 뒤집는 멘트를 날린다.

"새롭든, 깊이가 있든 NOVA 제품들이 그렇게 예측될 성질이 아니라니까요? 무슨 예측을 하든 앞으로는 우리 팀은 사양할게요."

"아, 그래도 이게 사장님도 지시한 내용이고, 우리 팀에서도 아직 수요를 예측하는 게 익숙하지 않아 시행착오가 있어요. 호호호. 앞으로는 정확도도 높이고 더 노력할게요. 그러니 계속 공유해 드리면 지금처럼 많은 조언 부탁드려요."

아니 이게 무슨 상황이란 말인가? 도움을 주겠다는데 필요 없다고 하지를 않나, 그런 인간에게 도움을 드리겠으니 받아달라고 부탁을 하지 않나? 내가 못 참고 한마디 했다.

"팀장님, 굳이 필요 없다는데, 영업 2팀 빼고 공유하죠. 뭐, 우리가 바이러스를 돌린 것도 아닌데, 좀 황당하네요."

오 팀장이 하찮다는 표정으로 나를 바라보고는 이렇게 말했다.

"저분 말씀 잘하시네. 제 얘기 이해하셨죠? 다음 달부터 공유 안 되도록 부탁드립니다. 수고하세요."

성 팀장이 무슨 말을 하려는 찰나 영업 2팀 오길영과 김기준이 회의실을 나갔다. 나는 분을 참지 못하고 버럭 소리를 질렀다.

"아니, 뭐 저런 인간이 다 있어? 진짜 짜증 난다."

"릴랙스~, 릴랙스~. 호호호."

"아니 어떻게 이런 상황에서 릴랙스를 하냐고요?"

"맞아요. 팀장님. 제가 봐도 정말 무례한 사람이네요. 어떻게 저런 사람이 팀장이 됐죠?"

성 팀장이 조용히 문을 열고 나갔다. 성 팀장이 아무리 성격 좋고 긍정적이라지만 이 상황은 좀 난감해 보인다. 그녀가 입사한 후 겪은 최대 굴욕이자 최대 위기다. 성 팀장 기분이 말이 아닐 것이다. 속이 부글부글 끓어오르는데 한편으론 생각이 많아진다. 성 팀장은 오죽할까. 나와 조 주임은 뒷정리하고 조용히 회의실을 나왔다.

시계열 추세 분석

3 예측은 미래에 대한 최소한의 준비다

시간의 흐름에 따라 발생한 데이터, 즉 시계열 데이터를 수요 예측 시 활용하면 몇 가지 좋은 점이 있다. 첫째, 장기적인 수요 증가와 감소 추세를 살필 수 있다. 둘째, 시장·정치·경제·사회적 이슈에 따른 수요 변화를 감지할 수 있다. 셋째, 계절적 수요 변화를 살필 수 있다. 넷째, 설명될 수 없는 요인 또는 돌발 상황으로 발생하는 변화를 감지할 수 있다.

오길영 팀장의 무례한 언행을 경험해서 그런가? 수요 예측을 굳이 해야 하나, 하는 생각이 든다. 금요일 미팅 상황과 비슷한 일이 그전에도 있었다. 생산과 영업, 구매, 정보분석 부서가 함께 모인 기획 회의 때였다.

"예측, 그거 하면 뭐하나요? 하나도 안 맞는데?"

생산기획 장우진 팀장이 수요를 예측하는 건 매우 중요하다는 성지나 팀장에게 던진 질문이다. 그때 성 팀장이 아주 멋진 대답을 했다.

"전적으로 동감해요. 예측은 하나도 안 맞아요. 호호호. 하지만 예측한다는 것, 그것은 알 수 없는 미래에 대한 최소한의 준비죠. 예측은 언제나 정확하지 않습니다. 그래서 우리는 예측을 하는 것이죠. 말장난 같이 들리겠지만, 예측은 언제나 틀리기에 하는 것입니다. 만약 예측이 100% 정확하다면? 굳이 왜 예측하나요? 이미 다 아는 사실을 말이죠. 그렇기에 예측은 불안한 미래에 대한 최소한의 보험, 일종의 청심환 같은 것입니다. 그리고 예측은 과하지도 부족하지도 않게 중심을 잡아주는 중심추와 같은 존재라고 생각합니다."

오길영의 진상 짓이 있었지만 다시 평온한 일상으로 돌아오는데 오랜 시간이 걸리지 않았다. 성 팀장은 그날 하루 조금 시무룩했을 뿐 여전히 밝고 긍정적이다. 충분히 자존심이 상했을 법한데 성 팀장은 이동평균 외 특별한 분석 방법을 설명하지도 수행하지도 않았다. '그냥 그러려니 하고 무시하는 건가?' 내심 궁금해 내가 물어보았다.

"팀장님, 이동평균으로 계속 밀어붙이는 거죠? 영업 2팀 빼고 공유하는 거 맞죠?"

"호호호. 그런 건 아니고. 일단 이동평균 분석으로 단기간 예측이 가능하다는 걸 충분히 인식시키고 이후 다른 대안을 찾아 영업 2팀도 설득해야겠죠?"

"굳이 밥 먹기 싫다는데 숟가락으로 떠서 먹여줄 필요는 없지 않나요? 설득할 가치가 있을까요?"

성 팀장은 아무 대답이 없이 그저 웃기만 했다. 오길영 팀장을 떠올리니 다시 속이 끓는다. 혼자 중얼중얼 욕하고 있는데 성 팀장이 조용히 내게 다가온다.

"아니, 솔직히 말하면, 누구나 다 하는 이동평균 분석이라면서 영업 2팀은 왜 여태 안 하고 있었대요? 호호호."

그러게 말이다. 다 할 줄 안다면서 수요를 왜 맘 내키는 대로 예측하고 설정하는 것일까? 아무 근거나 배경도 없이 말이다. 성 팀장 말이 일리가 있다. 이동평균 분석으로 정성이 아닌 정량적인 예측이 가능하다는 점을 충분히 홍보한 후 다른 방법을 모색해도 늦지 않을 것이다. 중요한 점은 오길영 팀장을 빼고는 모두 우리가 건넨 이동평균에 따른 자료를 흡족해한다는 것이다. 우리의 예측 자료가 유용했는지, 이제는 요청 내용이 점점 더 세분되고 있었다.

"팀장님, 우리 자료가 쓸만한가 봐요. 이제 디테일한 내용까지 요청해오고 있어요. 일이 너무 많아지는데요."

"요청이 많으면 좋은 거 아닌가요? 호호호."

"일이 많아지는데 뭐가 좋다는 거예요! 예측 요청이 폭증하고 있어요. 이젠 제품 하나하나 모두 예측해 주길 원해요."

"응? 뭐가 문제야? 호호호. 전부 다 이동평균으로 산출해서 전달하면 되지요? 그것도 가중 이동평균으로. 호호호."

"그게 그렇게 간단하지 않아요! 단기간 예측이 아닌 연간 예측치를 요청하는 거죠. 여기, 생산기획팀 이메일 좀 보세요."

> 안녕하세요. 생산기획팀 장우진입니다.
> 전달해주신 이번 달 카테고리별 수요 예측 잘 받았습니다. 많은 도움이 될 것 같습니다.
> 그런데 해당 월의 수요 예측이 전달되면 타부서의 경우는 모르겠지만 생산기획팀에서는 활용 범위가 좁습니다. 이유는 생산 계획이 적어도 20일 전에는 수립이 되어야 생산에 반영되기 때문이죠.
> 따라서 생산 기획은 물론 자재 및 구매, 물류 등 실무 부서에서 현실적인 도움을 받을 수 있도록 해당 월의 예측은 물론 연간 예측을 분석해 주셨으면 합니다.
> 추가로 예측이 상품별로 진행되었으면 하고요. 꼭 부탁드리겠습니다.
> 감사합니다.

"아, 그렇구나. 호호호. 사실 저도 봤어요."

"으이그, 보셨으면서……. 문제는 생산 기획만 메일을 보낸 게 아니라는 거예요. 아시죠? 영업 빼고는 모든 부서에서 보낸 것 같아요."

"그러게 말이에요. 호호호."

"그냥 웃고 넘어갈 일이 아니죠. 자, 이럴 때를 대비해서 팀장 찬스를 사용합니다!"

"호호호. 지금 보고 자료 작성 중이니까 점심 먹고 조 주임하고 같이 회의실에서 봐요~."

회의실에 앉자마자 성 팀장이 물었다.

"자, 제가 무엇을 도와드리면 될지요? 호호호."

"이동평균 말고 장기적인 예측이 가능한 다른 방법을 알려주시면 됩니다."

"의외로 다른 방법을 활용해야 하는 경우가 빨리 왔네요. 잘 됐어요. 호호호. 먼저 제가 질문을 해볼게요. 신 대리나 조 주임은 혹시 아는 예측 분석 기법이 있나요?"

"예측 기법이라, 뭐 전통적인 회귀 분석 정도?"

"네, 저도 회귀 분석이 먼저 떠오르네요."

"신 대리는 기억할지 모르겠지만, 제가 일전에 얘기했죠. 데이터 분석은 곧 예측이다. 기억나세요?"

"그럼요. 기억나죠."

"그러니까 모든 분석 기법이 예측 기법이 되겠죠. 호호호. 그래도 예측 기법 하면 신 대리와 조 주임 말처럼 회귀 분석이 가장 대표적이라 볼 수 있죠. 간혹 언제적 회귀 분석이냐고 타박하는 분들도 계시는데, 전 아직 회귀 분석만큼 훌륭한 예측 기법을 만나 본 적이 없어요. 뭐, 그건 제가 실력이 부족한 탓일 수도 있겠지만요. 호호호."

그럼 뭐 결론이 났다. 이제 전통적인 회귀 분석으로 수요를 예측하면 된다.

"그럼 회귀 분석으로 갈까요?"

"당연하죠. 그게 아무래도 안전하겠죠? 호호호. 근데 회귀 분석을 약간 변형한 판매 예측 분석을 설명할까 해요. 이동 평균과 같이 시계열 자료를 기본으로 하는 방법인데 회귀 분석보다는 조금 더 수월하게 진행할 수 있죠. 물론 정확성에 대한 것은 두 번째 문제고요."

"팀장님은 계획이 다 있었군요. 하하하."

"호호호. 뭐 항상 보면 알겠지만 대단한 건 없다는 점! 그러니까 큰 기대는 금물입니다. 일단은 시계열 추세 분석에 앞서서 그 이론적 배경을 잠깐? 아니 길게 설명하고 진행할게요."

길게 설명해도 좋다. 영업 2팀 오길영 팀장의 개 무시를 보기 좋게 비웃을 수 있는 묘책이라면 그것으로 충분하다.

"자, 다음 표를 봐주세요."

X	1	2	3	4	5	6	7	8	9	10	11	12
Y	10	20	30	40	50	60	70	80	90	100	110	?

<표 02_05. X값 따른 Y값의 변화 1>

"X값이 1에서 12까지 변화될 때 하단부 Y값을 확인하면 10씩 증가하고 있다는 것을 알 수 있어요. 마지막 12에 값이 물음표로 되어 있는데 그 값이 120이 된다는 건 쉽게 알 수 있죠. 계속해서 다음 표도 볼까요?"

X	1	2	3	4	5	6	7	8	9	10	11	12
Y	10	15	20	25	30	35	40	45	50	55	60	?

<표 02_06. X값 따른 Y값의 변화 2>

"이번에도 쉽게 Y값을 예측할 수 있어요. 이번엔 X값이 1에서 12까지 변화될 때 Y값은 5씩 증가하고 있습니다. 이 두 개 표를 그래프로 한번 그려 볼게요. 그러면 다음과 같이 되겠죠?"

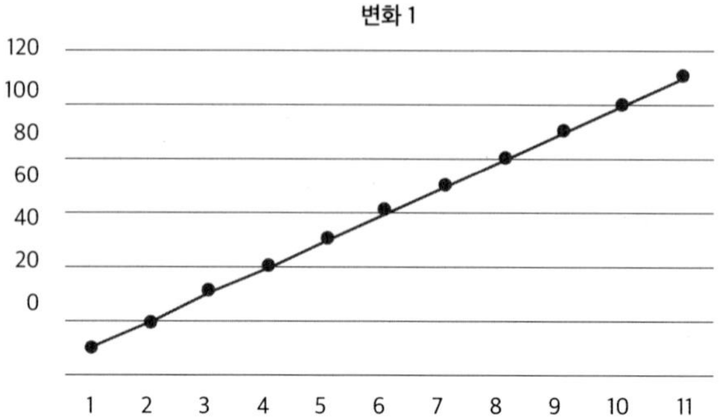

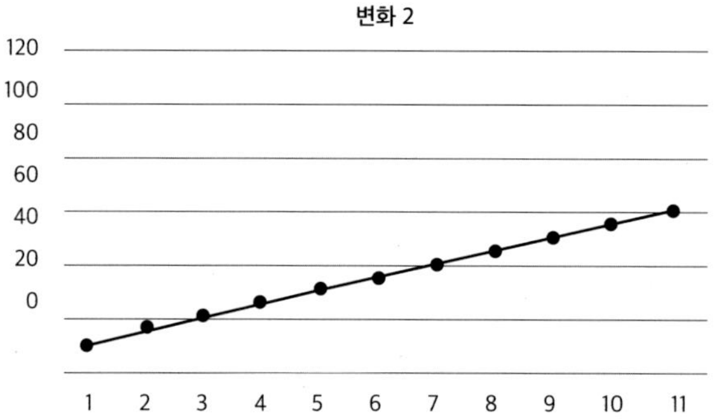

<그림 02_05. X값 따른 Y값의 변화 그래프>

"아직은 제가 무슨 말을 할지 감이 안 오죠? 호호호. 두 그래프 공히 Y값이 일정하게 상승하고 있어요. 반대로 일정하게 하락하는 경우도 있을 수 있겠죠. 그런데 두 그래프에는 다른 점이 있어요. 무엇일까요?"

"서로 기울기가 다르네요."

"굿! 조 주임, 고마워요. 그렇죠. 기울기가 서로 다르죠. 변화 1의 그래프는 기울기가 10, 변화 2의 그래프는 기울기가 5인 거죠. 이제부터 우리는 기울기를 나타내는 기호로 b를 사용할 거예요. 그러면 변화 1은 b값이 10이 되고 변화 2는 b값이 5가 됩니다. 그러면 다음과 같이 수식을 만들 수 있겠죠."

수식 1=Y=bX

"수식 1을 활용하면 X값이 주어지고 기울기 b만 알면 Y값이 충분히 예측 가능해집니다. 기울기가 10일 경우와 5일 경우 X값이 12면 다음과 같이 Y값을 알 수 있게 되는 겁니다."

변화 1의 Y = 10 X 12 = 120

변화 2의 Y = 5 X 12 = 60

"어때요? 이제 기울기만 알면 X값에 어떤 수를 대입해도 Y값이 충분히 예측할 수 있겠죠? 사실 우리 학창 시절에 다 배운 거죠? 호호호."

"오랜만에 새롭네요. 그러니까 매출의 기울기를 확인해서 예측을 진행하면 된다는 말씀이죠."

뭔가 감이 오는듯하여 내가 힘차게 대답했다. 하지만 또 추가적인 무엇인가 남았다.

"신 대리가 자신 있게 말했지만, Nope! 아쉽게도 아직 끝이 아니라는 거! 호호호. 그래도 너무 걱정하지 말아요. 다 듣고 나면 아무것도 아니었다고 느낄 거예요. 자, 두 그래프를 유심히 보면 한가지 문제점이 있어요. X값이 0이면 Y값도 무조건 0이라는 것이지요. 하지만 X가 0일 때 Y가 반드시 0에서부터 출발한다고 가정할 수는 없어요. 쉽게 예를 들자면 생산(X)이 없어도 매출(Y)이 있을 수 있고, 반대로 생산이 있어도 매출이 없을 수도 있다는 것이죠. 다음 표와 그래프를 볼까요?"

X	1	2	3	4	5	6	7	8	9	10	11	12
Y	20	30	40	50	60	70	80	90	100	110	120	?

<표 02_07. X값 따른 Y값의 변화 3>

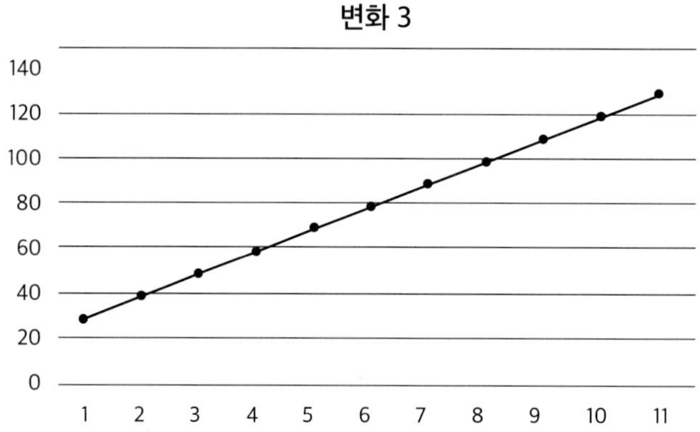

<그림 02_06. X값 따른 Y값의 변화 3 그래프>

"어때요? Y의 시작점이 0이 아닌 걸 확인할 수 있죠? 이것도 학창 시절에 배웠죠? Y축이 X축과 만나는 지점, 바로 절편이라고 하죠. 그래서 이 절편을 a라는 기호를 사용하고 수식을 새롭게 정의하면 다음과 같습니다."

수식 2 = Y = a + bX

변화 3의 Y = 10 + (10 X 12) = 130

"변화 3에서 a는 10이고 b역시 10이니까 X값이 12면 수식에 대입해서 130이 나오는 거죠. 어때요? 쉽죠? 호호호."

"그러게요. 쉽네요."

뭔가 개운하게 해결된 기분을 숨길 수 없다. 조 주임도 고개를 끄덕이며 동의하는 눈치다.

"참고로 하나만 더 이야기할게요."

"끝이라면서요?"

"아니 아니, 수식은 진짜 끝이고 번외편 이야기. 호호호. 우리가 앞서 이동 평균도 그렇고 이번 추세 분석에 대한 설명도 그렇고 시간의 흐름에 따라 발생한 데이터, 즉 시계열 데이터를 활용하게 되는데요. 시계열 데이터를 활용하면 좋은 점이 몇 가지 있어요. 그걸 이야기하려고 한 거죠. 왜 수요를 예측할 때 시계열 데이터가 좋은가를 설명하고자 하는 거죠. 호호호. 시계열 데이터는 다음과 같은 4가지 변동 사항을 포함하고 있어요.

- 첫째, 수요의 장기적 변화, 즉 수요의 증가와 감소 추세를 반영해요. → 경향 변동
- 둘째, 시장의 상황, 혹은 정치·경제 그리고 사회적 이슈에 따른 순환적인 변화를 감지할 수 있어요. → 순환 변동
- 셋째, 1년을 기준으로 계절에 따른 수요의 변화를 반영해요. → 계절 변동
- 넷째, 설명될 수 없는 요인 또는 돌발적인 상황으로 발생하는 변화를 감지해요. → 우연 변동

그래서 시계열 데이터는 지금 우리처럼 수요 예측뿐 아니라 다양한 분야에서 폭넓게 활용되는 거죠. 대표적으로 주식시장이 되겠네요. 호호호."

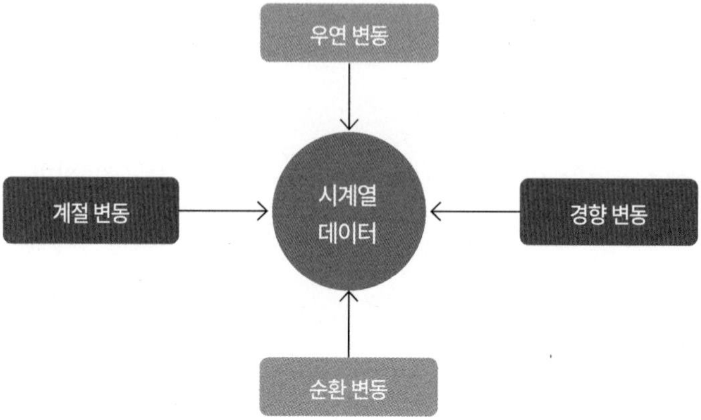

<그림 02_07. 시계열 데이터에 포함된 변동 요인>

“설명은 여기까지입니다. 두 분이 한번 수요를 예측해 보세요. 특정 제품을 선정해서 이후의 매출 흐름이 어떨지 한번 분석해 보는 거죠. 호호호. 할 수 있죠? 그럼 파이팅! 오늘 회의는 여기서 마무리하죠.”

오길영에 대한 보복 심리가 작용했을까? 조 주임은 모르겠지만 나는 자신감 충만이다.

“네~! 충분히 고민해 보고 수요를 예측해 보겠습니다.”

“저도 노력해 보겠습니다.”

조 주임은 신중한 편이다. 나는 그의 신중함이 좋다.

기울기와 절편

4 월별 예측치를 산출하라

미래의 매출 수량을 예측하는 건 쉬운 일이 아니다. 더욱이 완벽하게 예측하는 건 불가능하다. 하지만 그래도 예측해야 한다. 그래야 하나의 제품이든, 아니면 기업이든 앞으로 다가올 문제를 미리 개선하고 혁신할 수 있다.

성지나 팀장에게 큰소리쳤는데 막상 하려니 쉽지 않았다. 설명을 들었을 땐 감이 온 듯하여 자신감이 상승했는데 정작 기울기와 절편을 산출할 수 없었다. 조 주임과 나는 오후 시간 대부분을 매출 자료만 들여다보았다. 이러다가는 하루를 다 보낼 것 같았다.

"팀장님~."

"어머, 신 대리가 어쩜 이렇게 다정스레 나를 찾을까?"

"팀장님 설명 들을 땐 알 것 같았는데, 막상 하려니 무엇을 해야 하는 건지 모르겠어요."

"무엇을 말인가요?"

"추세에 따른 예측요."

"아, 그거. 제가 이론만 설명했지 방법은 알려준 적이 없어요. 호호호. 지금 방법을 알려주려고 한창 준비 중인데?"

아니, 이건 무슨 말인가?

"아니, 아까는 우리에게 해보라고 하셨잖아요?"

"그래야 두 분도 고민해 보고, 또 분석 능력을 키울 수 있을 거 같아서. 호호호. 아무튼, 자료도 어느 정도 준비됐고 하니 얘기해볼까요? 아니, 근데 벌써 퇴근 시간 다 됐네요. 내일 아침에 하는 게 어때요? 호호호."

조 주임과 나는 서로를 쳐다보며 허탈한 웃음을 지었다. 꼬박 반나절을 이리저리 고민했는데, 어차피 우리가 해도 안 되는 일이었다는 얘기를 들으니 힘이 빠졌다. 왠지 그녀가 우리를 시험에 들게 했다는 생각이 들었다. 새로운 분석 방법을 알아간다는 기대감으로 화를 잠재우며 퇴근 준비를 했다.

다음 날 아침부터 우리는 다시 회의실에 모였다. 성 팀장이 랩톱에서 표 하나를 꺼내 보여준다.

단위 : BOX (1BOX - 24EA)

1	2	3	4	5	6	7	8	9	10	11	12
4,824	5,984	7,206	6,697	5,061	5,304	3,606	4,656	3,217	4,306	4,724	4,662
13	14	15	16	17	18	19	20	21	22	23	24
5,968	5,229	6,658	6,642	5,375	6,551	6,739	3,771	4,001	5,084	4,659	3,295

<표 02_08. 보습 크림 2년간 월별 매출 수량>

"이 표는 회사 주력 상품 중 하나인 보습 크림의 최근 2년간 월별 매출 수량입니다. 이번에는 매출액이 아닌 매출 수량을 기준으로 예측을 해볼게요. 물론 매출액으로 해도 무관합니다. 호호호. 신 대리와 조 주임도 상품 하나 선택해서 나와 같이 진행해 주세요. 이제 본격적으로 설명할게요. 과거의 매출에서 우리가 알아야 할 부분은 두 가지입니다. 첫째는 기울기, 둘째는 절편. 우선 기울기 값을 구해보도록 하죠. 우리는 총 24개월간의 매출 수량을 알고 있어요. 편의상 1월부터 24월까지라고 부르겠습니다. 가장 먼저 매출 수량의 총합을 구해줍니다. 1월 매출 수량 4,824에서부터 24월의 매출 수량 3,295까지 총합을 구해요. 아래처럼요."

S_T = 4,824 + 5,984 + ... + 3,295 = 124,222

"다음은 시간의 총합을 구해요. 시간의 총합이란 1부터 24, 즉 24개월간의 자료를 기준으로 하니까 1에서 24까지의 모든 수를 더해주는 거죠. 이렇게요."

T_S = 1 + 2 + ... + 24 = 300

"이어서 시간의 총합을 제곱해서 아래처럼 구합니다."

TS = 300^2 = 90,000

1	2	3	4	5	6	7	8	9	10	11	12
4,824	5,984	7,206	6,697	5,061	5,304	3,606	4,656	3,217	4,306	4,724	4,662
13	14	15	16	17	18	19	20	21	22	23	24
5,968	5,229	6,658	6,642	5,375	6,551	6,739	3,771	4,001	5,084	4,659	3,295
S_T	124,222	T_S	300	TS	90,000						

매출 수량의 총합 / 시간의 총합 / 시간의 총합에 제곱

<표 02_09. 매출과 시간의 총합과 시간의 총합의 제곱>

“계속해서 이번엔 시간과 해당 매출을 곱하여 구합니다. 예를 들자면 1월의 경우 1 X 4,824, 24월의 경우는 24 X 3,295 이런 식이죠. 그리고 역시 산출된 값의 총합을 구해요.”

ST_S = (1 X 4,824) + (2 X 5,984) + ... + (24 X 3,295) = 1,516,566

1	2	3	4	5	6	7	8	9	10	11	12
4,824	5,984	7,206	6,697	5,061	5,304	3,606	4,656	3,217	4,306	4,724	4,662
4,824	11,969	21,617	26,788	25,304	31,823	25,243	37,247	28,956	43,060	51,963	55,948
13	14	15	16	17	18	19	20	21	22	23	24
5,968	5,229	6,658	6,642	5,375	6,551	6,739	3,771	4,001	5,084	4,659	3,295
77,585	73,211	99,873	106,272	91,378	117,923	128,045	75,427	84,029	111,838	107,160	79,082
										24 X 3,295	
S_T	124,222	T_S	300	TS	90,000	ST_S	1,516,566				

매출 수량의 총합 / 시간의 총합 / 시간의 총합에 제곱 / 시간과 매출 수량의 곱의 총합

<표 02_10. 매출과 시간의 곱의 결과와 그 값의 총합>

"이제 기울기를 구하기 위한 산출 값의 마지막 단계로 각 시간의 제곱 값을 구해줍니다."

시간의 제곱
매출과 시간의 곱
매출 수량

1	2	3	4	5	6	7	8	9	10	11	12
4,824	5,984	7,206	6,697	5,061	5,304	3,606	4,656	3,217	4,306	4,724	4,662
4,824	11,969	21,617	26,788	25,304	31,823	25,243	37,247	28,956	43,060	51,963	55,948
1	4	9	16	25	36	49	64	81	100	121	144
13	14	15	16	17	18	19	20	21	22	23	24
5,968	5,229	6,658	6,642	5,375	6,551	6,739	3,771	4,001	5,084	4,659	3,295
77,585	73,211	99,873	106,272	91,378	117,923	128,045	75,427	84,029	111,838	107,160	79,082
169	196	225	256	289	324	361	400	441	484	529	576
										24^2	
S_T	124,222	T_S	300	TS	90,000	ST_S	1,516,566	TT_S	4,900	24 X 3,295	

매출 수량의 총합 / 시간의 총합 / 시간의 총합에 제곱 / 시간과 매출 수량의 곱의 총합 / 시간의 제곱의 총합

<표 02_11. 기울기를 구하기 위한 기초 산출 값>

"자, 이제 기초적인 값들을 구했으니 각각 산출된 값을 활용해서 다음의 공식에 대입합니다."

V1 = T_S X S_T = 124,222 X 300 = 37,266,480 (시간의 총합과 매출 수량 총합의 곱)

V2 = ST_S X 24 = 1,516,566 * 24 = 36,397,590 (시간과 해당 기간의 매출 수량을 곱한 값의 총합에 24개월간의 매출이므로 24를 곱)

V3 = TT_S X 24 = 4,900 * 24 = 117,600 (시간의 제곱 값의 총합에 24개월간의 매출이므로 24를 곱)

<표02_12. 기울기를 구하기 위한 최종값>

"이제 정말 기울기를 구해봐요. 다음처럼요."

기울기 b=(V2-V1)/(V3-TS)

보습 크림의 기울기 b = (36,397,590 - 37,266,480) / (117,600 - 90,000) = -31.48

"아쉽게도 보습크림의 기울기는 음의 방향이네요."

"어라, 팀장님. 한가지 이상한 점이 있어요. 분명 2년간 매출 수량이 상승했거든요. 1월에서 12월, 그러니까 재작년보다 13월에서 24월, 즉 작년 매출 수량이 더 크거든요. 근데 왜 기울기가 음일까요?"

조 주임이 질문한 내용은 나도 의아하게 생각하는 부분이었다. 매출이 늘고 있는데 왜 기울기가 마이너스로 나올까?

"오~, 조 주임 예리했어요. 아주 핵심적인 질문이에요. 추세에 따른 기울기는 매출이 '증가했다, 줄었다'를 의미하는 것이 아니죠. 매출의 추세가 '어떤 흐름으로 흘러가고 있다'는 걸 의미하는 겁니다. 쉽게 말해 보습 크림은 시간이 흐를수록 매출이 조금씩 줄어가는 추세라는 걸 의미하는 것이죠."

이제야 감이 왔다. 놓치지 않고 내가 먼저 말했다.

"그러니까 팀장님 말씀은 단순한 매출의 증감이 아닌 '증가 폭이 조금씩 줄어든다'라는 의미인 거죠?"

"빙고! 역시 신 대리는 척하면 척이네. 호호호. 흐름이 끊기지 않게 이어서 설명해 볼게요. 기울기만으로는 우리가 원하는 매출 수량 예측이 불가능하죠. 절편도 알아야 하죠. 계속해서 절편을 구해보도록 하죠. 절편은 기울기에 비하면 누워서 떡 먹기 수준입니다. 호호호. 절편은 쉽게 말하면 매출의 시작점이죠. 추세에 따라 다음 차수, 즉 25회차부터 출발 수량이 얼마인지를 구하는 것입니다. 그 공식은 다음과 같아요."

절편 a=(S_T-(b*T_S))/24

"S_T는 매출의 총합을 의미하고 b는 기울기 T_S는 시간의 총합 그리고 24는 과거의 매출 기간을 의미합니다. 공식에 대입해 매출의 시작점인 절편을 구하면,

보습 크림의 절편 a = (124,222 – (-31.48 X 300) / 24 = 5,569.42

절편까지 구했으니 이제 우리가 원하는 매출 수량 예측을 진행할 수 있겠어요."

성 팀장이 설명이 이어지려 할 때 내가 궁금한 부분을 먼저 물어보았다.

"팀장님 절편은 시작점이라고 했죠? 그러면 지금 구해진 보습 크림의 5,569는 최소 매출 수량으로 봐도 무방한가요? 시작점이란 결국 5,569개는 팔린다는 의미와 같지 않나요?"

"정말 신 대리는 이해가 빨라! 역시 우리 팀원들은 무엇을 얘기해도 척척 알아낸다니까. 당연히 최소 수량으로 간주해도 무방하겠죠."

그녀가 칭찬하는 일이 새삼스럽지는 않지만 오늘은 더 기분이 좋다. 새로운 예측 기법을

배운다는 기쁨과 단순하지만 하나의 수식을 완성해 간다는 뿌듯함이 교차한다.

"공식은 안 잊어버리셨죠? 호호호. 다시 한번 상기하는 차원에서 얘기해보죠."

$Y = a + bX$

X	25	26	27	28	29	30
Y	4,782,38	4,750,90	4,719,42	4,687,94	4,656,45	4,624,97
X	31	32	33	34	35	36
Y	4,593,49	4,562,01	4,530,53	4,499,05	4,467,57	4,436,08

<표 02_13. 추세에 따른 보습 크림의 향후 12개월간의 매출 수량>

"공식에 대입해서 향후 1년간의 매출 수량을 〈표 02_13〉처럼 예측해 봤어요. 짜잔! X는 시간의 흐름이고 Y는 예측된 매출 수량이 되는 거죠."

"결국 기울기의 숫자만큼 매출 수량이 줄어들어서 예측이 되는 것이군요."

"맞아요. 신 대리가 정확하게 짚었어요. 하지만 여기가 끝이 아니에요. 이대로 예측하면 왠지 이상하죠. 현실은 딱 기울기만큼씩 매출 수량이 줄지는 않을 테니까요. 추가 분석이 조금 더 필요하다고요. 호호호."

아~. 지금도 어려웠는데, 여기서 끝이 아니라고 하니 왜 예측이 힘든 일인지 알 것 같다. 조 주임도 같은 생각인 모양이다.

"확실히 무엇이든 예측을 한다는 건 간단한 문제가 아니네요."

"맞아요. 지금도 복잡하고 어려운데……. 하지만 어설픈 예측보다 완벽한 예측이 좋은 거죠. 설명해주세요."

"호호호. 두 분 열의를 가져 주시니 너무 감사합니다. 그리고 미리 말하자면, 완벽한 예측은 없어요. 하지만 비슷하게라도 해야겠죠? 호호호. 우리 좀 쉬었다 할까요?"

수요 예측

5 조금 더 깊이 있는 접근

월별 매출 수량을 분석하면 이를 기준으로 분기별, 연도별 매출 수량도 예측할 수 있다. 반대로 월보다 작은 단위, 즉 주차별, 일자별 매출 수량도 어렵지 않게 예측할 수 있다.

잠깐 쉬고 회의실에 다시 모였다. 성 팀장이 바로 설명을 이어간다.

"추가 분석이라고 했지만 결론부터 말씀드리면 월별, 분기별로 매출의 차이가 있는지 확인하여 예측 수량을 조정하는 것입니다."

"이번에도 기울기 구하는 것만큼 복잡한 건가요? 기울기 하나만으로도 이미 지쳤는데……."

"호호호. 걱정하지 말아요. 저도 하는데 두 분 정도면 충분히 가능해요. 먼저 월별 매출의 차이를 파악해 보도록 하죠. 총 24개월의 매출 자료를 12개월의 매출 자료로 합치는 작업부터 진행합니다. 방법은 간단하죠? 다음처럼 월별 매출을 더하면 끝!"

1	2	3	4	5	6	7	8	9	10	11	12
4,824	5,984	7,206	6,697	5,061	5,304	3,606	4,656	3,217	4,306	4,724	4,662
13	**14**	**15**	**16**	**17**	**18**	**19**	**20**	**21**	**22**	**23**	**24**
5,968	5,229	6,658	6,642	5,375	6,551	6,739	3,771	4,001	5,084	4,659	3,295

이후 동일한 방법으로 산출

10,792	11,214	13,864	13,339	10,436	11,855	10,345	8,427	7,219	9,390	9,383	7,957

두 수의 합

<표 02_14. 월별 매출 수량의 합>

"다음은 합친 매출 수량의 분기별 평균을 구해줍니다. 1월, 2월, 3월의 평균, 4, 5, 6월, 7, 8, 9월 그리고 10월, 11월, 12월의 평균을 다음과 같이 산출하고 그 뒤에 평균 매출 수량을 구합니다."

$$\text{분기 평균(QA)} = \frac{\text{N월}+(\text{N}+1)\text{월}+(\text{N}+2)\text{월}}{3}$$

	1	2	3	4	5	6	7	8	9	10	11	12	평균
월별 매출	10,792	11,214	13,864	13,339	10,436	11,855	10,345	8,427	7,219	9,390	9,383	7,957	10,352
분기 평균			11,957			11,877			8,664			8,910	

3개월 평균

이후 동일한 방법으로 산출

12개월 매출 수량의 평균

<표 02_15. 분기별 매출 수량의 평균과 총매출 수량의 평균>

"자, 여기까지 잘 따라오고 있는 거죠? 앞서 기울기하고 절편에 비하면 너무 쉽죠? 호호호."

"또 얼마나 복잡하길래 밑밥을 던지실까?"

내가 살짝 투정을 부렸다. 조 주임은 차분히 잘 따라가고 있는 것 같다.

"호호호. 절대 복잡하지 않으니 걱정하지 마세요. 계속 진행해 보겠습니다. 구해진 월별 매출 수량과 분기 평균 매출 수량이 전체 평균 매출 수량 대비 비율이 어느 정도인지 파악해 봅니다. 구하는 방법은 간단하죠. 월별 비율은 월 매출 수량을 평균으로 나누고, 분기별 비율도 역시 분기 매출 수량을 평균 매출 수량으로 나누어 주면 끝이죠."

$$\text{월별 비율(MR)} = \frac{\text{월별 매출 수량}}{\text{총매출 수량 평균}}$$

$$\text{분기 비율(QR)} = \frac{\text{분기별 매출 수량}}{\text{총매출 수량 평균}}$$

	1	2	3	4	5	6	7	8	9	10	11	12	평균
월별 매출	10,792	11,214	13,864	13,339	10,436	11,855	10,345	8,427	7,219	9,390	9,383	7,957	10,352

월 매출 수량 / 평균 매출 수량

이후 동일한 방법으로 산출

월별 비율	104%	108%	134%	129%	101%	115%	100%	81%	70%	91%	91%	77%

	1	2	3	4	5	6	7	8	9	10	11	12	평균
분기 평균	11,957			11,877			8,664			8,910			10,352

분기 매출 수량 / 평균 매출 수량

이후 동일한 방법으로 산출

분기 비율	116%	115%	84%	86%

<표 02_16. 평균 매출 수량 대비 월별, 분기별 매출 수량 비율>

"월과 분기의 매출 비율을 산출하는 이유는 평균적인 매출에서 차지하는 비중이 각 월과 분기별로 어느 정도인지를 확인하기 위한 과정이에요. 월별, 분기별 매출 비율을 산출해 보니 보습 크림의 경우 최근 2년간은 상반기 매출이 하반기 매출보다 월등히 높다는 것을

알 수 있네요. 7월부터 매출이 꺾이고 있는 거죠. 매출 비율을 하나만 더 산출할게요. 바로 분기 내 월별 비율을 마지막으로 구해 봅니다. 비슷한 방법으로 월별 매출 수량을 분기별 매출 수량으로 나누어 주면 간단하게 구해지죠."

$$분기\ 내\ 월별\ 비율(MR) = \frac{월별\ 매출\ 수량}{분기별\ 매출\ 수량}$$

	1	2	3	4	5	6	7	8	9	10	11	12
월별 매출	10,792	11,214	13,864	13,339	10,436	11,855	10,345	8,427	7,219	9,390	9,383	7,957
분기 평균			11,957			11,877			8,664			8,910
분기 내 월별 비율	90%	94%	116%	112%	88%	100%	119%	97%	83%	105%	105%	89%

월별 매출 수량 / 분기 매출 수량

이후 동일한 방법으로 산출

<표 02_17. 분기별 평균 매출 수량 대비 월별 매출 수량 비율>

"분기 내 월별 매출 비율을 뽑는 이유는 분기 내에서도 매월 동일한 판매량을 보일 수 없기 때문이에요. 예를 들어 분기 비율이 높은 이유가 특정 월의 매출 수량이 과도하게 높아 발생했을 경우도 있기 때문이죠. 이렇게 산출한 각각의 비율들을 평균을 내어 월별 비율로 취합해 줍니다."

$$최종\ 월별\ 비율(MR) = \frac{월별\ 비율 + 분기\ 비율 + 분기\ 내\ 월별\ 비율}{3}$$

월별 비율	104%	108%	134%	129%	101%	115%	100%	81%	70%	91%	91%	77%
분기 비율		116%		115%			84%			86%		
분기 내 월별 비율	90%	94%	116%	112%	88%	100%	119%	97%	83%	105%	105%	89%

각각의 비율의 평균

이후 동일한 방법으로 산출

최종 월별 비율	103%	106%	122%	119%	101%	110%	101%	89%	77%	94%	94%	84%

<표 02_18. 취합된 최종 월별 매출 수량 비율>

"자, 이제 모든 준비는 끝났어요. 정말 최종적인 매출 수량을 예측해보아요. 호호호. 방법은 아주 간단하죠."

월별 최종 예측 수량 = 추세 예측값 X 월별 최종 비율

최종 월별 비율	103%	106%	122%	119%	101%	110%	101%	89%	77%	94%	94%	84%
Y	4,782	4,751	4,719	4,688	4,656	4,625	4,593	4,562	4,531	4,449	4,468	4,436

최종 월별 비율과 Y값의 곱

이후 동일한 방법으로 산출

월별 매출 예측 수량	4,942	5,030	5,748	5,561	4,709	5,073	4,640	4,076	3,467	4,231	4,200	3,730

<표 02_19. 최종 월별 매출 수량 예측>

"어때요? 수량이 좀 더 근사해졌죠? 호호호. 결국 비율은 월이나 분기에 따른 매출의 변

화를 반영하는 값이 되는 것이죠."

조 주임과 나는 숨죽이고 설명을 들었다. 그녀의 설명 자체가 완벽해 보인 것도 있지만 이러한 복잡한 설명을 물 흐르듯 이해시키는 능력이 멋져 보인다. 이런 모습을 보고 아무 말 안 하면 그건 예의가 아니다.

"와, 팀장님. 정말 멋져 보여요!"

조 주임도 한마디 거든다.

"네, 팀장님. 멋집니다."

"비행기 그만 태우시고. 호호호. 미안하지만 한 가지 더 있어요. 월별, 분기별로 구해진 예측치에 좀 더 다양한 값이 반영될 수 있어요. 예를 들어 특정 월에 행사를 진행한다. 아니면 사회적 이슈로 매출이 급격히 증가 또는 감소한다. 이런 경우가 있겠죠. 이때도 역시 비슷한 방법을 취하는 거예요. 과거의 동일한 사례가 있던 시기의 매출 수량을 확인해서 해당 기간의 평균 매출 수량 대비 얼마나 오르고 내렸는지를 비율로 산출하는 거지요. 만약 3월에 행사할 계획인데 과거 행사를 진행했던 해당 월의 매출이 평균 대비 13% 정도 상승을 했다면 이렇게 되겠죠?"

3월 행사 진행 시 매출의 증가율 = 13%

조정된 3월의 매출 수량 예측 = 5,748 x 13% = 6,495

"와우. 이렇게 단순한 비율을 구함으로써 예측 수량을 보다 현실적으로 파악할 수 있군요."

조 주임은 연신 '와우'를 외치며 놀라워한다.

"이렇게 예측된 월별 수량은 다양한 방법으로 추가적인 예측에 활용할 수 있어요."

"아니 또 뭘 해야 하는 거예요?"

놀라운 건 놀라운 거고, 더는 무리다.

"아니 그건 아니고. 호호호. 신 대리, 지쳤구나. 호호호. 여기까지 진행해도 충분하죠. 지금부터 말씀드리고 싶은 부분은 추가적인, 그러니까 좀 더 다양한 활용법 정도로 이해하면 됩니다."

"더 지치기 전에 어서 말씀해 주시지요."

"호호호. 특별한 건 아닌데……. 월별 매출 수량을 기준으로 예측을 하면 분기별, 넓게는 연간 매출 수량도 별다른 작업 없이 충분히 확인이 가능하죠. 분기나 연 단위로 묶어서 모두 더해주면 되니까 말이죠. 아래처럼요."

월별 매출 예측 수량	4,942	5,030	5,748	5,561	4,709	5,073	4,640	4,076	3,467	4,231	4,200	3,730
분기 매출 예측 수량		합	15,720		합	15,344		합	12,183		합	12,161
연간 매출 예측 수량			합									55,408

<표 02_19. 연간, 분기별 매출 수량 예측>

"그런데 월보다 작은 단위, 즉 주차별, 일자별로 매출 수량을 예측하고자 할 때는 어떻게 하면 좋을까요? 주차나 일별로 똑같이 추세 분석을 수행할까요? 의외로 아주 간단한 방법이 있죠. 바로 일수로 계산해서 적용하는 방법이죠. 다음의 달력을 보시죠."

3월						
일	월	화	수	목	금	토
1	2	3	4	5	6	7
8	9	10	11	12	13	14
15	16	17	18	19	20	21
22	23	24	25	26	27	28
29	30	31				

<그림 02_08. 가상의 3월 달력>

"우리가 예측한 해의 3월 달력이에요. 총 일수가 31일이죠. 일수로 계산하자고 했으니 일자별 예측 매출 수량은 단번에 계산이 가능해요. 우리가 예측한 보습 크림의 3월 예측 매출 수량은 5,748박스였으니까 이를 31로 나누면 간단히 일별 예측 수량이 나오죠. 이렇게요."

$$\text{일자별 매출 수량} = \frac{\text{3월 매출 예측 수량}}{31} = 185$$

"일자별 예측 수량이 산출되었으니 주차별 수량은 매우 간단하죠. 일자별 예측 수량에 해당 주차의 일수를 곱해서 산출합니다."

주차별 매출 수량 = 일자별 매출 예측 수량 X 해당 주차의 일수

3월							
일	월	화	수	목	금	토	예측 수량
1	2	3	4	5	6	7	1,295
8	9	10	11	12	13	14	1,295
15	16	17	18	19	20	21	1,295
22	23	24	25	26	27	28	1,295
29	30	31					555

<그림02_09. 3월 주차 별 매출 예측 수량>

"이젠 정말 끝~~! 호호호. 이제 두 분이 나머지 제품들도 멋지게 분석해서 요청 부서에 공유해 주시죠."

"그럼요. 오길영 팀장의 코를 납작하게 해주어야죠."

이 정도의 분석 과정과 내용이라면 충분히 오길영의 거만함을 누를 수 있을 것 같다.

"호호호. 신 대리님. 분석 내용이 누군가를 공격하기 위한 방법이 되어선 안되겠죠? 호호호."

"그래도 오 팀장에게 멋지게 복수할 기회인데……."

"누구나 생각은 다를 수 있어요. 그걸 아는 것도 데이터 분석가의 소양이랍니다. 호호호."

이젠 성지나 팀장의 마인드도 배워야 하는 건가?

수요 예측을 한다는 것

5 모두가 내 생각과 같을 수는 없어요!

수요 예측은 고객이 소비한 수량을 파악하고 있어야 정확하게 할 수 있다. 하지만 생산자와 판매자가 다를 땐 소비 수량을 정확히 알 수 없다. 최종 소비 데이터를 확보할 수 있으면 좋겠지만, 그렇지 못할 땐 생산자의 출고 수량이 고객의 소비 수량과 같다고 가정하고 예측하는 방법이 있다.

회귀 분석에 기반한 추세 분석 예측 자료는 분석 방법과 과정, 분석 내용이 조금 복잡하다. 그래서 관련 부서 사람들을 모아놓고 설명회를 열었다. 꽤 많은 사람이 참석했다. 생산, 물류, 구매, 자재 등 실무 부서와 영업, 마케팅 그리고 영업 지원 등 현장 부서는 모두 참석했다. 재무, 기획 등의 지원 부서 사람들도 보인다. 대회의실이 꽉 찼다. 그중에서 유독 눈에 띄는 인물이 있다. 오길영 영업 2팀장이다. 나는 '흥, 저 인간도 궁금하긴 한가 보네' 하는 표정으로 흘깃 그를 바라보았다. 성지나 팀장이 회의실 문을 닫은 후 랩톱을 펼쳤다.

"안녕하세요. 정보분석팀 성지나입니다. 바쁘신데 와주셔서 감사합니다. 호호호."

특별한 반응이 없다. 다들 침묵이다.

"오늘 설명할 주제를 간략하게 말씀드릴게요. 미리 공유해드린 자료를 봐주세요. 저희는 우리 회사의 주요 제품들에 대해 연간 수요 예측을 진행했습니다. 지금 화면에 보고 계신 자료가 바로 그것인데요. 매월 초 이전 달까지 실제로 판매된 내용을 반영하여 계속 자료를 전달해 드릴 예정입니다."

설명이 다 끝나지 않았는데 귀에 익은 목소리가 들린다. 영업 2팀 오길영 팀장이 성지나 팀장의 말을 끊고 나섰다.

"잠시만요. 이번에도 그 이동 평균인가 하는 걸로 예측한 건가요?"

"아니요. 호호호. 이번에는 조금 다른 방법을 사용했습니다."

"그게 뭔가요? 바쁘니까 무슨 방법인지 말씀해 주세요. 그것만 듣고 나가게."

"네, 당연히 설명해 드려야죠. 호호호."

여기저기서 한숨 소리가 난다. 성 팀장 때문인가? 아니면 오길영 때문일까? 영업 2팀장 오길영이 계속 말을 이었다.

"그런데, 수요 예측? 그런 게 우리가 판매하는 제품에 가능한지 모르겠네?"

성지나 팀장에게 한 말이지만, 어째 그의 말투가 동석한 사람들에게 의견을 묻는 것처럼 느껴진다.

"아, 수요 예측은 우리 실정에 안 맞는 거 같은데……?"

'내가 수요 예측 좀 아는데 그런 게 우리한테 가당키나 하냐?' 뭐, 이런 뉘앙스다.

"그걸 어떻게 뽑았는지 모르겠는데, 제가 아는데 우리 회사 같은 제품은 수요 예측 이런 거 사용 안 해요."

볼수록 얄밉고 들을수록 귀에 거슬린다. 당장 뛰어가 머리라도 한 대 쥐어박고 싶다. 당황할 만도 한데 성지나 팀장의 표정은 처음과 똑같다.

"음, 모든 제품은 아니지만, 일부 재고 생산이 진행되는 제품은 수요 예측이 가능할 것 같습니다. 호호호. 그리고……."

상대가 어떤 반응을 보이든 성 팀장은 언제나 친절하게 응수한다. 오길영이 성 팀장 말을 중간에 또 끊는다.

"자, 보세요. 제가 삼성, 포스코, 엘지 이런 회사 사람들하고 친한데, 그분들도 수요 예측이라는 건 허울이고 전혀 현실과 맞지 않는다고 말해요. 우리는 수요 예측 이런 거 없이도 별문제 없었거든요. 더욱이 우리만의 예측 기법이 이미 있거든요. 그렇지 않나요?"

오길영이 참석자들에게 동의를 구했으나 아무도 대답하지 않았다. 성지나 팀장이 다시 말을 잇는다.

"호호호. 아, 물론 담당자분들께서 예측하는 기준이……."

"잠깐만요. 저 아직 말 안 끝났어요. 제가 삼성을 잘 아는데 거기도 수요 예측 같은 말도 안 되는 수치는 없어요. 그들만의 독창적인 예측치가 있어서 그걸 관리하거든요."

이제 그가 밉고 싫고의 문제가 아니다. 연구 대상이다. 내가 그에게 물었다. 화는 났지만 내 물음엔 조금의 사심도 없었다.

"아, 그래요? 한 가지 궁금한 게 있는데요. 어떤 독창적인 예측치를 어떻게 분석도 하지 않고 뽑을 수 있을까요? 오 팀장님, 삼성 어디서 그렇게 하죠? 저도 삼성에 정보분석하는 친구가 있는데?"

"삼성이 다 그래요. 자자, 보세요. 제품 대부분이 일정하게 판매되는데 무슨 수요 예측이 필요해. 이동선 과장, 장우진 팀장, 안 그래요?"

장우진 팀장은 아무 말 없이 입을 앙다물고 있다. 생산팀 이동선 과장은 형식적으로 '아, 네, 뭐' 이렇게 말하고는 침묵했다.

"네, 맞습니다. 대부분 일정하게 판매되는 제품이죠. 하지만……."

이번에도 성 팀장은 끝까지 말을 잇지 못했다.

"자, 자, 보세요. 인정하신 것처럼 제품이 일정하게 판매되고 있죠? 그거 맞춰서 생산하는

데 무슨 수요 예측이에요? 판매 수치가 곧 수요 수치인데?"

다른 참석자들은 성 팀장과 오길영의 대화에 관심이 없는 표정이다. 다들 모니터와 눈싸움을 하고 있다. 설명회를 더 이어가는 게 무리인 듯하다. 성 팀장의 인내에도 한계가 왔다. 그래도 표정은 여전히 처음과 별반 다르지 않다.

"호호호. 설명회를 더 진행하기 어렵겠어요. 오늘은 여기에서 마무리하고요. 다음에 좀 더 준비해서 다시 요청하겠습니다. 호호호."

성지나 팀장의 멘탈도 장난 아니다. 나 같으면 속이 다 뒤집혔을 텐데 끝까지 밝은 표정을 짓는다.

"설명 자료 잘 살펴봐주세요. 그리고 지금까지 분석한 수요 예측 자료는 이메일로 송부해 드리겠습니다. 검토해 주시고 의문점이나 특이 사항 있으면 말씀해 주세요. 언제든 저희 팀에서 설명해드릴게요. 호호호."

회의실을 나와 사무실로 돌아가는데 마케팅팀 이동민 과장이 우리 뒤를 졸졸 따라온다.

"저 사람 못 이겨요. 보셨겠지만 한 성격 하고, 또 엄청나게 똑똑해요. 게다가 사장님 신임이 대단해요."

"아, 그래요? 고맙습니다. 참고할게요. 호호호."

이틀 뒤 사장 비서실에서 연락이 왔다.

"팀장님, 정보분석팀 전원 사장님 호출입니다."

"그래요? 지금 올라갈까? 호호호."

"무슨 일일까요? 설명회 무산돼서 그런 거 아닐까요?"

"그런 거 같죠. 호호호."

나와 조 주임은 바짝 긴장하고 있는데 성지나 팀장은 그런 기색이 없다. 멘탈이 장난 아니다. 저 여자의 내면이 궁금하다. 아니나 다를까? 사장실에 들어가자마자 수요 예측 설명회에 관해 묻는다.

"성 팀장, 어떻게 된 거죠? 수요 예측에 문제라도 있는 건가요?"

"아, 그건 아닙니다. 특별히 잘못된 부분은 없습니다."

"그래요? 오길영 팀장 보고는 좀 다르던데?"

그 인간, 벌써 사장실에 다녀간 모양이다. 쪼르르 달려가 일러바치다니. 속이 좁아도 너무 좁다. 하는 짓이 마치 어린애 같다.

"저희 팀과 생각이 조금 다른 것 같습니다."

"으음, 그런가요? 어떻게 다른지 설명 좀 해보세요?"

내 생각에는 설명할 일도 아니다. 오길영 팀장만 생각을 고치면 될 일이다. 하지만 성 팀장은 벌써 차분한 목소리로 설명하기 시작했다.

"고객이 소비한 수량을 파악해야 정확한 수요 예측이 가능하다는 오길영 팀장의 주장은 맞습니다."

"그래? 그럼 됐네. 그걸 적용해서 다시 수요 예측을 분석하면 되겠네요."

"네. 그런데 문제는 고객이 얼마나 소비하고 있는지 저희가 정확히 알 수 없다는 점입니다. 우리의 거래처나 판매처에서 그걸 공개할지도 의문입니다."

"어라! 그러네요. 그럼 정보분석팀은 뭘 기준으로 수요 예측을 한 건가요?"

"우리의 출고가 고객의 소비와 같다고 가정했습니다. 고객이 꾸준하게 매달 1,000개씩 거래처나 판매처로부터 제품을 소비했다면 그것이 우리의 생산과 동일하다고 가정한 것입니다."

"좀 더 쉽게 설명이 가능할까요?"

"네네. 고객이 보습 크림을 소비한다고 가정해 보겠습니다. 문제는 저희가 소비자마다 보습 크림을 언제 살지 파악할 수 없다는 겁니다. 그걸 알면 최상의 수요 예측이 가능합니다. 하지만 이것이 불가능하기에 저희는 우리 회사의 출고 수량이 고객의 소비 수량과 동일하다고 가정해서 수요 예측을 진행했습니다."

"음…… 그러니까 우리 제품이 거래처나 판매처로 출고되면 그것이 곧 고객의 소비량으로 판단하고 분석했다. 이거죠?"

"네. 거래처나 판매처 역시 보습 크림 소비가 이루어졌기 때문에 물건을 채우는 것이니까요. 결론을 말씀드리면 최종 소비 데이터를 확보할 수 없다면 우리의 데이터에서 최상의 시나리오를 도출해야 한다는 점입니다."

사장이 자세를 고쳐 앉았다.

"합리적인 방법이네요. 충분히 이해했습니다. 내가 오길영 팀장에게 지시할게요. 정보분석팀 자료를 영업 활동에 활용하라고 말이죠."

"감사합니다. 사장님. 호호호."

그날 오후 오길영 팀장에게 메일이 왔다. 사장 지시로 다시 수요 예측 자료를 살펴보았다고 했다. 차분히 검토해 보니 수요 예측이 꽤 정교하다며, 정보분석팀과 잘 협업하겠다는 내용이었다. 간신도 이런 간신이 없다. 뭔가 더 시원한 복수를 꿈꿨는데, 결말이 다소 아쉽다.

"사장님 지시 하나에 그냥 해결됐네요. 그렇게 억지를 부리더니 어쩌면 이렇게 태도를 확 바꾸는 걸까요? 사장님이 그렇게 무섭나?"

"상대가 강하게 나올 때 굳이 맞대응할 필요는 없죠. 호호호. 우리가 안 통하면 다른 방법을 쓰는 것도 지혜죠. 호호호. 사실은 내가 사장님께 이 상황을 말씀드리고 해결을 부탁드렸죠. 호호호."

"아니, 그럼 오길영 팀장이 일러바친 게 아니라 팀장님이 먼저 사장님에게 보고한 거예요?"
"호호호. 아까 사장님 말씀 못 들으셨어요? 오길영 팀장 보고 받았다고 했잖아요? 그러니까 둘 다 일러바친 셈이죠. 호호호."
오오. 성지나 팀장 보통이 아니다. 멘탈만 강한 게 아니라 문제 해결 능력도 뛰어나다. 저건 혜안인가? 아님 정치력인가?

나는 잠시 생각에 잠겼다. 내가 주워들은 오길영 팀장 이야기를 성 팀장에게 해주는 게 좋을지, 아니면 그냥 넘어가는 게 좋을지 판단이 서질 않았다. 성지나 팀장은 갖춘 게 많다. 실력, 밝은 성격, 강한 멘탈, 게다가 문제해결 능력까지 겸비했다. 더 많은 정보를 알면 오 팀장을 상대하는 데 도움이 될 것 같기도 하고, 반대로 성 팀장 기가 꺾일까 걱정도 된다. 오길영 팀장과 성지나 팀장. 내가 보기엔 강함과 부드러움의 대결이다. 한편으로는 성 팀장이 걱정이지만, 오늘 사장 미팅 결과를 보면 성지나 팀장이 밀릴 것 같지는 않다.

엊그제였다. 수요 예측 설명회가 무산된 날, 나는 분이 풀리지 않았다. 술이 필요했다. 퇴근 후 기획팀 입사 동기 최하나 대리를 불러 하소연 겸 오 팀장 욕을 해댔다.
"신은주, 정신 차려. 그 인간 상대 안 하는 편이 신상에 좋아."
"야야, 네가 한번 당해봐야 해. 완전 안하무인이야."
"그냥 모른 척해. 오 팀장은 사장님도 잘 안 건드려."
"아니, 자재팀장도 그 얘길 하던데. 오 팀장이 그 정도야?"
나도 이런 저런 이야기를 들어서 대충 알고 있었으나 생각했던 것 보다 오 팀장의 위세가 장난 아닌 것 같다.
"그렇다니까. 거의 무소불위야. 2년 전에 유럽에서 어마어마한 계약을 성공시켰거든. 차기 영업본부장이란 소문이 파다해. NOVA에서는 그가 진리고 정답이야. 반박할 수가 없어. 알아듣기도 힘든 이상한 용어를 써가면서 말하는데 뭘 알아야 대꾸를 하지. 그러니까 그게 맞나 틀리나 따지기도 힘들어. 그래서 '아, 그런가 보다' 하고 다들 넘어가는 분위기야. 사장님 신뢰까지 받겠다, 보이는 게 없는 거지."

결국, 나는 성지나 팀장에게 최하나 대리에게 들은 얘기를 해주었다.

"그러니 오길영 팀장이 그렇게 막무가내로 짖어대는 거죠!"

"호호호. 몰랐네요. 능력자네. 그 사람."

"아이고, 팀장님은 속도 참 좋으셔. 그런 인간이 본부장 되는 꼴을 어떻게 보냐고요. 사사건건 우리 팀 일에 태클을 걸 게 뻔한데요."

"신 대리! 다른 사람이 언제나 나와 생각이 같을 수는 없어요. 아직 그거 몰라요? 호호호."

"물론 생각이 다를 수 있죠. 근데 오길영은 그냥 생각이 다른 게 아니라 인간성이 문제라고요!"

성 팀장은 내 말에 별 반응을 하지 않는다. 그냥 평소처럼 내게 미소를 보낼 뿐이다.

"어쨌든 조심하세요. 팀장님~!"

나는 자리로 돌아가는 성지나 팀장에게 속삭이듯 말했다. 그녀가 다시 내게 다가오더니 귓속말을 했다.

"거대한 그의 정원엔 단 한 송이 꽃도 피지 않았다. 호호호."

"잉? 그게 무슨 말이에요?"

"오스카 와일드가 〈왕자와 거지〉에서 그랬어요. 호호호."

처음엔 뭔 뚱딴지같은 소린가, 했는데 다시 생각해보니 이해가 간다. 그래 맞다. 그가 잘나가고 뛰어나면 뭐 하나? 그의 주변엔 사람이 없는데. 게다가 그렇게 억지를 부렸는데도 결국 수요 예측은 우리 뜻 대로 되지 않았는가? 나는 성지나 팀장이 한 말을 조용히 되뇌었다.

'거대한 그의 정원엔 단 한 송이 꽃도 피지 않았다.'

재고 분석

고인 물은 썩는다

제1강 재고 분석 재고의 회전율을 높여라

제2강 적정 재고란? 많지도 그러나 적지도 않게

제3강 안전 재고 분석 임아, 그 선을 넘지 마오

제4강 부서 이기주의 어디든 다 똑같아

제5강 생산(발주) 모형 지금 이 순간 그리고 이만큼

제6강 경제적 생산량 분석 생산 비용과 재고 관리 비용을 동시에 최소화하라

제7강 ABC 재고 관리 기법 선택하고 집중하라 1

재고 분석

1 재고의 회전율을 높여라

재고 관리의 핵심은 최소 입고와 최대 출고, 또는 입고 즉시 출고가 되도록 하는 것이다. 적정한 재고 수준을 유지하기 위한 노력, 그 시작은 재고 회전율과 재고 일수 분석이다. 특히 회전율이 높은 기업은 다음 세 가지 특징이 있다. 첫째, 자금 흐름이 원활하고 유동성이 높다. 둘째, 제품의 품질이 높다. 셋째, 시장 경쟁력이 높아 수익성이 좋다.

성 팀장이 자주 하는 얘기가 있다.

"재고는 우유와 같아요. 3일 이상 지나면 버려야 하죠."

그녀는 언제나 기업 운영의 핵심은 재고 관리에서 출발한다고 강조한다. 재고의 건전성이 곧 기업의 건전성과 연결된다고 철석같이 믿는 사람이다.

"팀장님은 왜 재고가 그렇게 중요하다고 생각하세요?"

"음, 그러게요. 왜 중요하지? 호호호. 재고는 자산이죠. 그리고 이 재고 자산은 대부분 구매를 통해서 쌓이게 되죠. 기업은 돈을 벌어야 하는데 구매 활동은 돈을 지출하는 행위니까 더 신경을 써야겠죠? 안 그래요? 호호호."

"그러면, 구매 부서도 당연히 중요한 부서로 인식하겠네요?"

"당연한 거죠. 사실 기업들 대부분이 매출에 신경쓰다 보니 지출 부서의 핵심이라 할 수 있는 구매의 중요성을 간과하는 게 아닌가 생각합니다. 그냥 무조건 원가 절감에만 초점을 둘 뿐이죠. 하지만 원가 절감을 위한 구매 활동은 단순한 물품 매입 활동으로 한정 지을 수 없어요. 구매는, 자재 관리를 포함하여, 기업의 생산 및 판매 계획을 넘어 설계 과정에도 영향을 줄 수 있어요. 경영 전반의 영향을 주는 활동이 구매인 거죠. 단순한 조달 역할을 넘어 기업의 이익을 극대화하는 전략 부서로서 그 역할이 매우 중요하다고 생각합니다. 호호호."

"자재 관리도 구매로 보시는 건가요?

"구매한 물건 잘 관리해야 하니 당연히 구매만큼 중요하고 구매와 하나의 축으로 연결된다고 생각하죠. 호호호."

"팀장님은 구매 및 자재 관리의 핵심은 뭐라고 생각하세요?"

"단순하게 매입 물품의 비용에 신경 쓸 게 아니라 좀 더 장기적인 안목으로 전략을 세우고 전체적인 원가에 집중하여 구매 활동을 진행해야 한다고 생각하죠. 그리고 구매 활동이 중요한 또 다른 이유는 사들인 물품은 회사의 재고로 남게 되기 때문이죠. 누차 강조하지만 재고는 우유와 같아요. 재고는 3일 이상 보관하면 썩는다는 것이죠. 재고가 쌓이면 기업 자금의 근간이 흔들립니다. 댐의 수위 조절을 잘해야 홍수를 대비할 수 있는 것과 같은 이치죠. 조금 보충해서 설명하면 재고는 유무형의 모든 것을 포괄해요. 제품을 생산하기 위한 원부자재는 물론이요, 임가공을 통한 제품의 소싱부터 기업 운영에 필요한 모든 것들은 구매 활동을 통해 진행하기 마련입니다. 구매는 생산 기업이든 판매 기업이든 기업 활동이윤추구의 원재료를 매입하는 행위인 거죠. 돈을 벌어들이는 것이 아닌 돈을 직접 소비하는 부서인 셈입니다. 그래서 구매 활동의 핵심은 적절한 시기에 품질이 우수한 제품을 합리적인 가격으로 적정 수준의 물량을 구매하는 것이 목적이 되어야 합니다."

<그림 03_01. 구매 활동의 5가지 목적>

"근데, 왜 여태 재고 관리에 대한 분석은 수행하지 않으셨어요? 그러고 보니까, 위에서도 특별히 지시한 내용이 없네요."

"때를 기다린 거죠. 재고는 곧 자산입니다. 돈이죠. 돈과 관련된 부분은 민감해요. 내가 완벽히 NOVA에 적응하고 회사 전반의 프로세스를 충분히 이해하는 순간을 기다린 거죠. 이제 그 순간이 다가왔다는 기분이 드네요. 덕자德者는 때를 기다릴 줄 알고, 지자知者는 그 때를 알고, 용자勇者는 그때를 놓치지 않는 법이죠. 호호호."

나는 성 팀장과 재고 관련 이야기를 심심치 않게 한다. 성 팀장이 NOVA에 오기 전부터 나의 주요 업무는 매출과 재고 현황을 사실 그대로 보고하는 것이었다. 지금도 매일 반복하는 업무이기도 하다. 이 업무를 잠깐 소개해 보면 이렇다.

재고 비용(V) = 수량 × 단가

단가 X 수량 X 입수량

제품명	단가	수량 (BOX)	입수량 (1BOX)	카테고리	재고 비용	
					개별	카테고리
NOVA 세라마이드 워시 320ml	7,046	238	10	기초 제품	16,768,528	98,042,736 해당 카테고리 내 개별 제품의 총합
NOVA 세라마이드 로션 120ml	2.952	104	16		4,912,128	
NOVA 세라마이드 크림 180g	4,880	168	12		9,838,080	
NOVA 세라마이드 젤 로션 150ml	4,540	208	20		18,886,400	
NOVA 수분가득 보습 로션 100ml	3,167	192	24		14,592,000	
NOVA 수분가득 보습 크림 120ml	3,065	490	22		33,045,600	
NOVA 물놀이 전용 선 크림 80g	2,952	168	24	선 제품	11,902,464	118,271,360
NOVA 완벽차단 서블록	3,250	832	24		64,898,496	
NOVA 피부보호 선 팩트 15g	2,810	144	60		24,278,400	
NOVA 부드럽게 발라지는 선 스틱 16g	2,047	210	40		17,192,000	
NOVA 자연담은 페이셜 폼(지성피부) 80g	5,792	288	24	클렌징 제품	40,034,304	101,892,864
NOVA 자연담은 페이셜 폼(중성피부) 80g	5,792	221	24		30,720,768	
NOVA 자연담은 페이셜 폼(건성피부) 80g	5,792	224	24		31,137,792	

<표 03_01. 일부 품목의 재고 비용>

재고와 관련된 상시 업무 중 가장 기본이 되는 것은 보유한 총재고 비용을 파악하는 것이다. 이 때는 제품별 재고는 물론 군집별, 즉 카테고리별 재고도 파악한다. 재고 비용을 산출하는 방법은 너무 간단하다. 〈표 03_01〉에서 볼 수 있듯이 특별히 어려운 부분이 없다. 성 팀장이 처음 입사하고 말했던, 사실 그때는 얄미웠지만, 내가 한 일은 집계일 뿐이다. 총재고 비용의 산출은 별다른 작업을 하지 않아도 기업 내 시스템 속에서 재고 리스트와 상품 리스트를 통해 충분히 산출할 수 있다. 여기까지가 성 팀 장이 오기 전 나와 조 주임

이 담당했던 집계다. 그녀가 오고 조금은 변화가 있었다. 먼저 〈표 03_02〉처럼 재고 관리 비용과 유지 비용이 추가되었다.

재고 관리 비용(M) = 재고 비용(V) × 20%

재고 유지 비용(L) = 재고 비용(V) + M

제품명	단가	수량 (BOX)	입수량 (1BOX)	카테고리	재고 관리(KRW 1,000,000)				전체 유지 비용
					재고 비용	관리 비용	유지 비용	카테고리	
NOVA 세라마이드 워시 320ml	7,046	238	10	기초 제품	16.8	3.4	20.1	117.7 총합	381.8 총합
NOVA 세라마이드 로션 120ml	2,952	104	16		4.9	1.0	5.9		
NOVA 세라마이드 크림 180g	4,880	168	12		9.8	2.0	11.8		
NOVA 세라마이드 젤 로션 150ml	4,540	208	20		18.9	3.8	22.7		
NOVA 수분가득 보습 로션 100ml	3,167	192	24		14.6	2.9	17.5		
NOVA 수분가득 보습 크림 120ml	3,065	490	22		33.0	6.6	39.7		
NOVA 물놀이 전용 선 크림 80g	2,952	168	24	선 제품	11.9	2.4	14.3	141.9	
NOVA 완벽차단 서블록	3,250	832	24		64.9	13.0	77.9		
NOVA 피부보호 선 팩트 15g	2,810	144	60		24.3	4.9	29.1		
NOVA 부드럽게 발라지는 선 스틱 16g	2,047	210	40		17.2	3.4	20.6		
NOVA 자연담은 페이셜 폼(지성피부) 80g	5,792	288	24	클렌징 제품	40.0	8.0	48.0	122.3	
NOVA 자연담은 페이셜 폼(중성피부) 80g	5,792	221	24		30.7	6.1	36.9		
NOVA 자연담은 페이셜 폼(건성피부) 80g	5,792	224	24		31.1	6.2	37.4		

X 0.2

재고 비용 + 관리 비용

<표 03_02. 일부 품목의 유지 비용과 관리 비용>

재고 관리 비용은 재고 비용에 20%의 비용이 추가된다고 가정한다. 기업에서 임의로 설

정하게 되는데 일반적으로 최저 15%, 최고 25%를 넘지 않는 선에서 설정한다. 산출된 재고 관리 비용에 재고 비용을 합하면 해당 제품 및 카테고리별 총재고 유지 비용이 산출된다. 매우 단순하게 산출되었지만 재고는 순수한 재고 금액만이 묶여 있는 것이 아니라 관리비를 포함한 유지비까지 추가로 발생한다는 점이 언제나 중요하다고 성 팀장은 강조한다.

어느 날 성 팀장이 나를 호출했다.

"신 대리, 우리 잠깐 볼까? 호호호."

"또, 뭘 시키려고요? 어쩐지 요즘 조용하시다 했어요. 이번엔 또 무언가요?"

"응, 특별한 건 아니고, 매일 정리하는 매출 자료하고 재고 자료에 일부 추가할 부분이 있어서. 호호호. 매출 대비 재고 비율하고 재고 일수를 추가할까 해서요."

"갑자기 왜요?"

"갑자기 하는 것은 아니고, 내가 얼마 전에 재고 관련해서 분석할 때가 온 것 같다고 말했잖아요. 호호호. "

"그렇긴 한데 누가 지시하거나 부탁한 것도 아닌데……."

"우리가 재고를 관리하는데 변화를 주고 그 변화를 본 사람들이 이제 조금씩 부탁을 하게 만들어야죠. 호호호."

"아무튼, 팀장님은 일 만드는 데는 선수예요."

"그런가? 호호호. 아무튼 이 자료는 오늘 신 대리가 정리한 이번 달 누적 매출과 재고입니다. 간단하게 매출 대비 재고 비율부터 확인하도록 하죠."

수량 : BOX, 금액 : KRW 1,000,000

제품명	재고		매출	
	수량	금액	수량	금액
NOVA 세라마이드 워시 320ml	238	16.8	192	13.5
NOVA 세라마이드 로션 120ml	104	4.9	112	5.3
NOVA 세라마이드 크림 180g	168	9.8	128	7.5
NOVA 세라마이드 젤 로션 150ml	208	18.9	352	32.0
NOVA 수분가득 보습 로션 100ml	192	14.6	160	12.2
NOVA 수분가득 보습 크림 120ml	490	33.0	168	11.3
NOVA 물놀이 전용 선 크림 80g	168	11.9	112	7.9
NOVA 완벽차단 선 블록	832	64.9	737	57.5
NOVA 피부보호 선 팩트 15g	144	24.3	180	30.3
NOVA 부드럽게 발라지는 선 스틱 16g	210	17.2	192	15.7
NOVA 자연담은 페이셜 폼(지성피부) 80g	288	40.0	260	36.1
NOVA 자연담은 페이셜 폼(중성피부) 80g	221	30.7	186	25.9
NOVA 자연담은 페이셜 폼(건성피부) 80g	224	31.1	180	25.0

<표 03_03. 월 누적 재고 및 매출 현황>

$$\text{매출 대비 재고 비율(R)} = \frac{\text{누적 매출 금액(수량)}}{\text{재고 금액(V)}} = \text{재고 회전율}$$

수량 : BOX, 금액 : KRW 1,000,000

제품명	재고		매출		재고 비율
	수량	금액	수량	금액	
NOVA 세라마이드 워시 320ml	238	16.8	192	13.5	81%
NOVA 세라마이드 로션 120ml	104	4.9	112	5.3	108%
NOVA 세라마이드 크림 180g	168	9.8	128	7.5	76%
NOVA 세라마이드 젤 로션 150ml	208	18.9	352	32.0	169%
NOVA 수분가득 보습 로션 100ml	192	14.6	160	12.2	83%
NOVA 수분가득 보습 크림 120ml	490	33.0	168	11.3	34%
NOVA 물놀이 전용 선 크림 80g	168	11.9	112	7.9	67%
NOVA 완벽차단 선 블록	832	64.9	737	57.5	89%
NOVA 피부보호 선 팩트 15g	144	24.3	180	30.3	125%
NOVA 부드럽게 발라지는 선 스틱 16g	210	17.2	192	15.7	91%
NOVA 자연담은 페이셜 폼(지성피부) 80g	288	40.0	260	36.1	90%
NOVA 자연담은 페이셜 폼(중성피부) 80g	221	30.7	186	25.9	84%
NOVA 자연담은 페이셜 폼(건성피부) 80g	224	31.1	180	25.0	80%

매출금액 / 재고금액

<표 03_04. 판매 대비 재고 비율(회전율)>

"매출 대비 재고 비율은 재고 회전율이라고도 하죠. 일반적으로는 기초나 기말 재고를 기준으로 산출해요. 하지만 지금처럼 현시점까지의 누적 재고와 매출을 기준으로 산출해도 무방합니다. 현시점의 재고 회전율을 볼 수 있으니까 말이죠. 하여튼, 수치로 보면 알겠지만 재고 회전율이 높으면 그만큼 재고가 빠르게 소진된다는 의미가 되겠죠. 하지만

우리 제품은 전체적으로 제품의 회전율이 높지 못하죠. 특히 'NOVA 수분 가득 보습 크림 120ml'의 경우는 채 50%도 되지 않네요. 재고와 비교해 판매가 부진한 경우죠. 반대로 'NOVA 세라마이드 젤 로션 150ml'의 경우는 판매 대비 재고가 빠르게 소진되고 있어요. 그러면 현재 보유한 재고가 어느 정도 수준인지를 파악하는 재고 일수도 산출해 보도록 하겠습니다. 재고 일수를 확인하기 위해서는 우선 일 매출액을 확인해야 하겠죠. 공식은 다음과 같아요."

***기초 재고와 기말 재고**

기초(期初) 재고와 기말(期末) 재고는 특정 시점(期)의 시작 재고와 마지막 재고를 의미한다. 일반적으로 기말 재고는 회계적으로 이월이 되면 기초 재고가 된다.

$$\text{일 매출액(D)} = \frac{\text{현재까지 누적 매출액 (수량)}}{\text{현시점까지의 일수}}$$

"일 매출액을 산출할 때는 현재 일수가 며칠인지 파악해야죠. 오늘이 19일이니까, 19로 현재까지의 매출액을 나누어 주면 되겠네요. 그러면 〈표 03_05〉처럼 하루 판매 금액이 나오게 됩니다."

제품명	재고		매출		재고 비율	일 판매 금액
	수량	금액	수량	금액		
NOVA 세라마이드 워시 320ml	238	16.8	192	13.5	81%	0.71
NOVA 세라마이드 로션 120ml	104	4.9	112	5.3	108%	0.28
NOVA 세라마이드 크림 180g	168	9.8	128	7.5	76%	0.39
NOVA 세라마이드 젤 로션 150ml	208	18.9	352	32.0	169%	1.68
NOVA 수분가득 보습 로션 100ml	192	14.6	160	12.2	83%	0.64
NOVA 수분가득 보습 크림 120ml	490	33.0	168	11.3	34%	0.60
NOVA 물놀이 전용 선 크림 80g	168	11.9	112	7.9	67%	0.42
NOVA 완벽차단 선 블록	832	64.9	737	57.5	89%	3.03
NOVA 피부보호 선 팩트 15g	144	24.3	180	30.3	125%	1.60
NOVA 부드럽게 발라지는 선 스틱 16g	210	17.2	192	15.7	91%	0.83
NOVA 자연담은 페이셜 폼(지성피부) 80g	288	40.0	260	36.1	90%	1.90
NOVA 자연담은 페이셜 폼(중성피부) 80g	221	30.7	186	25.9	84%	1.36
NOVA 자연담은 페이셜 폼(건성피부) 80g	224	31.1	180	25.0	80%	1.32

매출금액 / 19일

<표 03_05. 일별 매출액>

$$\text{재고 일수} = \frac{\text{재고 금액(V)}}{\text{일 매출액(D)}}$$

제품명	재고		매출		재고 비율	일 판매 금액	재고 일수
	수량	금액	수량	금액			
NOVA 세라마이드 워시 320ml	238	16.8	192	13.5	81%	0.71	24
NOVA 세라마이드 로션 120ml	104	4.9	112	5.3	108%	0.28	18
NOVA 세라마이드 크림 180g	168	9.8	128	7.5	76%	0.39	25
NOVA 세라마이드 젤 로션 150ml	208	18.9	352	32.0	169%	1.68	11
NOVA 수분가득 보습 로션 100ml	192	14.6	160	12.2	83%	0.64	23
NOVA 수분가득 보습 크림 120ml	490	33.0	168	11.3	34%	0.60	55
NOVA 물놀이 전용 선 크림 80g	168	11.9	112	7.9	67%	0.42	29
NOVA 완벽차단 선 블록	832	64.9	737	57.5	89%	3.03	21
NOVA 피부보호 선 팩트 15g	144	24.3	180	30.3	125%	1.60	15
NOVA 부드럽게 발라지는 선 스틱 16g	210	17.2	192	15.7	91%	0.83	21
NOVA 자연담은 페이셜 폼(지성피부) 80g	288	40.0	260	36.1	90%	1.90	21
NOVA 자연담은 페이셜 폼(중성피부) 80g	221	30.7	186	25.9	84%	1.36	23
NOVA 자연담은 페이셜 폼(건성피부) 80g	224	31.1	180	25.0	80%	1.32	24

재고 금액 / 일 판매 금액

<표 03_06. 매출 대비 재고 일수>

"일 매출액을 구하고 재고 금액을 일 매출액으로 나누어 주면 〈표 03_06〉처럼 재고 일수가 산출되죠. 어때요? 이번에도 정말 쉽죠? 호호호."

"네~. 내일부터는 재고 회전율과 재고 일수도 포함해서 공지하겠습니다!"

"재고 일수는 단순하지만 꽤 중요해요. 재고 일수는 안전 재고와 매우 밀접한 관련이 있어요."

"팀장님! 설마, 지금 마저 설명하려고요?"

"아니, 나중에 할게요. 호호호. 그런데 몇 가지 더 얘기하고 싶은 게 있어요. 재고 회전율과 재고 일수는 재고가 얼마나 효과적으로 소비되고 있는지를 가늠하는 지표입니다. 내가 생각하기에 모든 기업이 희망하는 재고 관리의 핵심은 최소의 입고와 최대의 출고입니다. 아니면 입고 즉시 출고가 되거나. 모든 기업이 원하는 적정한 재고 수준을 유지하기 위한 노력, 그 시작이 바로 재고 회전율과 재고 일수 분석이죠. 더욱이 재고 회전율은 적정 재고 수준을 판단하는 지표는 아니지만, 기업의 평가 대상에 언제나 필수로 포함된다는 점이죠. 그 이유는 재고 회전율이 높은 기업일수록 다음과 같은 특징이 있기 때문이에요.

- 자금 흐름이 원활하며 유동성이 높다.
- 제품의 품질이 높다.
- 시장에서 경쟁력을 확보하여 수익성이 높다.

그러니까 늘 재고 관리에 많은 신경을 써야 하죠."

"여부가 있겠습니까? 분부대로 하겠나이다."

재고 회전율과 재고 일수가 포함된 재고 일지를 공유하자 즉각적으로 반응이 나왔다. 물론 좋은 쪽으로 받아들이는 부서가 있는가 하면 정반대로 아주 불쾌해하는 부서도 있었다.

"이런 자료를 왜 한마디 상의도 없이 정보분석팀에서 회람합니까? 그건 그렇고 우리도 재고 일수를 계산하는데 우리와 방식이 다른 것 같아요? 일수 차이가 꽤 많이 납니다."

가인성 자재 팀장이 볼멘소리를 한다.

"아니 판매가 안 돼서 재고가 쌓인 걸 왜 구매와 생산에 그 이유를 묻는지 도무지 이해가 안 되네."

구매와 자재를 총괄하는 이범석 본부장과 제조본부 생산 1팀 라성민 팀장도 목소리를 높인다. 이와 반대로 경영진에서는 매우 흡족한 메시지가 흘러나왔다. 대표적인 사건이 바로 공표를 시작하고 정확히 1주일 뒤 사장님이 제조본부장과 구매/자재 본부장 그리고 마케팅본부장을 회의 석상에서 다그친 일이다.

"본부장들 정보분석팀에서 아침마다 공유하는 재고 자료 보셨나요?"

"네. 확인하고 있습니다."

이범석 구매/자재본부장이 들릴 듯 말 듯 작은 목소리로 대답했다.

"매일 확인하는 분이 재고가 왜 이렇습니까? 아니 판매가 아예 안 돼 악성 재고로 남은 제품은 그렇다 칩시다. 도대체 판매되는 수량보다 과도하게 재고를 쌓아 두는 이유가 뭡니까? 난 아무리 생각해도 이해가 안 돼요? 왜 그런 거예요?"

"판매가 부진해서 그런 것 같습니다."

"뭘 판매가 부진해요. 원래 그만큼씩 팔리던 제품들인데……. 허~참. 아무튼 재고가 높은 제품들 뽑아서 그 이유를 보고해 주세요."

재고 분석 데이터는 누군가에게는 슬픈 자료였지만 또 누군가에게는 재고의 흐름을 보는 매우 유용한 자료가 되었다. 성 팀장이 팀 회의에서 한 말이 다시 떠오른다.

"제가 말씀드렸죠? 재고는 곧 자산이에요. 돈이란 얘기죠. 누구나 민감해요. 변화를 위한 약간의 상처는 어쩔 수 없어요. 변화의 바람, 얼마나 좋습니까? 호호호."

적정 재고란?

2 많지도 그러나 적지도 않게

재고가 쌓이면 자금의 근간이 흔들린다. 자금이 묶이고, 재고 가치가 하락해 재무 건전성에 영향을 준다. 재고 관리 비용이 많이 발생하는 것도 큰 문제이다. 따라서 기업 활동에선 안전 재고, 즉 적정 재고가 어느 수준인지 분석하여 이를 일관되게 관리하는 게 무척 중요하다.

"성 팀장이 온 뒤로 사내 정보가 다양해지고 깊이가 생겼어요. 정보 수준을 높일 수 있도록 지속해서 노력해 주세요."

"네, 전무님. 감사합니다. 호호호."

"아, 그리고 사장님이 정보분석팀에서 지난주부터 공유하는 매출과 재고에 대한 보고 내용이 꽤 맘에 든다고 하셨습니다. 그런데, 사장님은 현 재고가 과도하게 많다고 생각하세요. 하지만 공유하는 내용만으로는 재고가 많은 건지 적은 건지 판단이 쉽지 않다고 하십니다. 재고를 줄일 수 있도록 그 내용을 보완할 만한 방법이 없겠냐고 하시는데, 미팅 때 성 팀장이 사장님께 직접 설명해 드렸으면 합니다."

"네. 좀 더 구체적으로 생각을 해봐야 알겠지만 일단 적정 재고 수준을 산출해보면 많고 적음에 대한 판단은 충분히 가능할 것으로 보입니다."

"그래요? 많이 바쁠 텐데 괜찮겠어요?"

"그럼요. 호호호. 팀원들과 논의하고 방법을 찾아서 잘 설명해 드리도록 하겠습니다."

"그래요. 그럼 수고해주세요."

"네, 감사합니다."

전무님 방에 다녀온 성 팀장 표정이 밝다. 그녀의 표정이 밝다는 건 좋은 징조는 아니다. 일이 늘어날 것 같은 불길한 예감이 든다.

"신 대리, 조 주임? 김 전무님 너무 젠틀하고 멋지지 않아요? 호호호."

"칭찬을 받으셨어요?"

"아니, 업무 지시를 해도 어쩜 그렇게 정중하게 하시는지. 호호호."

"으그, 내가 그럴 줄 알았어. 일 받아온 게 뭐가 그렇게 기뻐요?"

일이 생겨도 싱글벙글하는 성 팀장은 참으로 신비롭다. 성 팀장이 팀원들과 상의를 해보겠다고 했지만 이미 결론은 난 것이나 다름없다. 이미 적정 재고라는 말을 한 이상 우린 적정 재고를 분석할 것이다.

"신 대리? 근데 우리 회사 재고가 진짜 높은가요?"

"그건 저도 모르죠? 재고만 쳐다보고 있진 않으니까. 하하하."

"어머머, 그런 무책임한 말이 어딨어요? 호호호."

혼을 내는 건지 아니면 칭찬을 하는 건지 헷갈린다.

"근데 팀장님. 재고가 높은지 낮은지 판단할 수 있는 기준이 있나요?"

재고 관련 업무에 별 관심이 없는 것 같던 조 주임이 불쑥 질문을 했다. 조 주임도 업무가 늘어나는 것에 큰 거부감은 없는 듯하다.

"그럼요. 적정 재고 수준이 있죠."

"이제 우리는 적정 재고를 분석하겠네요."

"신 대리 도사가 다 됐네. 호호호."

"사장님은 왜 재고가 높다고 생각하실까요?"

조 주임이 제법 진지하게 묻는다.

"당신 생각이 맞는지 확인하고 싶은 거예요. 음, 진짜 재고가 높다면 우리 같은 소비재 기업에서는 수요 예측이 잘못됐을 확률이 높아요."

"수요 예측은 정말 중요하네요. 재고는 결국 생산용 자재이거나 생산되어 쌓인 제품일 테죠."

조 주임이 달라졌다. 생각의 폭이 넓어졌고, 이해력도 풍부해졌다.

"맞아요. 수요 예측은 모든 부분에서 가장 중요한 1번 요인이죠. 호호호."

"자, 그럼 이제 적정 재고에 관해 설명해 주시죠."

"그럼요! 호호호. 하지만 조금만 기다려 봐요. 먼저 사장님을 뵈어야겠어요. 그다음에 같이 적정 재고를 분석해 보자고요. 호호호. 아니다. 그냥 두 분도 미팅에 같이 참석해요."

누구의 명이라고 거역하겠나. 나와 조 주임은 아무 말 없이 사장실 미팅에 참석했다. 김 전무님이 정보분석팀의 참석 이유를 먼저 설명했다.

"사장님, 일전에 지시하신 재고 관리와 관련해서 성지나 팀장이 먼저 설명하는 시간을 갖도록 하겠습니다."

"오, 정보분석팀에서 직접 설명해준다니 기대가 됩니다. 아, 그 전에 성 팀장. 재고는 뭐라고 생각하세요?"

사장님이 성지나 팀장에게 먼저 질문을 했다. 재고는 당연히 우유지! 나도 많이 컸다.

"네. 사장님, 재고는 우유와 같습니다. 우유는 아무리 보관을 잘해도 일정 시간이 지나면 썩습니다. 재고 역시 관리가 철저해도 부패하게 되어 있습니다. 재고가 쌓이면 기업 자금의 근간이 흔들립니다. 재고는 자산이며 오래 두면 둘수록 그 가치가 하락하고 기업의 재무 건전성에도 영향을 줍니다. 재고가 쌓이면 그만큼 자금의 회전에 제약을 받게 되죠. 또한, 재고 관리를 위한 비용이 발생하게 되며 재고가 오랜 기간 쌓이면 악성 재고로 변질하기도 합니다."

"재고는 우유다. 허, 그거 비유가 좋네. 좋아요. 그런데, 재고는 왜 높은가요?"

"네, 감사합니다. 하지만 아직 재고가 높다 또는 낮다, 단정해서 말씀드릴 수 없습니다. 그래서 높고 낮음의 기준을 설명해 드리고자 합니다."

"좋아요. 설명해 보세요. 들어봅시다."

이목이 성 팀장에게 집중되었다. 사장 앞에서 어쩌면 저렇게 떨지도 않고 미소 가득한 얼굴을 하고 있을까? 부럽다.

"우선 현재고 수준이 판매 대비 적정한 수준인지를 파악하는 것이 먼저입니다. 안전 재고를 기준으로 적정하게 관리가 되고 있는지 확인하는 작업이 필요합니다. 재고를 높지도 낮지도 않게 관리하기 위해서는 안전 재고 설정이 무엇보다 중요합니다."

"안전 재고? 대충 감은 오는데 정확히 뭔가요?"

"안전 재고란 수요를 정확히 파악해서 고객에게 결품 없이 납품되도록 설정된 재고 수준을 말합니다."

"아, 내가 가만히 있고 싶지만, 미안해요. 그럼 안전 재고를 확인하면 재고가 바로 낮아질 수 있다는 건가요?"

사장님은 중간중간 많은 질문을 하셨다. 성 팀장은 그때그때 충실히 설명을 이어갔다.

"반드시 재고가 낮아진다고 장담할 수는 없습니다. 현재고 수준이 안전 재고보다 낮을 수도 있고 높을 수도 있기 때문입니다. 또 영업이나 생산에서 정확히 수요를 파악하고 있다면 안전 재고 수준에 이미 도달해 있을 수도 있기 때문입니다."

성 팀장은 안전 재고의 중요성과 이후 정보분석팀에서 진행할 사항에 대해 10분 정도 설명을 했다.

"좋습니다. 기대가 큽니다. 안전 재고를 확인해서 재고 관리에 많은 도움을 주시기 바랍니다."

"네 알겠습니다. 사장님. 호호호."

"우리도 안전 재고를 관리하는 기준을 잡을 수 있을 것 같아 기대가 큽니다. 뭐든 기준을 세우고 그에 맞춰 일한다는 건 중요하니까요. 그 기준을 세운다는 사명감을 가지고 접근해주세요. 물론 재고도 함께 낮아진다면 금상첨화겠지만. 그리고 여기 모인 분들도 성 팀장 말처럼 재고는 우유와 같다는 걸 명심해 주세요. 의미 없이 돈 버리는 일은 없도록 합시다."

"네, 알겠습니다."

합창하듯 다 같이 대답했다.

자리로 돌아온 뒤 바로 팀 미팅이 이어졌다.

"쇠뿔도 당긴 김에 빼라고, 요즘 우리 팀 재고에 관심 많았는데, 잘 됐어요."

"그래서 우리가 해야 할 일은 뭔가요?"

내가 물었다. 무엇보다 안전 재고 산출 방법이 궁금했다.

"오늘 계속 회의했는데 조금만 쉬었다 할까요? 아니지. 그 전에 두 분 바쁜가요?"

"우리가 바쁘면 안 할 건가요?"

"나 혼자 하는 거지 뭐. 호호호."

"됐거든요! 시작해 보죠."

"네, 지금 바로 하시죠."

조 주임도 의자를 당겨 앉았다.

"호호호. 오케이. 일단 시작하기 전에 잘 들어 보세요. 사장님이 참 예리하다는 생각이 들었어요. 궁극적으로 재고 관리의 핵심 목표는 적정 재고를 유지하기 위한 것인데 그걸 콕 집어 궁금하다고 얘기하셨거든요. 사장님 입장에서 보면 재고 회전율이나 일수가 얼마여야 정답이라는 것은 알 수가 없었던 거죠."

"음, 그래도 회전율이나 일수의 평균을 구하고 그 수치보다 많거나 적음을 판별하면 되지 않을까요?"

조 주임이 확실히 달라졌다. 뭐 늘 진지했지만, 오늘은 눈빛까지 살아있다.

"조 주임 말도 일리가 있죠. 하지만 회전율이나 일수는 기업마다 특성이 다르고, 타사 대비, 동종 업계의 흐름, 시장 상황 등등 많은 요소에 따라 판단이 달라질 수 있어요. 그래서 필요한 것이 적정 재고 수준을 판단하는 것이죠. 그럼 적정 재고가 무엇이냐? 쉬운 예를 한번 들어 볼게요. 도로 위를 달리다 보면 우리는 가끔 병목 현상 때문에 애를 먹을 때가 있어요. 특히나 수도권의 고속도로 요금소를 지날 때면 어김없이 병목 현상에 발목이 잡히곤 하죠. 이러한 병목 현상의 근본적인 원인은 입고와 출고가 같지 않기 때문이죠. 진입하는 도로는 2차 선인데 출차 방향 도로가 1차선이라 생기는 현상입니다. 적정 재고 관리도 같은 이치에요. 들어온 자재 혹은 생산된 제품만큼 소요되면 되는 거죠. 거기에 입고와 출고가 정기적으로 이루어진다면 금상첨화일 테고요. 그러나 입고되고 출고되는 수치가 매번 정확히 일치하긴 곤란한 게 현실 아니겠어요? 그래서 재고를 많지도 적지도 않게 손실 없이 꾸준하게 유지하는 방법은 단언컨대 없다고 저는 생각해요. 다만 리드 타임을 파악해서 이론적으로 안전한 재고 수준과 평균 재고 수준을 분석하는 것은 가능하다는 거죠."

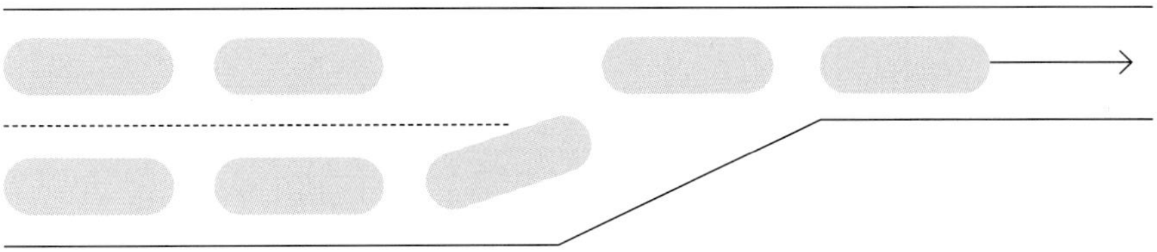

<그림 03_02. 병목 현상>

"많지도, 적지도 않게 재고를 관리한다? 이거 은근 쫄깃한 이야기인데요?"
조 주임에 밀리면 안 된다는 생각이 왜 계속 드는 것일까? 그를 경쟁자로 인식하는 걸까? 나도 가만히 있으면 안 될 거 같기에 한마디 했다.
"그죠? 신 대리? 호호호. 계속 이야기해 볼게요. 무엇보다 적정 수준의 재고를 위해서는 리드타임을 알아야 하는 것이 급선무죠."

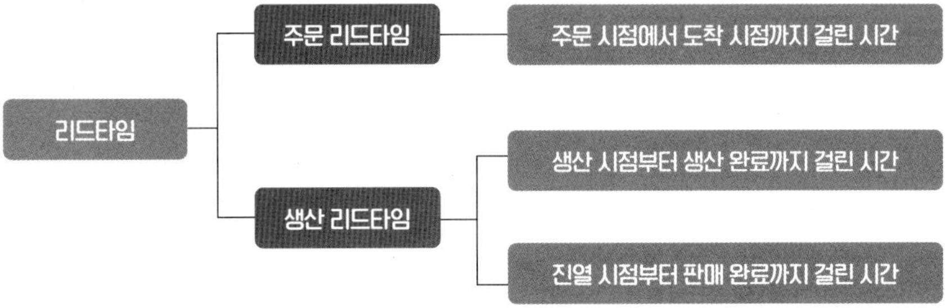

<그림 03_03. 리드타임의 구분>

리드타임Lead time이란?

리드타임은 원래 소요 시간을 의미한다. 일반적으로 물품의 발주로부터 그 물품이 납입되어 사용할 수 있을 때까지의 기간을 말한다. 상품의 생산 시작부터 완성까지 걸리는 시간 또는 고객의 제품 주문으로부터 생산하고 납품하기까지 걸리는 총 소요 시간을 의미할 때도 있다.

"리드타임은 〈그림 03_03〉처럼 크게 두 형태로 구분할 수 있습니다. 주문 리드타임과 생산 리드타임이 그것이죠. 주문 리드타임은 생산과 판매를 위한 상품 및 자재가 주문한 후 공급사에서 도착하는 시점까지 걸린 시간을 말합니다. 쉽게 말해 주문부터 도착까지 걸린 시간입니다. 생산 리드타임은 다시 두 가지로 구분할 수 있는데, 제조 업체의 경우 생산을 시작해 종료한 시점까지 걸린 시간을 말하고, 유통 업체의 경우 판매가 시작되고 매출이 발생한 시점까지 걸린 시간을 의미하게 됩니다. 이 중에서 생산 리드타임은 특별한 문제가 발생하지 않는 이상 일정한 생산 기간이 소요된다고 가정할 수 있어요. 하지만 주문 리드타임은 공급사의 의지와 연결되어 있어서 유동적이죠."

성 팀장의 말이 끝나기를 기다렸다가 내가 질문을 했다.

"우리는 지금 제품별 적정 재고 수준을 파악하는 것이니까 생산 리드타임을 활용하면 되겠네요?"

"그렇죠. 근데 사실 적정 재고라는 개념 자체가 필요 없는 경우가 최선이겠죠."

"입고 즉시 출고되면 최상이죠. 그럼 적정 재고 자체가 필요 없게 되겠네요."

조 주임도 금방 이해한 모양이다.

"호호호. 그렇죠, 창고에 재고가 하나도 남아 있지 않으면 최상이죠."

"근데, 그게 가능할까요?"

“가능할 수도 있죠. 다음과 같은 상황이 충족되면 충분히 가능하죠.”

- 내가 원하는 시간에 쓸 만큼의 수량이 정확히 공급되는 경우
- 입고 즉시 생산라인에 투입되는 경우
- 진열 즉시 판매되는 경우
- 단일 매장에서 단독 판매가 이루어지는 경우
- 생산 라인에 대기가 없는 경우
- 판매자나 생산자가 24시간 대기하여 바로 작업이 가능한 경우

“위에서 제시된 조건이 모두 충족되었다면 재고 회전율이나 재고 일수도 모두 의미가 없죠. 그러나 모두가 알고 있듯이 현실은 그렇지 않으니 문제죠.”

“자급자족으로 하면 충분히 가능하겠네요. 하지만 기업에선 재고 없는 상태를 꿈꿀 순 없군요.”

“맞아요. 신대리. 기업은 재고를 안고 운영할 수밖에 없어요. 어쩔 수 없는 재고, 그래서 적정 재고 수준을 파악하는 게 무엇보다 중요하죠.”

적정 재고. 그렇다. 문제는 바로 이놈, 적정 재고다.

안전 재고 분석

3 임아, 그 선을 넘지 마오

안전 재고란 기업 활동이 원활하게 돌아갈 만큼 공급이 안정적으로 유지되도록 하는 최소한의 재고량을 말한다. 과거의 발주와 입고, 출고 흐름을 분석하여 안전 재고 수준을 파악할 수 있다. 안전 재고를 산출할 때 가장 중요한 것이 수요 예측이다. 과거의 흐름을 기준으로 수요의 표준 편차, 리드타임 등을 파악하면 안전 재고 수준을 판단할 수 있다.

"적정 재고에 관한 설명은 이 정도로 하고 이제 본격적으로 달려보도록 하죠."

"예, 예. 어련하시겠어요."

나의 반응은 절대로 빈정거림이 아니다. 오해하지 마시길.

"제가 적정 재고와 안전 재고라는 단어를 혼용해서 사용한 것 같아요. 지금부터는 안전 재고라는 용어를 사용하도록 합시다. 결국, 적정 재고는 안전한 재고 수준을 말하는 것이니까요. 자, 그럼 안전 재고를 산출할 때 가장 중요한 것이 무엇이냐? 조 주임 무엇일까요?"

잉? 왜 내가 아니고 조 주임에게 물어보는 거지? 나는 모른다는 건가? 성 팀장의 사전 설명으로 판단하건대 당연히 리드타임 아닐까? 생산하는 시간이 얼마나 걸리는지가 제일 중요하지. 그럼!

"리드타임 아닐까요? 생산 시간을 정확히 파악해야 다음 생산까지의 재고를 안전하게 보유할 수 있으니까요."

"리드타임? Nope. 수요 예측이에요. 우리가 한 분석 중 제일 까다로웠던 바로 그 수요 예측이 가장 핵심입니다."

조 주임도 나와 같은 생각을 했구나. 근데 둘 다 정답은 아니다.

"그런데 문제는 그렇게 복잡하게 예측한 값을 그대로 사용하는 것이 아니라 표준 편차라는 값을 활용해야 한다는 점이죠."

"에이~. 표준 편차는 엑셀에서 금방 구할 수 있으니 별문제 없어요."

"그러게요. 다행이죠. 신 대리. 호호호. 그래도 다른 건 몰라도 표준 편차에 대해서 그 의미 정도는 설명을 할 수 있어야 하지 않을까요? 두 분은 표준 편차에 대해 명확히 알고 있나요?"

"말 그대로 자료들의 간격을 수치로 나타낸 것 아닌가요?"

조 주임이 정직한 대답을 한다. 물론 나도 그 정도로 알고 있다. 그러나 성 팀장이 물어본다는 건? 우리 생각이 틀렸다는 방증이다.

"맞아요. 근데 우리는 DA이니까 조금 더 전문성을 가져야겠죠? 호호호."

아무렴, 단순히 자료들의 간격일 리가 없지. 마침 잘 됐다. 이참에 표준 편차의 의미를 제대로 익혀야겠다.

"일단 표준 편차를 이야기하려면 평균에 대해서 언급해야 합니다. 평균 모르는 사람은 없죠. 호호호. 우리가 흔히 말하는 평균, 즉 산술 평균은 일상에서 흔히 사용하는 매우 유용하며 중요한 수치이죠. 하지만 잘 아시는 것처럼 평균은 극단적인 값에 민감하게 반응하죠. 극단적으로 높거나 낮은 값이 그 외 값들이 가지는 가치를 상쇄해 버리는 것이죠. 그래서 각각의 값들이 평균으로부터 얼마나 떨어져 있는가를 판단하기 위해 평균에서 관측치평균을 구하기 위해 활용된 각각의 값들을 빼서 편차를 구하게 됩니다. 구해진 편차는 평균보다 높을 수도, 낮을 수도 있으므로 음수와 양수가 함께 등장하고 이런 편차의 합은 당연히 0이 됩니다. 이를 보완하기 위해 편차의 제곱을 하여 평균을 구하는데 이것이 바로 분산이 되는 것이죠. 이 분산의 제곱근 값이 바로 표준 편차가 되는 것입니다. 그래서 표준 편차가 적을수록 평균의 신뢰성이 높은 거죠."

"그래서 평균보다 표준 편차를 사용해야 한다, 이건가요?"

조 주임이 꽤 적극적이다. 저러다 곧 재고 관리에 일인자 되겠다.

"꼭 그런 건 아니지만, 평균을 이야기할 때는 표준 편차를 함께 짝으로 생각하는 것이 좋다는 의미죠. 우리는 DA니까. 호호호. 평균이 같다고 그 안에 포함된 값들이 모두 동일한 건 아니라는 얘기입니다. 그리고 표준 편차가 0이면 평균을 구할 필요도 없어요. 결국 평균을 올리거나 내리는 것보다 표준 편차를 줄이는 것이 더욱 현명한 것이죠."

"그런데 사람들은 보통 평균만을 사용하죠. 쉽고 이해도 빠르니까."

"네, 맞아요. 모두에게 표준 편차를 강조할 필요는 없겠죠. 호호호. 아무튼 수요 예측의 표준 편차를 활용한다는 점 잊지 마시고 본론으로 돌아와서 안전 재고를 구해보죠. 일단 공식은 다음과 같아요."

$$\text{안전 재고} = \text{안전 계수(k, 결품률)} \times \text{수요의 표준 편차} \times \sqrt{\text{리드타임}}$$

"또, 새로운 용어가 나오네요. 안전 계수는 안전 재고를 산출하기 위한 임의의 상수를 말합니다. 기업에 따라 다양한 목표치를 활용하여 상수로 활용할 수 있죠. 일반적으로 정확한 생산을 위한 불량률이나 공급의 유연성을 확보할 수 있는 결품률을 주로 활용할 수 있어요. 우리는 후자인 공급의 유연성을 위한 결품률을 활용합니다. 회사의 전체적인 결품

목표인 97.3%를 적용하면 되죠. 지난번 보습 크림에 대한 예측을 진행했었죠. 해당 자료를 계속 활용해 볼게요."

BOX	1	2	3	4	5	6	7	8	9	10	11	12
예측 수량	4,942	5,030	5,748	5,561	4,709	5,073	4,640	4,076	3,467	4,231	4,200	3,730

<표 03_07. 안전 재고 산출을 위한 예측 자료>

"기존 예측된 자료에서 우선 월별 예측 수량에 대한 표준 편차를 구해야죠. 앞서 신대리 말처럼 엑셀의 도움을 받는 게 가장 좋겠죠. 호호호. 엑셀에서 표준 편차를 구하는 함수는 다음과 같아요."

엑셀 이용 시 표준 편차 = STDEV(값1, 값2,……)

BOX	1	2	3	4	5	6	7	8	9	10	11	12	표준 편차
예측 수량	4,942	5,030	5,748	5,561	4,709	5,073	4,640	4,076	3,467	4,231	4,200	3,730	670.1

STDEV(1, 2,……12)

<표 03_08. 안전 재고 산출을 위한 수요의 표준 편차>

"이렇게 표준 편차까지 구했고, 이제 남은 건 리드타임입니다. 이건 정말 간단하죠. 우리 외주 임가공 업체에서 해당 보습 크림을 생산 후 당사의 물류창고까지 입고되는 기간이 대략 60일 정도입니다. 그래서 리드타임 60일의 제곱근 값을 취하면 되죠. 이 역시 엑셀의 도움을 빌려봐요. 결과는 〈표 03_09〉와 같습니다."

엑셀에서 제곱근($\sqrt{\square}$) 처리 = SQRT(값)

BOX	결품률	표준 편차	리드 타임	
			기간	제곱근
예측 수량	97.3	670.1	60.0	7.7

=SQRT(60)

<표 03_09. 안전 재고 산출을 위한 리드타임의 제곱근 값>

"이제 모든 재료가 준비되었으니 안전 재고 공식에 맞춰 대입하면 쉽게 구할 수 있네요."

보습 크림의 연간 안전 재고 = 97.3% X 670.1 X 7.7 = 5,050.8

BOX	결품률	표준 편차	리드 타임		안전재고
			기간	제곱근	
예측 수량	97.3	670.1	60.0	7.7	5,050.8

세 수의 곱

<표 03_10. 보습 크림의 안전 재고>

"〈표 03_10〉을 봐주세요. 산출된 안전 재고를 보면 안정적인 수요와 공급을 위해 보습 크림은 최소 5051BOX의 여유분을 재고로 보유하는 것이 좋아 보입니다. 안전 재고는 과거의 흐름을 통해 내부의 유기적인 상황을 고려하여 원활한 공급이 유지되도록 하는 최소한의 재고량을 의미한다고 볼 수 있죠."

"팀장님, 그런데 저 한가지 질문이 있어요. 구해진 안전 재고는 항상 창고에 유지해야 하는 최소의 재고 수량인 거죠? 그런데 월별로 조금 더 깊이 있게 안전 재고를 산출할 수는 없을까요? 월별로 수요가 많은 달도 있고 적은 달도 있을 수 있으니까 말이죠."

내가 생각해도 좋은 질문이었다. 나 스스로 생각해도 대견스럽다.

"신대리, 정말 좋은 질문이에요. 호호호. 당연히 구할 수 있죠. 다만, 안전 재고의 개념 속에는 기간의 의미가 크게 중요하지 않아요. 창고에 보유해야 할 재고 수준이 일자별로 혹은 주차별로 아니면 월별로 다를 이유는 없으니까요. 하지만 말한 것처럼 월별 수요가 다르므로 좀 더 구체적인 월별 안전 재고 수량, 좀 더 정확히 말하면 안정적인 공급을 위한 월별 필요 수량을 확인할 수는 있겠죠. 월별로 확인하는 안전 재고 수준은 월 적정 재고 수준이라고 명칭을 변경하도록 하죠. 그럼 한번 구해볼까요? 호호호. 월 적정 재고 수준의 계산은 안전 재고 수량을 산출하는 방식과 약간은 다릅니다. 오히려 더 쉽죠."

월 적정 재고 수준 = 결품률 × 일 수요 예측 × 생산 주기(또는 발주 주기)

"결품률과 수요 예측을 활용하는 건 똑같아요. 하지만 월 적정 재고 수준의 산출에는 리드타임이 아닌 생산 주기 혹은 발주 주기가 사용됩니다. NOVA와 같이 외주 임가공이 진행되면 생산은 당사의 주문으로 이루어지는 것이죠. NOVA 입장에서는 발주가 되겠죠. 이 주기를 리드타임 대신 사용하는 거죠. 왜냐? 발주 주기가 일정하면 리드타임은 큰 의미가 없게 되죠. 그림을 보며 설명할게요."

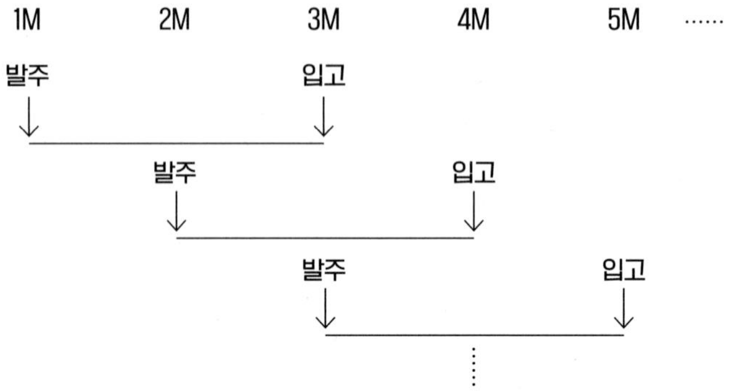

<그림 03_04. 발주와 입고의 흐름>

"우리가 한 달에 한 번 주기적으로 발주를 낸다고 가정해 보죠. 그러면 1M에 발주가 되면 3M에 입고가 되겠죠? 하지만 3M 입고 물량 도착 전 우리는 다시 2M에 발주를 내게 됩니다. 이런 식으로 발주와 입고가 반복이 되기 때문에 리드타임은 큰 의미가 없어지게 되는 것이죠. 충분히 이해되시죠? 호호호."

"그러니까 결국 발주가 일정하면 발주 주기가 결국 리드타임이 되는 거네요."

조 주임, 역시 실망시키지 않는 질문이다.

"딩동댕~! 그럼 한번 월별 적정 재고 수준을 파악해 보도록 하죠. 일 수요 예측치는 표준 편차를 사용하지는 않습니다. 일별 수요 예측은 다들 아는 부분이죠? 호호호."

BOX	1	2	3	4	5	6	7	8	9	10	11	12
월 예측 수량	4,942	5,030	5,748	5,561	4,709	5,073	4,640	4,076	3,467	4,231	4,200	3,730
일수	31	28	31	30	31	30	31	31	30	31	30	31
일 예측 수량	159	180	185	185	152	169	150	131	116	136	140	120

동일하게 산출

월 수량 / 일수

<표 03_11. 일 예측 수량의 계산>

"자료가 모두 준비되었으니 바로 월별 적정 재고 수준을 산출해 보죠."

BOX	1	2	3	4	5	6	7	8	9	10	11	12	결품률	발주주기
월 예측 수량	4,942	5,030	5,748	5,561	4,709	5,073	4,640	4,076	3,467	4,231	4,200	3,730		
일수	31	28	31	30	31	30	31	31	30	31	30	31		
일 예측 수량	159	180	185	185	152	169	150	131	116	136	140	120	97.3%	30.0
월 안전재고	4,654	5,244	5,412	5,411	4,434	4,936	4,369	3,838	3,373	3,984	4,086	3,512		

동일하게 산출

일 예측 * 결품률 *발주주기

<표 03_12. 보습 크림의 월별 적정 재고 수준>

"산출된 값을 보니 제 생각에는 고정된 안전 재고 값보다 월별 적정 재고 수준이 훨씬 유용할 것 같은데요?"

"조 주임 의견이 일리가 있어요. 월 적정 재고 수준은 월 수요 예측 대비 안정적 재고를 확인하는 용도로서는 훌륭합니다. 그러나 저는 단순히 재고 수준을 파악하는 용도로 필요할 뿐 크게 의미를 부여하지 않습니다. '아 월별로 이 정도 재고가 필요하겠구나.' 이 정도 활용이면 충분할 뿐이죠. 전 안전 재고에 더 무게를 두어야 하고, 활용 가치도 더 높다고 생각해요. 특히나 외주 임가공을 하는 NOVA에서는 말이죠. 그 이유는 바로 생산량발주량과 생산 주기발주 주기를 안전 재고가 결정해 주기 때문이죠. 물론 전적으로 제 생각이에요. 만약 생산 주기가 고정된 기업이라면 월 적정 재고 수준이 더 유용할 거고요. 결국, 안전 재고는 외주 임가공 생산을 하는 제조 기업 또는 제품을 공급받아 판매를 담당하는 유통 기업에 활용 폭이 높지만, 자체 생산을 주로 하는 기업에는 월 적정 재고 수준이 더 유용하게 되겠죠. 호호호"

언제나 새로운 것을 알아 간다는 건 즐거운 일이다. 멈추면 나태해지고 도태된다는 스티브 잡스의 말Stay hungry, stay foolish처럼 늘 새로운 도전을 하고 모르는 것을 기꺼이 받아들일 수 있는 겸손한 자세가 필요하다. 성 팀장에게서 단순히 분석 방법만을 배우는 것이 아니다. 직장 생활의 자세도 배우는 것 같다.

또 다른 한 주가 시작되었다. 주간 미팅 자리에서 성 팀장은 안전 재고에 관해 설명해야 한다. 사장님의 기대에 찬 목소리로 미팅이 시작되었다.

"성 팀장, 안전 재고는 분석되었습니까? 결과가 어때요?"

"네, 사장님. 결과적으로 현재고가 높긴 합니다. 저희 팀에서 산출한 안전 재고가 딱 정답이라고 할 순 없지만 일부 제품의 안전 재고 결과로 보자면 현재고는 확실히 높습니다"

"그래요? 얼마나 높은가요?"

"대략 30% 가까이 높았습니다"

사장님은 그럴 줄 알았다는 표정으로 길게 한숨을 쉬었다. 잠시 아무 말 없이 먼 곳을 응시한 후에 다시 말문을 열었다.

"좋습니다. 본부장들은 미팅이 끝나고 바로 유관 부서 관련자들 소집해서 현재고를 안전 재고 수준으로 낮추라고 지시해 주세요."

"네, 알겠습니다. 사장님."

본부장들이 힘차게 대답했다. 그때 생산 2팀의 라성민 팀장이 질문을 했다.

"궁금한 게 있습니다. 안전 재고를 어떤 방법으로 산출했나요? 간단하게 설명해줄 수 있나요?"

"호호호. 그럼요. 생산이 시작되는 시점부터 창고에 입고되는 시점까지의 재고 수준을 파악했습니다. 지난 2년간 출고량을 기준으로 수요 예측을 진행하고 생산 소요 기간으로 곱하여 구했습니다. 추가로 회사의 결품 목표인 97.3%를 유지하도록 했습니다. 이를 안전 재고 수준으로 보았습니다. 쉽게 설명해 드리면 일평균 10개 판매되고 생산 후 입고까지 100일이 소요된다면 해당 제품의 안전 재고는 대략 1,000개가 필요하다는 이론입니다."

질문은 라성민 팀장이 했는데 반응은 사장님이 더 빨랐다.

"음, 그거 뭐 그렇게 복잡해 보이지는 않는데 설득력 있습니다. 좀 전에 말씀드린 대로 당장 시행하도록 하지요. 빠르게 관련자 소집하고 새롭게 설정한 안전 재고 수준으로 유지하라고 지시해 주세요."

제품별 안전 재고 산출 결과를 바탕으로 사장님의 지시가 영업, 마케팅, 생산, 구매, 자재 등의 현업 전 부서에 전달되었다. 재고 수준을 안전 재고의 +-10% 내외로 유지하도록 하는 내용이었다. 안전 재고 관리가 새롭게 시행되고 몇 개월이 지났다. 김성길 전무가 우리 팀을 저녁 식사에 초대했다.

"어서들 와요. 사장님이 출장 중이셔서 제가 대신 여러분을 초대했습니다. 정보분석팀에서 안전 재고를 산출해서 재고 관리를 한 지 4개월이 조금 넘었습니다. 재고 금액이 290억 원에서 240억 원 수준으로 떨어졌어요. 약 27% 정도 재고 절감이 있었습니다."

"어머, 정말 다행이네요. 호호호. 뿌듯한데요."

성 팀장이 특유의 밝은 미소로 호응했다. 전무님 표정도 무척 밝다. 나는 이번에도 호텔 숙박권이나 식사권을 주려나 은근히 기대하고 있었다. 조 주임 표정을 얼핏 살펴보니 그도 무언가 기대하는 눈치다.

"사장님 칭찬이 아주 침이 마를 정도입니다. 성 팀장, 이건 사장님 금일봉입니다. 세 분이 멋진 데 가서 2차 하세요. 그리고 특별상여금을 지급할 예정입니다. 이번 달 급여일에 함께 지급할 겁니다. 여러분이 이룬 성과에 비하면 큰 금액은 아니지만 사장님의 마음이 담긴 선물입니다."

우리 셋은 동시에 눈이 동그래졌다. NOVA에서 처음으로 금일봉을 받아본다. 게다가 급여의 150%를 특별상여금으로 준단다. 그것도 우리 부서만 받는다. 아, 내게도 이런 날이 오는구나.

"전무님 감사합니다. 기쁜 마음으로 받겠습니다. 도움이 되는 분석으로 회사에 보답하겠습니다."

기쁜 마음을 주체할 수가 없었다. 조 주임도 달뜬 표정을 감추지 못했다. 우리는 두둑한 금일봉을 믿고 근사한 와인바를 찾았다. 서로를 치하하며 몇 번이나 건배했다. 자리가 무르익어 갈 무렵 조 주임이 흥분한 목소리로 말했다.

"정말 제가 한 건 아무것도 없는데, 팀장님 덕분입니다. 많이 배우고 있습니다."

나도 한마디 거들었다.

"그러게요. 저도 매일 배우고 있습니다."

"아니, 왜 여러분이 한 게 없어요? 난 두 분 없으면 이런 큰일을 시도할 용기조차 낼 수 없었을 거예요. 함께 전진해준 여러분들 덕이 훨씬 크답니다. 호호호."

성지나 팀장을 만난 건 행운이다. 그녀는 직장 생활이 따분하고 삭막한 게 아니라는 걸 처음으로 알려주었다. 그녀가 온 뒤로 업무 지식도 부쩍 늘었고, 우리 팀 위상도 많이 높아졌다. 그녀와 오래 일하고 싶다.

"팀장님, 우리 건배해요!"

"또? 호호호."

그녀가 밝게 웃는다. 나는 그녀를 보며 속으로 혼자 말했다.

"언니~! 고마워!"

부서 이기주의

4 어디든 다 똑같아

안전 재고 수준을 분석했다고 해서 일이 끝나는 게 아니다. 이를 적용해 실제 효과를 보려면 영업, 구매, 생산 등 모든 부서가 목표를 공유하고 협력해야 한다. 하지만 현업 부서는 대개 자기 부서 중심으로 사고하고, 관례에 따라 관성적으로 업무를 처리한다. 공동의 목표가 아니라 부서 이기주의에 빠지면 안전 재고 유지는 물거품이 된다.

희한한 일이 벌어졌다. 재고를 50억 원 가까이 낮추고 금일봉에 특별상여금까지 받았지만, 몇 개월 뒤부터 재고가 다시 오르기 시작했다. 경영진의 압박에 못 이겨 현업 부서에서 마지못해 잠깐 재고를 줄였을 뿐이었다. 당연히 사장은 노발대발했다. 사장은 현업 부서는 물론 정보분석팀도 질책했다. 왜 안전 재고가 영향을 미치지 않느냐? 반짝 효과냐? 뭐가 문제냐? 수치가 비현실적인 건 아니냐? 사장의 질책이 이어졌다.

생산과 구매, 영업과 마케팅 그리고 정보분석팀이 안전 재고의 문제점을 파악하기 위해 한자리에 모였다. 대부분 팀장이 참석했고 우리 팀에서는 나와 성 팀장이 참석했다. 임원 중에서는 제조 담당 송훈영 본부장이 참석했다. 마케팅팀 뺀질이 이동민이 먼저 한마디 했다.

"아니, 재고가 높은 이유가 영업, 마케팅팀과 무슨 연관이 있다는 건지 모르겠네요. 구매하고 생산팀에서 책임져야 할 일 아닌가요?"

여전히 그는 버릇이 없다. 생산 담당 라성민 팀장이 지지 않고 한마디 던졌다.

"아니, 영업하고 마케팅팀에서 팔겠다고 하니까 만들지, 우리가 이유도 없이 생산하나?"

"아니, 재고까지 신경 쓰면서 영업해야 합니까?"

영업 오길영이 빠지면 섭섭하다. 송훈영 본부장이 중재에 들어갔다.

"자자, 다들 그만하고 우선 안전 재고는 모든 부서가 합심하여 목표로 한 것이니까 이견이 없어야 합니다. 영업에서도 안전 재고를 확인하며 판매에 신경 써 주시고 생산도 안전 재고를 유지하도록 생산을 진행해 주세요. 구매도 생산에 발맞춰 자재를 적절하게 공급해 주시고."

"아니 본부장님, 생산이 안전 재고 수치 신경 쓰면서 시기나 수량을 조절하기 힘들어요. 우리는 생산이 되면 영업이나 마케팅에서 적극적으로 소진해 줘야 안전 재고가 꾸준하게 유지됩니다. 설정된 안전 재고를 맞추기 위해 생산을 하다 보니 수량이 일정하지 않습니다. 생산 비용이 커지는 문제도 있고요."

"알아. 그래도 노력은 해야지!"

"생산 시기와 생산량은 정해진 규칙이 있어요. NOVA만의 패턴이 있다고요. 원래 그렇게 해요."

라성민 팀장이 하소연하듯 말했다. 조용히 듣고 있던 성 팀장이 마침내 입을 열었다.

"생산팀 고충을 이해할 수 있어요. 음, 일단 안전 재고를 제시한 게 정보분석팀이니까 생산 수량과 시기에 대해서도 분석해보도록 하겠습니다. 분석이 완료될 때까지 조금만 기다려 주세요. 호호호."

성 팀장의 제안이 있었지만 네 탓 당신 탓은 회의가 끝날 때까지 이어졌다. 회의가 진행되어도 특별한 해결책이 보이지 않자 송 본부장이 한 가닥 희망을 잡는다는 심정으로 정보분석팀에 안전 재고와 연결된 생산 분석을 수용해 보자고 제안했다. 회의를 마치고 나오는 길에 성 팀장에게 물었다.

"금일봉에 특별상여금까지 받은 마당에 괜히 죄인이 된 기분이에요. 팀장님은 생산 시점이나 생산량에 대한 분석이 안전 재고를 유지하는 데 도움이 될 거로 생각하시는 거죠?"

"당연하죠! 호호호. 생산도, 구매도 안전 재고를 반영해서 진행해야 합니다. 내가 왜 그걸 간과했는지 모르겠네. 호호호."

"그건 그렇고, 진짜 저 인간들, 왜 맨날 만나기만 하면 으르렁거리는 걸까요? 물과 기름이 따로 없어요."

"서로 깊이 연결되어 협업해야 하는 부서니까 어쩔 수 없죠? 호호호."

"근데, 전 NOVA에서만 일해서 잘 모르겠는데, 다른 회사도 그런지 궁금하네요."

"신 대리, 내 얘기 한번 들어볼래?"

"무슨 얘기요?"

"라떼는 말이야? 호호호."

신 팀장이 옛 직장에서 있었던 이야기를 꺼냈다. 대화는 자연스럽게 회의실에서도 이어졌다.

성지나 팀장에게도 사원 시절이 있었다. 지금 내가 성 팀장을 따르는 것처럼, 그녀도 사원 시절 팀장을 존경했다. 그의 이름은 정보관리팀장 정진원이라고 했다. 그녀가 들려준 이야기는 우리 회사와 너무 비슷했다. 부서 이기주의와 팀별 갈등은 조금 전 팀장 미팅에서 보여준 우리 회사보다 더해 보였다. 구구절절, 이야기가 길지만 요약하면 이랬다.

성지나 팀장은 주문자생산방식OEM, 주문자가 요구하는 제품과 상표명으로 완제품을 생산하는 일 기업에서 일했다. 우리나라와 외국 유명 화장품 기업의 제품을 주문받아 생산하는 회사로, 이쪽 업계에서는 다 아는 내로라 하는 기업이다. 주문 생산의 경우 구매자의 요구에 따라 제품의 사양이 수시로 바뀐다. 같은 제품이지만 원료가 중간에 변경될 때도 있다. 고객의 마음을 사로잡아야 하는 영업부의 입장에서는 그들의 요구를 대부분 수용하게 된다. 하지만 투입하는 자재가 달라지므로 생산부 입장에서는 대혼란을 겪게 된다. 자재부도 마찬가지다. 더 큰 문제는 납품 기일이 촉박할 때이다. 이럴 땐 정상적인 방법으로 자재를 제때 구매하는 게 쉽지 않다. 하지만 생산부에서는 공정을 멈출 수 없기에 급하게 스스로 자재를 수급하여 대체하고 생산을 지속한다. 이런 일이 반복해서 일어나면 합리적이고 생산성 높은 자재 관리, 재고 관리, 생산 관리가 힘들어진다. 회사의 수익률은 낮아지고 부서별 갈등은 심화한다. 문제는 여기서 끝나지 않는다. ECOEngineering Change Order의 약자다. 규격, 기능, 안전 등의 문제로 부품을 교체하기 위해 작성하는 승인서를 말한다. 비슷한 서류로 ECR(Engineering Change Request, 부품 교체 요청서)와 BOM(BOM. Bill of Material의 약자)이 있다.가 수시로 변경되어 업무와 결산이 뒤죽박죽된다. 이런 ECO와 BOM의 시스템 관리를 정보관리팀에서 맡고 있었다.

이 악순환을 끊기 위해 성지나 사원이 존경하는 정보관리팀 정진원 팀장이 나섰다. 하지만 쉽지 않았다. 자재 팀장은 생산부에서 듣보잡 자재를 사용하고 뒤늦게 처리해달라고 한다고 야단이고, 생산부는 고객사의 무리한 요구를 들어주는 영업부를 탓한다. 정보관리팀장이 중재하려고 하면, 다들 타 팀 탓하며 막무가내다.

"정보관리팀에 요청한 대로 ECO 변경을 시스템에서 원천적으로 금지하는 방향으로 이견이 조율됐으면 합니다. 우리가 듣지도 보지도 못한 자재를 사용하고 ECO 처리 요청하면 절대 안 해줄 거니까 알아서들 하세요."

항상 말끝을 올려 말하는 자재 팀장이 짜증 섞인 어투로 못을 박는다. 이때 생산 팀장이 나섰다.

"그렇게 되면 공장이 멈춰요. 원천적으로 ECO 건이 왜 생기는지, 그걸 얘기해서 애초부터 안 생기게 하는 방법을 찾아봅시다."

"아니, 생산팀에서 얘기도 없이 마구잡이로 자재를 사용하는데 무슨 얘기를 더 해요!"

"아니, 자재 팀장님 말씀이 참……. 그게 왜 생산에서 마구잡이로 사용하는 겁니까? 선 생산을 요청해서 우리도 어쩔 수 없이 하는 거예요. 뒤늦게 자재 변경을 요청하는 영업이 문제 아닙니까?"

이제 영업팀이 나설 차례다. '쟤들은 웬 난리야. 한두 번 있는 일도 아닌데' 하는 표정으로 앉아있던 영업 3팀장이 입을 열었다.

"아니, 고객사에서 선 생산을 요청하는데 어떻게 합니까? 그리고, 자재 변경도 마찬가지예요. 고객사 요청 무시해보세요. 그땐 정말 공장 멈춰야 해요. 고객사가 떨어져 나간다고요. 이것저것 다 따지면 영업 못 해요."

가만히 듣던 정보관리팀장이 말을 이어받았다. 표정과 말투가 정중하다.

"네네. 당연히 영업팀은 영업에 집중하는 게 맞습니다. 그래도 자재 공급과 생산에 문제가 없도록 영업팀에서 신경 써주셔야 할 것 같습니다. 중간에 자재가 변경되면 이미 생산한 제품은 다 폐기해야 하는데, 이런 일이 반복되는 걸 막아보자는 겁니다."

"아까 말씀드렸잖아요. 그러면 고객사 다 떨어져 나간다고요."

영업 3팀장이 거칠고 퉁명스럽게 대꾸한다.

"우리는 팔았으니 알아서 생산해라, 이건 좀 아닌 듯싶습니다. 이 문제는 머리를 맞대고 같이 풀어야 하지 않을까요?"

"그럼 직접 영업하세요."

조금 전에 있었던 우리 회사 팀장 회의도 이와 비슷했다. 다들 팀 입장을 강조하고 대변하느라 여념이 없다. 협업에 관한 고민이 왜 이리도 적을까? 성지나 팀장의 경험담을 듣고 나서 내가 한마디 했다.

"어쩜 그리 똑같아요. 우리 노바랑?"

"그러게 말이야. 전체를 봐야 하는데 다들 눈앞의 일만 보는 거지. 호호호."

"그래서 어떻게 됐어요?"

"우리 팀장님이 해결 방법을 찾아 사장실에 보고했어. 윗선의 힘을 빌려 해결했어. 일종의 톱다운 방식을 쓴 거지. 호호호."

"오! 머리 잘 썼네요. 이제 보니까 그때 배우셨군요. 팀장님도 수요 예측 문제 그렇게 하셨잖아요."

"눈치챘어? 호호호."

"그분은 지금 뭐 하세요? 팀장님의 옛 팀장님요?"

"궁금해?"

"아니, 뭐 궁금하다기보다 능력 있는 분 같아서요. 하하."

"맞아. 그분이 날 만들어 주었지."

"오~, 그렇구나. 나중에 그분 얘기 좀 더해주세요. 기회가 되면 만나보고 싶어요. 은근 궁금하네요."

"한번 만나 볼래?"

"아~, 지금도 연락하고 지내세요?"

"신 대리, 잠깐만."

얘기하다 말고 성지나 팀장이 갑자기 어딘가로 전화를 한다.

"찡스? 오늘 집에 갈 때 나 태우고 들어가. 우리 팀 신 대리하고 맥주 한잔하고 있을게. 이왕이면 와서 계산도 하고. 호호호."

"찡스? 그게 누구예요?"

"신 대리가 보고 싶다며 정 팀장? 찡스가 정진원 팀장이야. 지금은 내 남편. 호호호."

생산(발주) 모형

5 지금 이 순간 그리고 이만큼

생산은 결국 수요를 채우는 일의 반복이다. 생산에는 두 가지 패턴이 있다. 하나는 정기적으로 하는 것이고, 다른 하나는 정량적으로 하는 것이다. 정기적 방식은 말 그대로 생산 기간을 일정하게 유지하며 수요에 따라 수량을 조절하는 것이다. 정량 생산 방식은 생산 시점마다 수량을 일정하게 하고 대신 생산 시기에 변화를 주는 것이다.

발주와 관련된 분석은 생산과 구매에 모두 적용이 가능하다. 별개 개념으로 소개되는 경우도 있으나 여기서는 생산 주기나 수량 결정이 곧 구매의 발주 시기나 수량 결정과 동일한 것으로 간주한다. 표기는 생산으로 통일하였다.

"자, 잡담 그만하고 빨리 생산 수량과 시기를 결정하는 모델이나 분석합시다. 호호호."

내가 궁금함을 참지 못하고 두 사람의 사랑 이야기를 물어보자, 성지나 팀장이 급하게 일 이야기를 꺼냈다. 그리고는 조 주임을 회의실로 불렀다.

"궁금해요. 조금만 얘기해 주세요."

"호호호. 조 주임 왔네요. 이제 회의합시다."

"내가 언젠가는 듣고 말 거예요. 흥."

"뭘 들어요?"

회의실에 합석한 조 주임이 궁금한 표정으로 나를 바라보았다.

"성 팀장님 러브 스토리. 하하하."

"어, 그래요? 저도 궁금한데요? 팀장님 같은 미인과 사는 분이 누군지."

성 팀장이 특유의 미소를 흘리며 우리 얘기를 듣고 있다가 다시 입을 연다.

"자, 빨리 생산 관련 분석이나 진행하자고."

"뭐, 시간 많으니까 천천히 듣기로 하죠."

나도 바로 태세를 전환하여 업무 모드로 돌아왔다. 성 팀장의 설명이 시작되었다.

"생산은 언제 그리고 얼마나 진행해야 하는 걸까요? 우리 NOVA의 생산 계획엔 우리만의 노하우가 있을까요? 생산은 결국 수요를 채우는 일의 반복입니다. 생산을 위한 자재 구매도 마찬가지죠. 판매를 위한 상품의 구매도 마찬가지입니다. 그래서 나는 생산에는 패턴이 있다고 생각해요. 호호호. 생산이든 구매를 위한 발주든 결국 다음 두 경우 중 하나로 결정돼요. 정기적으로 할 것이냐, 아니면 정량적으로 할 것이냐? 먼저 정기적 생산 방식에 대해 알아보죠. 또 새로운 이야기를 할 건데 지치지 않나요?"

"괜찮습니다. 계속하시죠. 물 들어올 때 노 저어야죠. 조 주임, 맞지?"

"네. 저도 괜찮습니다."

"좋습니다. 두 분의 열화와 같은 성원에 힘입어 계속 이어가겠습니다. 호호호. 정기적 방식은 말 그대로 생산 기간을 일정하게 유지하고 수요 패턴에 따라 수량을 조절하는 것입니다. 정기적으로 생산을 할 때는 다음과 같은 사항이 충족되면 유리하죠."

- 생산처나 납품하는 공급처가 유일한 경우
- 재고 실사를 주기적으로 진행해야 하는 경우
- 제품이나 자재의 수요가 빠르게 진행되는 경우
- 금액이 높고 기업 자산에서 높은 위치를 점유하는 경우

"다음 장 〈그림 03_05〉의 정기적 관리 모형을 살펴보면 내부적으로 설정한 시점에 도달하면 일정한 간격으로 생산이 이루어지는 것을 확인할 수 있습니다. 그러니까 정기적이라는 얘기는 제품과 자재의 공급이 일정하게 진행되며 매번 같은 주기로 생산이 이루어진다는 것이죠. 따라서 기간은 고정이기 때문에 이 모형에서는 수량을 결정하는 것이 핵심이 되는 것입니다."

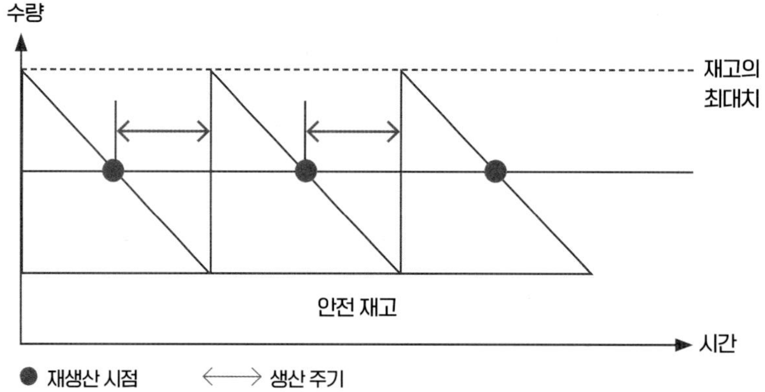

<그림 03_05. 정기적 관리 모형>

정기적 관리 모형의 생산량 = 생산 주기 내 평균 수요 - 안전 재고

"생산을 45일에 한 번 정기적으로 진행한다고 가정해 보면 보습 크림을 위한 정기적 관리 모형의 필요한 값들은 각각 다음과 같이 정해집니다. 리드타임은 생산 후 60일이 걸리지만, 월별 적정 재고 수준을 설명하면서 말씀드린 것처럼 45일에 한 번씩 생산이 진행되면 결국 입고도 45일에 한 번씩 되는 순환 관계가 형성되므로 생산 주기와 리드타임은 동일하다고 볼 수 있는 것이죠. 그래서 정기적 관리 모형에서 생산 주기와 리드타임의 관계는 언제나 동일합니다."

BOX	1	2	3	4	5	6	7	8	9	10	11	12	월 평균	안전재고
월 예측 수량	4,942	5,030	5,748	5,561	4,709	5,073	4,640	4,076	3,467	4,231	4,200	3,730	4,617	5,050.8

평균

<표 03_13. 보습 크림의 월평균 수요량과 안전 재고>

- 생산 주기: 45일 (가정)
- 리드타임: 생산 주기와 동일
- 안전 재고(S): 5,051
- 월평균 수요량: 4,617

"가장 먼저 생산 주기 내의 평균 수요량을 결정해야 합니다. 아래처럼요."

(생산 주기 + 리드타임)(P) = 45일

$$\text{P기간 내의 평균 수요량(U)} = \frac{\text{월평균 수요량}}{30} \times P = \frac{4617}{30} \times 45 = 6{,}926$$

BOX	수요량		생산 주기	생산 주기 내 수요 평균	안전 재고
	월평균	일평균			
	4,617	154	45	6,926	5,050.8

월평균 / 30　　일평균 X 생산주기

<표 03_14. 생산 주기 내 평균 수요량>

"생산 주기와 리드타임의 합은 45일씩 순환되니까 월평균 수요량을 30일로 나누어 일평균 수요량을 구하고 45를 곱하면 되죠. 그러면 생산 주기 내 평균적인 수요량은 〈표 03_14〉에서 볼 수 있듯이 6,926Box가 되겠네요."

보습 크림을 위한 정기적 관리 모형의 생산량 = 6,926 - 5,051 = 1,875

보습 크림의 정기적 생산에 따른 생산량						
BOX	수요량		생산 주기	생산 주기 내 수요 평균	안전 재고	생산량
	월 평균	일 평균				
	4,617	154	45	6,926	5,051	1,875

생산 주기 내 수요 평균 - 안전 재고

<표 03_15. 보습 크림의 정기적 생산에 따른 생산량>

"가정을 했지만 만약 보습 크림의 경우 45일 주기로 생산이 이루어진다면 현 재고 상태를 살펴서 〈표 03_15〉에서 확인할 수 있듯이 1,875Box를 생산하면 됩니다."

성 팀장의 설명을 듣고 곧바로 내가 질문을 했다.

"결국 생산 주기 및 생산 주기 내 수요 평균이나 안전 재고는 예측한 동안은 고정된 수량이 되니 현 재고 상황에 따라 생산량이 달라지겠군요?"

"그렇죠. 신대리? 정확히 짚었어요. 현 재고 수량을 어떤 관점으로 볼 것이냐가 매우 중요하죠. 그래서 저는 현 재고는 안전 재고를 제외한 수량이 되어야 한다고 생각해요. 즉 현 재고란 안전 재고 외 가용 수량이 되는 것이죠. 이런 걸 생각해 봐야 합니다. 우리가 안전 재고를 산출한 의미는 원활한 공급을 위한 최소한의 재고 수량을 의미했죠. 지금 예시로 분석한 보습 크림의 경우 45일 주기의 생산을 진행할 때 평균적으로 대략 7,000개가 판매되리라 예측했지만 상황은 언제나 급변할지 모르는 일이죠. 예를 들자면 행사를 진행해서 일반적인 상황일 때보다 더 많은 수요가 있을 수 있고, 아니면 계절적·사회적 변화에 따라 그 수요가 달라질 수 있겠죠. 이런 특별한 상황까지 고려해야 하는 재고가 바로 안전재고입니다."

"그런데 지금 팀장님이 분석한 정기적 모형의 생산 수량은 전혀 그렇지 않은데요? 1,875Box는 안전 재고도 가용 재고로 포함해 결정된 수량이네요."

"호호호, 조 주임 참 예리하네. 계속 말하지만 안전 재고는 권장 사항이지 강제 사항은 아니죠."

나도 한마디 거들었다.

"양날의 검이네요. 안전 재고를 충분히 확보한다면 수요와 공급에는 유리하지만 재고 운영에는 아무래도 불리하겠네요."

"나이스, 신대리! 호호호. 정말 중요한 부분인 거죠. 현실에서는 우리가 산출한 안전 재고를 상시 비축하고 있기는 힘들죠. 그만큼 재고 관리 비용이 커지니까요. 그래서 저는 안전 재고를 가용 재고에 포함한 것이죠."

조 주임이 한발 더 나아가 질문한다. 우리 둘이 질문 경쟁을 하는 거 같다.

"팀장님, 하나만 더 질문드리면, 실제 생산 계획에서 정기적으로 할지 아니면 수시로 할지는 모르겠지만, 그리고 45일이라는 기간으로 가정은 하긴 했으나, 생산 수량이 너무 적어요. 제가 알기로는 보습 크림의 경우 최소 1회 5000Box 이상 생산하는 것으로 알고 있거든요."

"조 주임, 그러면 제가 역으로 질문을 해볼게요. 조 주임 생각에 위 공식에서 생산 수량을 늘리려면 무엇을 조정하면 될 거 같은가요?"

언제부터인가 우리 팀 분석 회의는 질문과 답변을 주고받으며 진행되고 있었다. 성 팀장의 기습 질문에도 조 주임은 당황한 기색이 없다.

"음……. 아하! 생산 주기를 늘리면 되네요. 하하하. 간단하군요."

"딩동댕~. 생산 주기가 빠르면 생산량이 줄고 생산 주기가 길면 생산량이 늘어나겠죠. 호호호. 이쯤에서 신 대리에게도 공평하게 질문해볼까요? 호호호. 아까 조 주임이 1회 생산 수량이 5000Box라고 했어요. 이를 뭐라고 할까요?"

"에이~. 당연히 MPQMPQ는 Minimum Purchasing Quantity의 약자로 최소 구매 수량을 의미한다. 유사한 개념으로 MOQ(Minimum Order Quantity, 최소 주문 수량)가 있다. NOVA의 경우 임가공 생산이기에 최소 생산 수량이 적용된다.죠. 저 이래 봬도 이제 NOVA 9년 차예요."

내가 눈을 흘기며 대답했다.

"빙고! 호호호. 정기적 관리 모형의 핵심은 생산 주기를 결정하는 거예요. 생산 수량이 산출되면 MPQ에 맞춰라, 뭐 이런 이야기는 안 해도 되죠? 적절한 생산 주기가 결정되고 생산 수량이 산출 되었을 때 MPQ보다 적거나 많으면 이 역시 올리거나 내려서 맞춰야겠죠. 상황을 잘 판단해서 말이죠."

잠시 멈추었다가 성 팀장이 말을 이어갔다.

"여러 상황 때문에 현실과 이론 사이에 괴리가 생길 수 있어요. 그래도 실제와 다르다고 이론을 무시하면 안 되겠죠. 이론적 배경이 충분히 반영된 현실 상황을 만드는 게 중요하죠. 그래야 좀 더 안정적인 기업 운영이 가능할 테니까요. 호호호."

"이론이 반영된 현실을 만들자. 멋진 말인데요."

"호호호. 신 대리 고마워요. 계속해서 정량적 관리 모형도 이야기해보죠. 정량 생산은 생산 시점마다 수량을 일정하게 하고 대신 생산 시기에 변화를 주는 것입니다. 정기 생산 방식에서 생산량을 산정했다면 정량 생산 방식에서는 생산 시기를 산정하는 것이 중요합니다. 이렇게 일정한 수량으로 생산을 진행하는 데는 다음과 같은 사항이 충족될 경우 유리합니다."

- 수량 확인이 손쉬운 경우
- 실사를 진행하지 않아도 수량이 정확하게 유지되는 경우
- 수요가 일정한 경우
- 기업 자산에 크게 영향을 주지 않는 경우

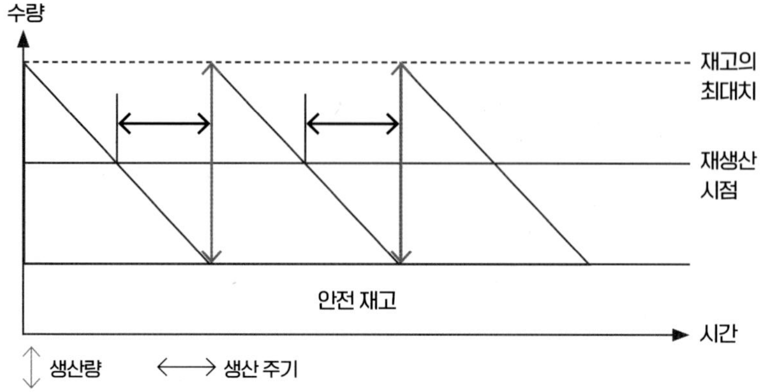

<그림 03_06. 정량적 관리 모형>

"정량적 관리 모형을 살펴보면 제품 수량이 기준선에 도달하면 〈그림 03_06〉처럼 정해진 수량만큼 생산이 이루어지는 것을 확인할 수 있습니다. 정량 생산은 제품의 수요가 일정하게 진행되어 매번 같은 수량으로 생산이 이루어집니다."

정량적 관리 모형의 생산 시점 = (생산 수량 + 안전 재고) / 일평균 수요량

- 생산 수량 : 5,000 (가정)
- 안전 재고(S) : 5,051
- 월평균 수요량 : 4,617
- 일평균 수요량 : 154

"생산 수량만 결정이 되면 나머지 값들은 이미 우리가 알고 있죠?"

보습 크림의 정기적 생산에 따른 생산량					
BOX	수요량		생산 주기	안전재고	생산 시점(일)
	월 평균	일 평균			
	4,617	154	5,000	5,051	65

(생산 수량 + 안전 재고) / 일 평균 수요량

<표 03_16. 보습 크림의 정량적 생산에 따른 생산 시점>

보습 크림을 위한 정량적 관리 모형의 생산 시점 = (5,000+5,051) / 154 = 65일

"앞서 정기적 모형에서 대부분 설명했기 때문에 정량적 관리 모형은 의외로 간단히 산출되었죠. 65일에 한 번씩 5,000Box를 생산이 되면 되겠네요."

"오호, 답이 딱 나오네요. 최소 생산 수량을 맞추기 위해서 NOVA는 이제 정량 생산을 진행하면 되나요?"

"글쎄요? 호호호."

성지나 팀장 답변이 애매모호하다.

"정기적이냐 정량이냐, 선택이 쉽지 않겠어요. 정기적으로 하자니 MPQ가 걸리고 정량으로 하자니 생산 주기가 길어지고."

"글쎄요? 호호호."

조 주임 질문에 대한 답변에도 마찬가지 반응을 보인다. 어쨌든 생산팀에 제안하려면 둘 중 하나 를 선택해야 한다. 정기적 생산이냐, 정량적 생산이냐? 과연 성 팀장은 어느 쪽을 선택할까?

경제적 생산량 분석

6 생산 비용과 재고 관리 비용을 동시에 최소화하라

기업은 비용을 최소화하고 이윤을 극대화해야 한다. 따라서 생산 비용뿐 아니라 재고 관리 비용 역시 최소화해야 한다. 최적의 생산량을 구하면 생산 비용과 재고 관리 비용을 동시에 최소화할 수 있다. '경제적 생산량 모형'을 활용하면 최적 생산량과 생산 시기를 분석할 수 있다.

"굳이 선택하자면 정기 생산이 좋긴 한데, 그래도 수량을 고정적으로 하는 것도 중요한 포인트 아닐까요?"

"생산 수량이 MPQ에 맞지 않으면 생산팀에서 수용하지 않을 텐데요?"

조 주임과 내가 한마디씩 더 했다. 잠시 생각하는 듯하더니 성 팀장이 말했다.

"두 분 다 정량 생산이 맘에 드는군요. 호호호. 어떤 방식을 바로 우리 생산에 반영한다, 안 한다 결정을 하기가 쉽지 않아요. 그래도 향후 활용 가치에 대해서 생각해 볼 때 나는 정기적 생산이 더 효과적일 수 있다고 생각합니다. 지금까지 생산 주기를 일정하게 해왔기 때문에 그렇죠. 그래서 이번엔 MPQ를 고려했을 때 1회 생산 시 가장 효과적인 생산량이 어느 정도인지도 파악해 보겠습니다. 그러면 이후 활용 폭이 좀 더 넓어질 것 같아요."

우리는 정기 생산 방식을 위해, 그리고 수량의 완성도를 높이기 위해 추가적인 분석을 진행하기로 했다. 일이 늘어나는 데 대한 초반의 거부감이 많이 희석되었다. 어쩌면 이제는 나도, 조 주임도 당연하게 생각하고 있는 것도 같다.

"자, 그러면 정기 생산도 만족하고 정량 생산도 만족하는 생산 수량을 분석해 봐야죠? 호호호. 효과적인 생산량 산출! 좋은 의견 있으세요?"

"글쎄요, 결국 재고와 연결되는 거 아닐까요?"

재고는 적지도 많지도 않게 관리하는 것이 포인트다. 당연히 나의 대답도 교과서적이다. 하지만 역시 성 팀장은 한발 더 나아간다.

"신 대리 말이 맞아요. 거기에 추가하자면 바로 옆에서 생산하는 게 아니니까 물류비용도 최소화하면 좋겠죠. 그런 의미에서 최상의 생산 수량을 결정하는 게 여러모로 효과적일 수 있죠. 일단 재고 관리 비용을 낮출 수 있고 원가의 절감 기대 효과를 볼 수 있을 것 같아요."

안전 재고뿐 아니라 생산 수량으로도 원가 절감의 효과를 볼 수 있다? 내가 질문을 던지려는데 성지나 팀장이 한발 먼저 말을 이어갔다.

"생산 수량 조절도 중요해요. 한 번에 대량으로 생산하면 물류를 포함한 생산 부대 비용은 감소하지만, 재고가 일시에 늘어나 과잉 재고를 유발하면 재고 관리 비용이 증가할 겁니다. 반대로 소량으로 자주 생산을 시도하면 재고와 함께 관리비는 줄지만 잦은 생산으로 인한 물류를 포함한 생산 부대 비용은 증가할 겁니다. 결국, 최적의 생산량을 구하면 재고 측면이나 생산 부대 비용 측면에서 모두 윈윈하는 방법이 되겠죠."

역시 성지나 팀장을 당해낼 재간이 없다. 이럴 때는 바로 수긍하는 것이 상책이다.

"듣고 보니 그러네요. 근데 어째 수상하네요? 팀장님 또 이미 다 계획이 있는 거 아니세요?"

"호호호. 들켰나? 기업은 비용을 최소화하고 이윤을 극대화해야 하므로 생산 비용뿐 아니라 재고 관리 비용 역시 최소화해야 합니다. 그런데 아쉽게도 제가 아직 실력이 부족하여 효과적인 생산량을 산출하는 방법을 잘 모르겠네요."

"야호! 드디어 팀장님이 모르는 것도 있군요. 하하."

성지나 팀장을 비꼬는 게 아니다. 성 팀장이 모르는 건 모르는 게 아니다. 어떤 방법을 동원하든 어차피 적절한 생산 수량을 분석해낼 것이다.

"호호호. 그런데 또 아쉽게도 고민해보니 적용할만한 모형이 생각났어요."

"그럼 그렇지. 괜히 좋아했네."

내가 못내 아쉬운 척했다. 어째 조 주임은 조용히 듣고만 있다.

"생산을 구매의 발주 행위와 동일하다고 생각하니 쉽게 생각났어요. 한번 발주 시 최상의 발주량을 산정하는 것을 경제적 주문량 모형EOQ . Ecomonic Order Quantity이라고 하는데 이를 생산에 접목해도 좋을 듯합니다."

난 처음 듣는 이론인데, 잠잠하던 조 주임이 성 팀장의 말을 받았다.

"아, 그거 저도 들어본 적 있어요. 무슨 접점을 찾는 분석인데, 지금은 가물가물하네요."

"오~! 조 주임, 알아요? 호호호. 내가 기억나게 해드릴게요. 경제적 주문량 모형에 대해 좀 더 알아보죠. 이 모형은 1915년 해리스F.W Harris라는 경제학자에 의해 처음 소개되었습니다. 이분이 그의 논문에서 다음과 같이 가정하였죠."

- 자재의 수요는 일정하며 우리는 이미 알고 있다.
- 리드타임은 매번 일정하며 이 역시 이미 알고 있다.
- 생산 및 판매 단가는 거의 일정하다.
- 고객의 주문 비용은 매 기간 일정하게 유지된다.
- 고객의 주문량은 꼭 리드타임이 지나면 일시에 전량을 요구한다.
- 모든 자재의 수요는 재고 부족 없이 충족된다.

"이 가정을 볼 때마다 매번 놀라요. 100년이 훌쩍 지난 지금도 여전히 유효하다는 생각이 들거든요. 특히 고객의 주문은 조달 기간을 고려하지 않고 요구한다는 부분에서 소름까지 돋아요. 자재의 수요가 패턴이 있다는 건 우리들만의 주장이 아니었던 거죠. 호호호. 그러면 어느 부분에서 이런 가정이 생산에도 적용이 가능할까? 제가 이렇게 바꿔 보았습니다."

- 상품의 수요도 특별한 경우를 제외하면 일정하며 이미 일정 부분 예측하여 알고 있다.
- 리드타임은 구매나, 생산 후 입고나 매번 일정하며 이 역시 이미 알고 있다.
- 생산 및 판매 단가는 당연히 소폭 상승하거나 하락할 뿐 일정하다.
- 따라서 고객의 제품 구매 비용도 매 기간 일정하게 유지된다.
- 고객의 수요는 꼭 제품이 부족할 때 발생한다.
- 모든 상품의 수요는 충분한 생산과 재고로 충족된다.

"어때요? 그럴싸하게 적용했죠? 호호호."
누군가의 이론을 내 것으로 변화시켜 적용할 수 있는 능력은 아무나 가질 수 없다. 성 팀장의 능력에 박수를 보낸다. 이건 진심이다.
"아주 좋은데요. 딱 들어맞는 거 같아요."
"신 대리, 고마워요. 호호호. 아무튼 이렇게 변경한 이론을 근거로 〈그림 03_07〉처럼 그래프를 그렸습니다."

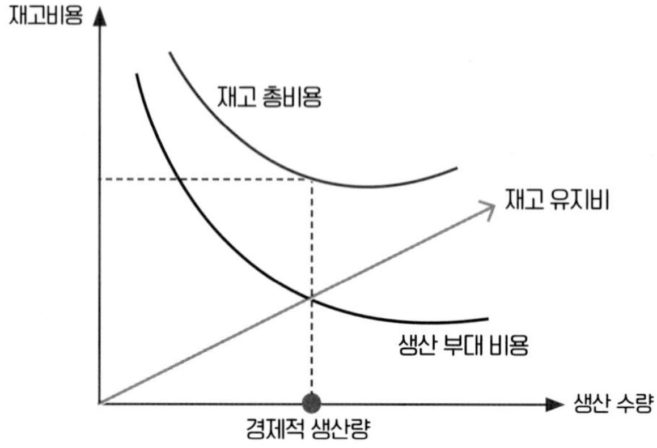

<그림 03_07. 경제적 생산량 모형>

"재고 총비용 곡선에서 최소가 되어 가는 지점에 재고 유지 비용과 생산 부대 비용이 만나는 접점이 보이시죠? 해당 접점에서 수직으로 떨어져 만나는 생산 수량이 바로 경제적 생산 수량이 되는 것이죠. 이론적 배경은 여기까지입니다. 충분히 이해되나요?"

"네. 그러니까 정리하면, 재고의 총관리 비용이 최소가 되고 재고 유지비와 생산 부대 비용이 만나는 접점을 찾으면 된다, 이거네요. 근데 이론적으로는 이해가 되는데, 이게 현실에서 가능한가요?"

"조 주임, 다시 정리해 주어서 감사해요. 가능하니까 우리가 모였겠죠? 호호호. 경제적 생산량 한 번 분석해 보도록 하죠. 역시 메인 상품인 보습 크림으로 주~욱 가보죠. 분석을 위해 기초 자료를 다음과 같이 정리합니다."

경제적 생산량 산출을 위한 기초 자료						
BOX		KRW				
연간 총수요	1회 생산량	단가	생산비용			개당 재고 유지비
			원자재 구매	임가공비	물류비용	
55,408	5,000	3,065	2,007,873	3,326,018	1,364,127	3,679

<표 03_17. 경제적 생산량 산출을 위한 기초 자료>

- 연간 총 예측 수요량 = 55,408Box
- 1회 생산량 = 5,000Box
- 단가 = 3,056₩ (가정)
- 생산 비용(매 생산 시 고정비 - 원자재 구매, 임가공비 및 물류비 등) = 6,698,018₩(가정)
- 개당 재고 유지 비용 = 3,056 + (3,056 × 0.2) = 3,679₩

"시작이 반이라고 모든 기초 자료가 정리되면 다음은 공식에 대입하면 되니까 문제없죠. 호호호. 일단 경제적 생산량을 산출하기 전에 먼저 연간 총생산 비용을 산출해 봅니다. 연간 총생산 비용은 연간 총수요량을 1회 생산량으로 나누고 여기에 생산 비용을 곱하여 산출합니다. 아래처럼요."

$$\text{연간 총생산 비용} = \frac{\text{연간 총예측 수요량}}{\text{1회 생산량}} \times \text{1회 생산비용} = \frac{55{,}408}{5{,}000} \times 6{,}698{,}018 = 74{,}225{,}068₩$$

원자재 구매 + 임가공비 + 물류비용

BOX			KRW			
연간 총수요	1회 생산량	연간 생산 횟수	단가	생산비용	개당 재고 유지비	연간 총 생산비용
55,408	5,000	11	3,065	6,698,018	3,679	74,225,068

연간 총수요 / 1회 생산량

연간 발주 횟수 X 생산비용

<표 03_18. 연간 총생산 비용>

"계속해서 연간 재고 유지 비용을 계산해 보도록 하겠습니다. 생산 수량을 곧 입고 수량으로 간주하고 1회 생산 수량을 2로 나누어 개당 재고 유지 비용을 곱하여 산출합니다. 2로 나누어 주는 이유는 재고는 회전이 되므로 통상적으로 2로 나누어 준 것이죠. 〈표 03_19〉를 봐주세요."

$$\text{연간 재고 유지 비용} = \frac{\text{1회 생산량}}{2} \times \text{개당 재고 유지비} = \frac{5{,}000}{2} \times 3{,}679 = 9{,}196{,}364₩$$

BOX			KRW				
연간 총 수요	1회 생산량	연간 발주 횟수	단가	생산비용	개당 재고 유지비	연간 총 생산비용	연간 재고 유지비
55,408	5,000	11	3,065	6,698,018	3,679	74,225,068	9,196,364

(1회 생산량 / 2) X 개당 재고 유지비

<표 03_19. 연간 재고 유지 비용>

"보습 크림의 연간 총생산 비용과 재고 유지 비용을 산출해 보았습니다. 마케팅 비용 등의 일부 판촉 비용을 제외한 보습 크림의 연간 투자 비용으로 볼 수 있겠죠?"

KRW

연간 총수요 비용	169,851,418	← 연간 총수요 X 단가
연간 총투자 비용(생산 및 재고)	83,421,433	← 연간 총생산 비용 + 연간 재고 유지비
수요 대비 투자 비율	49%	← 연간 총투자 비용 / 연간 총수요 비용

<표 03_20. 마케팅 등의 판촉 비용을 제외한 보습 크림의 연간 총투자 비용>

"음, 그러니까 보습 크림의 경우 대략 50%의 금액을 생산과 재고 유지 비용으로 투자하고 있던 셈이네요."

분석된 결과를 보고 내가 말했다.

"그렇죠. 물론 지금 분석을 위해 활용한 단가는 판매 단가가 아닌 생산 단가죠. 생산 단가 기준의 총투자 비용이라는 점 잊지 마세요. 이제 우리가 진짜 목표로 했던 경제적 생산량을 구해보죠. 아주 간단해요. 다음의 공식에 대입하면 됩니다.

$$\text{연간 재고 유지 비용} = \sqrt{\frac{2 \times \text{연간 총 수요량} \times \text{1회 생산비용}}{\text{개당 재고 유지비}}} = \sqrt{\frac{2 \times 55{,}408 \times 6{,}698{,}018}{3{,}679}} = 14{,}205$$

BOX			KRW					
연간 총수요	1회 생산량	연간 발주 횟수	단가	생산비용	개당 재고 유지비	연간 총 생산비용	연간 재고 유지비	경제적 생산량
55,408	5,000	11	3,065	6,698,018	3,679	74,225,068	9,196,364	14,205

SQRT((2 X 연간 총수요 X 생산비용) / 개당 재고 유지비)

<표 03_21. 보습 크림의 경제적 생산량>

"산출된 보습 크림의 경제적 생산량은 14,205Box로 나오네요. 호호호."
"의외로 간단하게 분석이 되네요? 근데 산출된 수량이 정말 경제적이라는 건 어떻게 증명하죠?"
"역시, 신 대리의 질문은 수준이 높아요. 호호호. 경제적 생산량을 구하기 전에 연간 총투자 비용 산출을 먼저 진행한 이유가 있죠. 바로 비교하기 위해서죠. 경제적 생산량을 기준으로 연간 총투자 비용을 계산해 보면 다음과 같아요."

$$경제적\ 생산량에\ 따른\ 연간\ 총생산\ 비용 = \frac{55{,}408}{14{,}205} \times 6{,}698{,}018 = 26{,}126{,}678\ ₩$$

$$경제적\ 생산량에\ 따른\ 연간\ 총재고\ 유지\ 비용 = \frac{14{,}205}{2} \times 3{,}679 = 26{,}126{,}628\ ₩$$

"경제적 생산량을 설명할 때 재고의 총비용이 최소가 되어 갈 때 재고 유지 비용과 생산 비용이 만나는 접점이 있다고 했죠. 그래서 총생산 비용과 총재고 유지 비용 금액이 동일한 것이죠. 핵심은 재고비용과 생산비용을 균형감 있게, 즉 어느 한쪽으로 집중되지 않도록 배분해서 생산량을 산출한다는 의미가 되는 것이죠."

KRW	기존 생산량	경제적 생산량
연간 총 수요 비용	169,851,418	169,851,418
연간 총 투자 비용(생산 및 재고)	83,421,433	52,253,257
수요 대비 투자 비율	49%	31%

<표 03_22. 보습 크림의 기존 생산량과 경제적 생산량의 비교>

"그리고 위의 〈표 03_22〉처럼 기존 생산 수량과 비교를 해보면 비용이 절감된 것을 확인할 수 있죠? 대략 3천만 원 이상 차이가 납니다. 보습 크림 하나의 금액이지만 NOVA의 모든 제품에 적용하면 그 금액이 상당히 클 것으로 판단됩니다. 최근 몇 주 동안 재고 및 생산 관련 분석을 하며 느꼈겠지만 제일 중요한 수치는 역시 예측 수량입니다. 예측 수량을 알면 나머지 분석은 큰 어려움이 없어요. 그래서 예측 수량의 정확도를 높이면 모든 분석의 정확도 역시 함께 상승합니다."

"오, 확실히 차이가 있네요."

내가 흥분해 감탄하고 있는데 그 순간, 조 주임이 진지한 표정으로 성 팀장에게 물었다.

"근데, 정기 생산을 진행한다고 했는데 결과적으로 정량 생산이 된 건가요? 물론 연간 발주 횟수가 있지만 그건 안전 재고를 반영하지 않은 것이죠. 아직 완성된 거 같지 않아요. 저는."

어라. 그러네. 조 주임 진짜 예리하다. 그렇다고 성 팀장님이 아무 생각이 없었겠어?

"이제 하려고요. 호호호. 생산 시기까지 결정되면 최상이죠. 그러면 정기/정량 생산이 되겠네요. 호호호. 기간이 정해지고 수량을 구할 때는 정기 생산 공식을 활용하고, 지금처럼 수량이 확정되고 그 생산 시점을 파악할 때는 정량 생산의 공식을 활용하죠. 정략적 생산 방식의 생산 시점 공식은 다음과 같았어요. 일평균 수요량은 154BOX였죠."

정량적 생산 시점 = (생산 수량 + 안전 재고) / 일평균 수요량 = (14,205 + 5,051) / 154 = 125일

"보는 것처럼 4개월에 한 번씩 생산이 진행되면 좋네요. 즉, 1년에 3번 정도 하면 되죠. 앞서 5,000BOX씩 정량 생산할 때 생산 시점이 대략 2개월마다 한 번씩 연간 6회였는데 연간 3회로 줄어든 셈이죠. 대신 1회 생산 시 기존보다 약 3배의 수량(5,000->14,205)을 생

산해야 합니다."

"이제야 안전 재고를 적절히 유지하며 정기적으로 정량의 수량을 생산하는 모델이 완성된 거네요."

"그렇죠? 신 대리, 이 결과도 멋지게 생산본부에 발표해 주세요."

"또 제가요?"

"그럼 누가해요? 호호호. 아까 제조 담당 본부장님이 주관하는 회의에 조 주임은 참석 안 했잖아요. 호호호."

이제는 분석 내용을 공표하고 설명하는 자리도 익숙해졌다. 다음 주로 미루려 하다가 말끔하게 끝내고 주말을 보내고 싶어 송훈영 본부장에게 다시 미팅을 주관해달라고 요청했다. 생산, 구매, 영업, 마케팅, 정보분석팀. 오전 회의에서 으르렁대던 담당 팀장들이 다 모였다. 나는 분석 결과를 나름 차분하게 설명했다. 송훈영 본부장이 먼저 말문을 열었다.

"장우진 팀장, 라 팀장 어때요? 내 생각에는 충분히 설득력 있는 분석인데?"

"음, 네. 바로는 힘들더라도 충분히 고려해볼 만한 분석이네요. 적용 시점을 잘 찾아서 반영해 보겠습니다."

말을 마친 장우진 생산기획팀장이 고개를 끄덕인다. 하지만 생산 2팀 라성민 팀장은 아직은 의심을 거두지 못한 상태인 듯하다.

"글쎄요. 일단 생산기획에서 적용 시점을 잡아 주시면 생산팀에서도 반영해 보도록 하겠습니다. 분석한 대로 비용이 실제로 10% 이상 절감할 수 있으면 좋겠네요."

"좋아요. 그럼 다음 생산 시점부터 적용해봅시다. 신 대리, 수고했어요."

"아닙니다. 이게 저희 팀 일인걸요. 하하."

직장 생활에서 내 설명이 누군가에 수용되고 활용된다는 것처럼 기쁜 일이 없다. 내가 함박웃음을 보이자 성 팀장이 나에게 엄지손가락을 살짝 펴 보였다.

몇 개월이 흘렀다. 어느 날, 사장님이 회사 전반의 비용 처리 내역을 보고 받으며 매우 흡족해했다는 후문이다.

“저, 김 전무님. 오늘 아침 기획팀 보고 자료 보니까 생산 비용이 꾸준히 줄고 있던데요. 재고도 다시 안정적인 흐름을 타는 것 같고. 뭐, 변화가 있었나요?”

“아, 네. 정보분석팀에서 진행한 생산 모형 분석이 서서히 효과를 보는 것 같습니다.”

“그렇군요. 정보분석팀의 효과군요. 허허허.”

사장님의 입꼬리가 올라간 모습이 보지 않아도 그려진다. 우리팀이 또 해냈다는 생각이 들어 마음이 뿌듯하다. 다만 이번 생산 모형 분석에 대해서는 아직 보상이 없다. 경험이 있어서 그런가? 꼭 보상을 바라는 건 아니지만, 은근히 기대하게 된다. 내가 점점 속물이 되어가는 것인가?

ABC 재고 관리 기법

7 선택하고 집중하라 1

ABC 재고 관리 기법은 재고 자산을 효과적으로 관리하는 가장 보편적인 방법이다. 재고 자산의 가치가 모두 같지 않기에 중요도에 따라 제품을 A, B, C로 나누어 군집별로 관리하는 방식이다. A 군집은 전체 가치의 80%를 차지하는 품목을 말한다. A 군집은 엄격하게 중점 관리한다. B 군집은 전체 가치의 15%를 차지하는 품목으로, 적정 수준으로 통제하고 관리를 한다. C 군집은 전체 가치의 5%를 차지하는 품목이다. C 군집은 관리를 간소화하여 비교적 통제하지 않는다.

"오늘은 불금인데, 두 분 퇴근하고 좋은 데 가시나? 호호호."

사실 직장 생활하면서 금요일만큼 설레는 날은 없다. 처음엔 급여일이 좋았는데, 9년 차쯤 되다 보니 이젠 익숙해졌다.

"뭐, 딱히 갈 곳이 없네요. 불러주는 곳도 없고."

"저도 특별한 약속은 없습니다."

건강한 청춘남녀가 금요일 저녁 할 일이 없다니. 나도, 조 주임도 불쌍한 인생이다.

"그럼 우리 오늘 회의 빨리 끝내고 삼겹살에 소주 한잔할까요? 호호호."

"그거 좋네요."

"조 주임, 당신은 이 불타는 금요일 누구라도 만나러 가야 하는 거 아니야? 뭘 그렇게 씩

씩하게 대답해!”

“아니, 그러는 신 대리님도 약속 없다면서요? 신 대리님 바쁘면 성 팀장님하고 둘이 조촐하게 한잔하죠. 뭐. 허허.”

“뭐? 나는 당연히 함께해야지. 하하하.”

업무 결과가 좋으니 팀 분위기도 한결 밝아지고 부드러워졌다. 처음 잠시 가졌던 성 팀장에 대한 오해나 반감 따위는 이제 없다. 이 좋은 분위기도 사실 다 그녀 덕이다.

“빠른 진행을 위해, 신 대리부터 이번 주 특이 사항 있으면 말씀해 주시죠?”

“다음 달에 재고 조사를 할 계획이라네요. 알고 계시죠?”

“그럼요. 알고 있죠. 조용한 석동욱 재무회계 팀장이 메일도 보내주셨더군요.”

“매번 느끼지만 덩치에 안 맞게 석 팀장님은 왜 그렇게 숫기가 없는 건지. 구체적인 요청사항이 뭔지 물어봤는데 그냥 허허 웃기만 해요. ‘메일 내용이 다야. 허허. 뭐 설명할 것도 없어.’ 이러면서 말이죠. 그래서 결국 회계팀 하미경 대리한테 물어봤다는 거 아니에요.”

“호호호. 수고했어요. 그래서 요청 내용이 구체적으로 무엇인가요?”

“분기별로 전수 재고 조사할 때 우선순위를 두고 싶대요. 중요하게 조사할 대상과 그렇지 않은 대상을 구분해서 재고 조사하겠다는 겁니다. 제품별 우선순위를 정해 선택과 집중을 하겠다는 거죠..”

“집중해서 조사할 품목을 선정하는데 참고할 만한 제품 우선순위를 지정해 달라고 요청한 거죠?.”

“네. 맞습니다.”

“호호호. 신 대리가 잘 정리해서 전달해 줄 거죠? 호호호.”

“하라면 하긴 하는데, 난 당연히 팀장님이 방법을 알려줄 거라 굳게 믿고 있었는데요?”

나는 성 팀장에게 은근슬쩍 우선순위 지정 방법을 물어보았다.

"호호호. 전에는 어떻게 진행했어요?"

"딱히 이런 구체적인 요청이 있었던 건 아니지만, 일전에 구매팀에서 제품의 우선순위 파악해 달라고 한 적이 있어요. 그냥 판매가 많이 되는 제품, 안되는 제품 나눠서 전달했죠."

"그럼 이번에도 그렇게 진행하면 되겠네요? 호호호."

"이번에도 그렇게 해요? 팀장님 체면이 있지!"

"완전 물귀신 작전이네. 호호호."

나도 엄연히 정보분석팀의 당당한 팀원이다. 누군가 내게 '당신 뭐 하는 사람입니까?' 물으면 자신 있게 말한다. 저는 데이터 분석하는 사람입니다. 그래서 재고 조사 품목 선정 작업도 누구나 수긍할 수 있는 근사한 내용을 전달하고 싶었다. 내가 잘 안다. 말은 저렇게 해도 분명 이번에도 성 팀장은 좋은 대안을 가지고 있을 것이다.

"재고 관리를 위해 품목을 선정하는 데는 정형화된 방식이나 분석 방법은 따로 없는 것 같아요. 그래도 가장 보편적인 ABC 재고 관리 방식을 많이 활용하기는 하죠."

"아, 그거요? A, B, C로 제품을 군집화해서 관리하는 방법 말이죠?"

내가 자신감 넘치게 대답했다.

"네, 맞아요. 그럼 뭐 딱히 설명이 필요 없겠네? 조 주임도 알고 있죠?"

"아, 얘기는 많이 들었는데……. 정확한 방법은 모릅니다."

"저도 얘기만 들었을 뿐 정확히 모르기는 마찬가지입니다!"

"그럼 복습하는 차원에서 설명해보죠. 호호호. 재미있는 얘기 하나 해줄까요?"

"오호. 정 팀장님과의 러브 스토리? 하하하."

언젠가 성지나 팀장이 이런 말을 한 적이 있다. '에고 우리 남편은 일만 잘해. 딱 데이터 분석만 잘해. 그 외는 할 줄 아는 게 없어. 호호호.' 남편 얘기를 꺼내자 성 팀장이 이번에도 말을 끊는다.

"신은주는 조용~!"

"넵. 알겠습니다."

"프랑스 파리에서 출생했지만 이탈리아 국적의 유명한 경제학자 빌프레도 파레토Vilfredo Pareto라는 분이 있습니다. 1800년대 후반에서 1900년대 초반에 활동하셨는데, 이분의 그 유명한 법칙이 파레토 법칙, 우리가 흔히 이야기 하는 8:2 법칙이죠. 전체 80%의 결과는 20%의 원인에서 발생한다는 이론인데 이탈리아 인구의 20%가 이탈리아 전체 부의 80%를 가지고 있다고 주장하면서 세상에 등장하게 됩니다. 참고로 이 법칙의 이름을 부여하고 증명한 분은 미국의 경제학자 조셉 M 주란J.M.Juran 교수이죠. 근데 느닷없이 ABC 재고 관리 분석에 관해 이야기한다면서 왜 이런 이야기를 하는지 의아해하실 겁니다. 8:2의 법칙은 지금까지도 그 아름다운 비율을 여러 학문과 실생활에서 증명해 보이며 굳건히 유지해 오고 있죠. 이 8:2 법칙을 재고 관리에 도입한 것이 바로 ABC 재고 관리 기법인 거죠."

"아, 맞다. 기억나는 것 같아요."

"그럼, 나머지 설명은 신 대리에게 부탁해도 되나? 호호호."

"왜 이러세요? 빨리 다음 설명을 해주시죠?"

"호호호. ABC 재고 관리는 재고 자산을 효과적으로 관리할 수 있도록 해주는 기법입니다. 기업이 보유한 재고 자산의 가치는 모두 같을 수 없죠. 각각의 품목을 가치 순으로 구분하여 중점 관리 하고자 하는 게 ABC 재고 관리의 목표이죠."

- A 군집 : 엄격한 관리가 필요한 중점 관리 대상. 전체 가치의 80%를 차지하는 품목
- B 군집 : 적정 수준의 관리가 필요한 통제 관리 대상. 전체 가치의 15%를 차지하는 품목
- C 군집 : 관리를 간소화하여 비교적 통제가 이루어지지 않는 대상. 전체 가치의 5%를 차지하는 품목

"그럼 ABC 품목을 어떤 방식으로 구분할 것이냐? 그건 다양한 방법이 있어요. 생산 비용이 많이 드는 거, 재고 금액이 높은 거, 혹은 판매 금액이 높은 것 등등이죠. 꼭 금액이 아니라 수량으로 해도 상관없습니다. 우린 재고 금액을 기준으로 분석해 보도록 하죠. 일단 아래 자료를 보시죠."

제품명	재고		비율
	수량	금액	
NOVA 세라마이드 워시 320ml	238	16.8	5.3%
NOVA 세라마이드 로션 120ml	104	4.9	1.5%
NOVA 세라마이드 크림 180g	168	9.8	3.1%
NOVA 세라마이드 젤 로션 150ml	208	18.9	5.9%
NOVA 수분가득 보습 로션 100ml	192	14.6	4.6%
NOVA 수분가득 보습 크림 120ml	490	33.0	10.4%
NOVA 물놀이 전용 선 크림 80g	168	11.9	3.7%
NOVA 완벽 차단 선 블록	832	64.9	20.4%
NOVA 피부보호 선 팩트 15g	144	24.3	7.6%
NOVA 부드럽게 발라지는 선 스틱 16g	210	17.2	5.4%
NOVA 자연담은 페이셜 폼(지성피부) 80g	288	40.0	12.6%
NOVA 자연담은 페이셜 폼(중성피부) 80g	221	30.7	9.7%
NOVA 자연담은 페이셜 폼(건성피부) 80g	224	31.1	9.8%
전체	3,487	318	100.0%

해당 제품의 재고 금액 / 전체 재고 금액

<표 03_23. 제품별 재고 금액과 전체 금액 대비 비율>

"〈표 03_23〉에서 비율은 전체 재고 금액 대비 해당 제품의 비중을 의미합니다. 예를 들어 'NOVA 세라마이드 워시 320ml'는 전체 재고 금액 대비 5.3%를 차지하고 있는 것이죠.

물론 기업마다 제품 종류는 이보다 훨씬 많다. 몇 가지 제품을 기준으로 분석한다는 점 이해해 주시기 바란다. 그래서 전체 재고 금액은 분석 대상에 국한된 금액이다. 제품별 비율이 구해지면 일단 비율을 기준으로 오름차순 정렬을 합니다. 그리고 누적 비율을 산출하는데, 누적 비율은 제품별 비율을 위에서부터 아래로 단계적으로 더하며 구해준 값이 됩니다. 다음처럼요."

누적 비율의 예)

NOVA 세라마이드 로션 120ml = NOVA 세라마이드 워시 320ml 비율 + NOVA 세라마이드 로션 120ml 비율

NOVA 세라마이드 크림 180g = NOVA 세라마이드 로션 120ml 비율 + NOVA 세라마이드 크림 180g 비율

제품의 비율 + 누적 비율

제품명	재고		비율	누적 비율
	수량	금액		
NOVA 완벽 차단 선 블록	832	64.9	20.4%	20.4%
NOVA 자연담은 페이셜 폼(지성피부) 80g	288	40.0	12.6%	33.0%
NOVA 수분가득 보습 크림 120ml	490	33.0	10.4%	43.4%
NOVA 자연담은 페이셜 폼(건성피부) 80g	224	31.1	9.8%	53.1%
NOVA 자연담은 페이셜 폼(중성피부) 80g	221	30.7	9.7%	62.8%
NOVA 피부보호 선 팩트 15g	144	24.3	7.6%	70.4%
NOVA 세라마이드 젤 로션 150ml	208	18.9	5.9%	76.4%
NOVA 부드럽게 발라지는 선 스틱 16g	210	17.2	5.4%	81.8%
NOVA 세라마이드 워시 320ml	238	16.8	5.3%	87.0%
NOVA 수분가득 보습 로션 100ml	192	14.6	4.6%	91.6%
NOVA 물놀이 전용 선 크림 80g	168	11.9	3.7%	95.4%
NOVA 세라마이드 크림 180g	168	9.8	3.1%	98.5%
NOVA 세라마이드 로션 120ml	104	4.9	1.5%	100.0%

<표 03_24. 제품별 누적 비율>

"누적 비율이 산출되었으니 군집을 분류하면 끝이죠. 기준은 앞서 설명해드린 전체 가치의 80%를 차지하는 제품을 A 군집으로 합니다. 〈표 03_25〉를 봐주세요."

제품명	재고		비율	누적 비율	군집
	수량	금액			
NOVA 완벽 차단 선 블록	832	64.9	20.4%	20.4%	A
NOVA 자연담은 페이셜 폼(지성피부) 80g	288	40.0	12.6%	33.0%	
NOVA 수분가득 보습 크림 120ml	490	33.0	10.4%	43.4%	
NOVA 자연담은 페이셜 폼(건성피부) 80g	224	31.1	9.8%	53.1%	
NOVA 자연담은 페이셜 폼(중성피부) 80g	221	30.7	9.7%	62.8%	
NOVA 피부보호 선 팩트 15g	144	24.3	7.6%	70.4%	
NOVA 세라마이드 젤 로션 150ml	208	18.9	5.9%	76.4%	
NOVA 부드럽게 발라지는 선 스틱 16g	210	17.2	5.4%	81.8%	B
NOVA 세라마이드 워시 320ml	238	16.8	5.3%	87.0%	
NOVA 수분가득 보습 로션 100ml	192	14.6	4.6%	91.6%	
NOVA 물놀이 전용 선 크림 80g	168	11.9	3.7%	95.4%	C
NOVA 세라마이드 크림 180g	168	9.8	3.1%	98.5%	
NOVA 세라마이드 로션 120ml	104	4.9	1.5%	100.0%	

<표 03_25. 제품별 ABC 군집>

"누적 비율을 구하는 방법만 익히면 쉽게 분류가 가능하군요."

"그래요. ABC 재고 관리 기법을 수행하는 목적은 중점 관리 품목을 선별하고 재고 자산을 효과적으로 관리하고 운영하기 위해서죠."

군집	생산(발주) 주기	생산(발주) 방법	공급처	재고 관리
A	2주 이내	정기 생산(발주)	다수의 공급처	매 입고시 마다
B	20일~40일	정기, 정량 생산(발주)	복수의 공급처	월 1회
C	분기 이상	정량 생산(발주)	1개의 공급처	비 정기 불시 점검

<표 03_26. ABC 재고 관리 기법>

회계팀에서 재고 실사를 진행한 며칠 뒤 하미경 대리를 찾아갔다.

"하 대리 어때? 재고 실사는 잘 마무리됐나?"

"응. 덕분에 잘 끝났어. 연말 전수조사라 걱정이 많았거든. 근데 한결 수월했어. 보통 밤새워 하루 꼬박 조사했는데 이번에는 저녁 11시에 끝났다니까! 지금 한창 실사 보고서 작성 중이야."

"잘됐네. 근데 우리 팀에서 전달한 자료가 진짜 도움이 된 거야? 어떻게 활용했다는 거야?"

"당연하지! 자료를 전달받고 재고 실사에 적용할 대상 품목에 대한 회의를 팀 내부에서 진행했지."

사람이 좋은 건지 답답한 건지 구분할 수 없는 석 팀장의 과감한 결단으로 A 군집 품목을 대상으로 빠르게 진행했다고 했다.

"다행이네. 하대리, 나 간다."

"아, 맞다. 석 팀장님이 고맙다고 전해달랬어."

"아니, 그런 건 직접 얘기하시면 안 되나?"

"그러게 말이다. 조만간 저녁 한번 하자고 하시던데. 곧 또 보자고."

효율성 분석

결국 효율성이 답이다

제1강 생산성 분석 방법 어차피 고객은 제품으로 판단한다

제2강 노동 생산성과 비용 생산성 분석 뿌린 대로 거두리라

제3강 생산 효율성 분석 생산은 잘 되고 있습니까?

제4강 설비 생산성 분석 기계는 얼마나 일을 잘할까?

제5강 제품 효율성 분석 퇴출시켜야 할 제품을 찾아라

제6강 제품 구성의 효율화 선택하고 집중하라 2

생산성 분석 방법

1 어차피 고객은 제품으로 판단한다

생산성 분석이란 기업의 생산 능력을 수치화하는 것이다. 제품의 '효율적인' 생산을 유도하기 위해 꼭 수행해야 하는 작업이다. '효율'이란 용어가 등장하면 투입과 산출에 의해 분석이 이루어진다는 것을 뜻한다. 일반적으로 생산성 분석은 3가지 줄기로 나뉜다. 노동 생산성, 비용 생산성 그리고 설비 생산성이 그것이다.

새해가 밝았다. 수요를 예측하고 이를 바탕으로 안전 재고와 생산 수량을 결정하는 모형을 분석한 이후 우리 팀은 정말 정신없이 한 해를 보냈다. 누구의 말처럼 바쁘니 슬퍼할 겨를도 없었다.*

새해에도 지난해 지치도록 했던 그 일을 반복적으로 한다. 수요를 예측하고 안전 재고를 산출하며 생산 수량을 결정하고 있다. 그나마 한 번 했던 일이라 한결 수월하다.

하지만 지쳐서일까? 일이 많다고 생각돼서일까? 평상시 업무를 제외하고는 성 팀장은 예

*영국의 시인이자 화가인 윌리엄 블레이크(William Blake, 1757~1827)의 시구절 '부지런한 꿀벌은 슬퍼할 시간도 없다.'고를 변용했다.

전 같지 않게 특별한 주문이나 지시를 하지 않는다. 그녀와 2년 가까이 함께했다. 성 팀장과 난 이제 누가 봐도 친자매처럼 가깝다. 퇴근 후 조용한 선술집에서 술을 마시는 일도 어느새 자연스러운 일과가 되었다.

“올 한 해도 건강하게! 그리고 숨어있는 신은주의 남자친구를 위해, 조촐하게 건배~. 호호호.”

“뭔 소리야! 남자친구 말고 언니가 나랑 사귀자. 하하.”

“신은주 님 다시 말씀드리지만 저는 이성을 좋아합니다. 호호호.”

술기운이 조금 올라오자. 내가 또 성 팀장의 옛날얘기를 꺼냈다.

“형부는 잘 있나? 요즘은 통 안 오시네?”

“그 인간 얘기를 갑자기 왜 또!”

“궁금해서 그러지롱~. 하하. 근데 누가 먼저 대시한 거예요?”

“시끄럽습니다. 신은주 님. 조용히 술이나 마시지요. 호호호.”

“그러지 말고 빨리 얘기 좀 해봐. 맨날 나중에, 나중에……. 도대체 그 나중이 언제냐고요?”

내가 심술이 난 표정으로 술을 벌컥 들이마셨다. 남의 사랑 이야기, 그것도 오래전 연애 이야기가 뭐 그리 궁금한지 나도 참 집요하다는 생각이 든다. 데이터 분석하는 사람 둘이 만나면 연애도 분석하며 하나? 나도 데이터 분석하는 사람 만나면 어떨까, 뭐 이런 생각이 잠깐 든 건 사실이다.

“오늘은 그만~. 호호호. 내일 아침에 차동철 본부장하고 미팅 있어. 신 대리도 참석해야 하니까 오늘은 이만하고 일찍 들어갑시다. 뭐 일찍도 아니야. 벌써 10시가 넘었어.”

술도 아쉽고, 그녀의 사랑 이야기는 더 아쉽지만, 내일을 위해 조촐한 술자리를 마무리했다. 그나저나 차동철 그 인간이 왜 우리 팀과 회의하자고 하는 것일까?

차동철 본부장. ‘느물느물’의 대표 주자로 소문이 났다. 외주임가공관리를 총괄하고 있다.

그가 회의실에 먼저 와 앉아 있다. 생산관리 장우진 팀장도 함께 참석했다. 얼마 전 생산관리팀장이 퇴사해서 생산기획팀 장우진 팀장이 겸직하고 있다. 우리는 조석두 주임까지 모두 참석했다.

"오~. 정보분석팀~. 좋아. 역시 정보분석팀 손을 거치면 뭐든 확실해."

뭐가 확실하다는 건지 모르겠다. 우리는 특별한 대꾸 없이 옅은 미소를 보이고 자리에 앉았다.

"본부장님, 어떤 일로 미팅을 요청하셨는지요?"

자리에 앉자마자 성 팀장이 바로 물었다.

"음, 그래요. 성 팀장. 요즘은 정보분석팀에선 뭘 분석하고 있나? 우리 본부와 관련된 거 있으면 알려줘. 같이 도와주면 좋잖아?"

차동철 본부장이 입꼬리를 살짝 올리며 친한 척 말한다. 여전히 능글맞다.

"네. 그럴게요. 하지만 지금은 새롭게 분석하는 게 없습니다. 다행히 지난번 생산 관련 분석 내용을 적극적으로 시행해 주셔서 감사하게 생각하고 있습니다. 호호호."

"그거야 당연히 해야 할 일인데 뭘. 다 회사를 위한 일이니까. 껄껄껄."

"잠시 후에 회계팀과 미팅이 잡혀 있거든요. 시간이 많지 않아서 바로 회의 내용을 알려주셨으면 해요. 호호호."

성 팀장도 그의 태도에 불편함을 느끼는 것 같다.

"아, 그래요? 진작 말씀해주시지. 여기 장 팀장이 설명해줄 겁니다. 잘 듣고 많이 좀 도와주세요. 자, 그럼 난 먼저 일어날게요."

차동철 본부장이 회의실을 나갔다. 다행이다. 그가 나가서 다행이고, 장우진 팀장과 미팅할 수 있어서 다행이다. 그는 말이 통한다. 차동철 본부장과 딴판이다. 그는 핵심을 말한다. 게다가 진솔하고 예의가 바르다. 장 팀장이 바로 본론을 말했다.

"네. 올해 외주 업체 계약 때문에 도움을 요청하고자 합니다."

외주 업체를 계약하는데 정보분석팀이 뭘 도와줘야 하는 걸까?

"해도 바뀌고, 지난번 생산 시기와 수량을 조정한 것도 있고 해서 외주 업체에서 임가공비 인상을 요구했습니다. 매년 조금씩 인상했으니까 새삼스러울 건 없지만, 이번에는 요구한 인상 폭이 꽤 큽니다. 7%를 요구하고 있습니다."

"그러면 새로운 업체와 계약하면 좋지 않을까요? 요즘 같은 때 서로 하겠다고 할 것 같은데요?"

내가 물었다. 타부서 일에 간섭하는 소리로 들릴법했으련만 장 팀장은 그렇지 않은 모양이다.

"저희도 새로운 생산처를 찾아보고 있긴 한데요, 그게 그렇게 간단한 문제는 아닙니다. 기존 업체만큼 우리 제품의 생산 노하우를 갖춘 업체를 찾는 게 쉽지 않습니다. 지금 업체는 우리와 오래 호흡을 맞춰온 장점도 있거든요."

"아, 그래요? 제가 조금 성급했네요."

"아닙니다. 괜찮습니다. 결론을 말씀드리면 임가공 업체에서 요구한 인상 폭이 크다, 적다, 말하려면 무슨 근거가 있어야 할 것 같아서요. 그래서 생산 관리에 관련한 분석을 좀 부탁드리려고 합니다. 너무 막연한데, 솔직히 우리가 생산일지 작성하는 거 말고는 딱히 분석에 대해 지식이 없습니다. 부탁드려도 되겠습니까?"

여기까지 듣고 성 팀장이 환하게 웃으며 대답했다.

"그럼요! 저희 팀은 분석하라고 있는 부서인데요. 조금 시간을 주시면 내부적으로 고민을 해보고 추후 말씀드리겠습니다."

"네. 감사합니다."

장우진 팀장이 먼저 자리에서 일어났다. 그가 회의실을 나가자마자 내가 물었다.

"팀장님, 우리 회계팀과 미팅 있어요?"

"아니야. 나 혼자 잠깐 다녀오면 돼. 알잖아?"

이렇게 말하며 성지나 팀장이 눈을 찡긋했다.

"그렇죠? 그런 거 같았어요."

나도 무슨 뜻인지 알겠다는 듯 맞장구치며 대답했다. 성 팀장도 차동철 본부장의 능글맞은 잡담을 피하고 싶었던 것이다.

"나 회계팀 갔다 올 테니까 5번 회의실에서 좀 쉬고 있어요."

10분쯤 지났을까? 성지나 팀장이 회의실로 돌아왔다. 곧 회의가 시작됐다. 제대로 된 데이터 관련 미팅은 새해 들어 처음이다.

"팀장님, 생산관리팀장이 요청한 거 하는 거 맞죠?"

"맞아요. 호호호. 그리고 회계팀에서 조만간 회식 같이하자고 하네요. 신 대리가 한번 시간 맞춰보세요. 자, 그럼 시작합시다. 으음, 이번엔 생산 관리를 위한 데이터 분석을 해볼까 합니다. 고객과 접점에서 만나는 것은 결국 제품이죠? 유형이든 무형이든 고객과 직접적으로 연결되는 가치는 제품입니다. 아무리 좋은 식자재와 훌륭한 주방장을 보유하고 있어도 맛이 없으면 식당은 지속적인 영업을 할 수 없어요. 다른 제품도 마찬가지예요. 그래서 고객과 만나는 최종 결과물인 제품을 생산하는 과정에 대한 분석이 필요한 거죠. 아래 〈그림 04_01〉 좀 봐주세요."

<그림 04_01. 생산의 핵심 자원 – 4M>

"생산은 원자재, 노동력, 자본, 기술 그리고 노하우 등 기업이 보유한 능력을 총동원하여 고객이 만족할 수 있는 제품 혹은 서비스를 창출해 내는 일련의 과정을 의미합니다. 투입된 핵심 자원(4M)을 효과적으로 운영하여 원가를 낮추고 품질은 높이며 고객이 원하는 시간과 장소에 정확히 납품되도록 관리해야죠. 물론 고객의 마음은 어제가 다르고 오늘이 다른 만큼 유연하게 대처할 수 있는 생산 능력도 필수 조건입니다. 그리고 그 시작은 주어진 능력에서 효율적인 생산을 유도해 내는 것이죠."

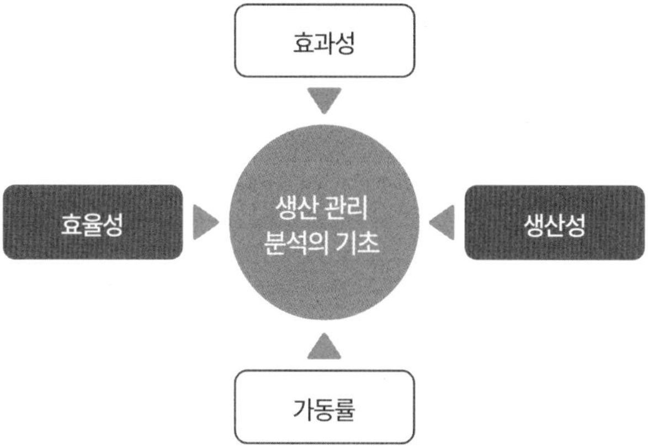

<그림 04_02. 생산 관리 분석의 기초>

"효율적인 생산을 위해서는 생산성을 높여야 합니다. 그러니까,

- 작업 목적이 정확히 정립되어 있는가?
- 표준 작업 방법이 명시되어 있는가?
- 작업 속도가 일정하게 유지되는가?

이러한 기본적인 질문에 정확한 수치로 대답하는 게 생산성 분석이죠. 생산성 분석은 부족한 결과에 대해서 대책을 세우고 수정하기 위한 첫 번째 관문이며 우리의 생산 능력을 수치화하는 것을 의미합니다. 생산성을 높인다는 건 효율적인 생산을 유도하는 것이죠. ‘효율’이란 용어가 등장 하면 투입과 산출에 의해 분석이 이루어진다는 의미입니다. 식으로 표현하면 다음과 같아요.”

$$생산성 = \frac{산출}{투입}$$

“일반적으로 생산성 분석은 3가지 줄기로 나뉩니다. 노동 생산성, 비용 생산성 그리고 설비 생산성이 그것이죠. 이러한 구분은 투입에 따라 나누어지는 것으로 공수, 수율, 설비효율의 기준으로 정해집니다. 생산 과정의 산출은 명확하죠. 몇 개를 생산했는가를 확인하는 수량적인 판단과 금액적으로 얼마나 생산했는가를 판단하는 비용적인 측면으로 정할 수 있습니다.”

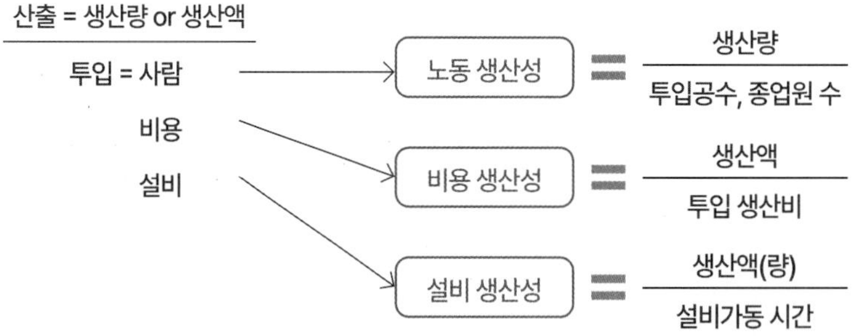

<그림 04_03. 생산성 분석 3가지>

"위 그림에서 보는 것처럼 생산성 분석 방법은 매우 간단합니다. 그러나 의외로 이러한 기초적인 생산성 분석을 간과하는 기업이 많죠?"

설명이 더 길어지기 전에 내가 궁금한 점을 질문했다.

"근데, 팀장님. 우리처럼 임가공 업체를 통해서 생산하는 기업도 생산성 분석이 굳이 필요할까요? 어차피 생산의 효율은 임가공 업체의 몫인데 말이죠?"

"그래서 더 중요하다고 생각해요. 우리가 지불하는 금액이 적정한 수준인지 알 수 있으니까요. 좀 더 깊이 들어가면 매일매일 생산성을 확인하며 조건이 더 나은 임가공 업체를 찾을 수도 있고요."

노동 생산성과 비용 생산성 분석

2 뿌린 대로 거두리라

노동 생산성은 특정한 기간 제조 과정에 투입된 노동력시간 또는 인력수를 기준으로 생산 대수의 비율을 산출하는 것이다. 그리고 비용 생산성은 생산을 위해 투입된 금액 대비 생산된 제품의 비용을 근거로 분석한다. 즉, 전자는 노동의 투입량을 기준으로 하며, 후자는 자본의 투입량을 기준으로 한다.

"모든 일은 사람이 하는 것이니 가볍게 노동 생산성부터 분석해보죠. 노동 생산성은 특정한 기간 제조 과정에 투입된 노동력시간 또는 인력수를 기준으로 생산 대수의 비율을 산출하는 방식입니다. 이는 오로지 노동력 관점에서 결과를 확인하는 것이죠. 노동 생산성의 분석은 단순한 수식으로 산출이 가능하다는 이점을 가지고 있지만 주변 요인으로 기술적 요인, 가격 수준 등을 반영하지 않는 단점도 가지고 있어요. 그러나 노동 생산성의 산출은 우리 기업이 가진 능력을 가장 손쉽게 파악할 수 있는 매우 유용한 분석 기법입니다. 조 주임이 자료를 준비해 왔죠?"

"네. 생산관리팀에서 전달받은 기초화장품 임가공 업체의 간략한 현황입니다."

"고마워요. 다음 표가 조 주임이 정리한 지난 한 주간의 기초화장품 임가공 업체의 작업자 인원수와 생산량입니다."

	3개월 평균	월	화	수	목	금
작업 인원(명)	9.6	10.0	10.0	8.0	10.0	9.0
완제품(Box)	708.0	700.0	720.0	670.0	710.0	690.0
불량(Box)	10.4	10.0	30.0	10.0	5.0	12.0

<표 04_01. 기초화장품 임가공 업체의 작업자 인원수와 생산량>

"불량률이 가장 간단하게는 계산되겠네요. 수식과 결과는 다음과 같아요."

$$\text{불량률} = \frac{\text{불량}}{\text{완제품} + \text{불량}}$$

	3개월 평균	월	화	수	목	금
작업 인원(명)	9.6	10.0	10.0	8.0	10.0	9.0
완제품(Box)	708.0	700.0	720.0	670.0	710.0	690.0
불량(Box)	10.4	10.0	30.0	10.0	5.0	12.0
불량률	1.4%	1.4%	4.0%	1.5%	0.7%	1.7%

불량 / (완제품 + 불량)

동일하게 산출

<표 04_02. 기초화장품 임가공 업체의 일자별 불량률>

"불량률에 대해서는 특별히 말씀드릴 게 없어요. 다만 완제품에는 불량이 없죠? 그러니까 불량률은 완제품과 불량을 포함한 전체 생산 개수에서 비율이 나와야 한다는 점만 유의하세요. 다음은 우리의 원래 목적인 인원 대비 노동 생산성을 분석해보죠. 핵심은 투입 인원 대비 생산량입니다. 이때의 생산량은 활용이 가능한 생산 대수를 의미하므로 완제품의 개수만 반영해야 하고요. 다음처럼요."

$$\text{노동 생산성} = \frac{\text{완제품}}{\text{작업 인원}}$$

	3개월 평균	월	화	수	목	금
작업 인원(명)	9.6	10.0	10.0	8.0	10.0	9.0
완제품(Box)	708.0	700.0	720.0	670.0	710.0	690.0
불량(Box)	10.4	10.0	30.0	10.0	5.0	12.0
불량률	1.4%	1.4%	4.0%	1.5%	0.7%	1.7%
노동 생산성(인당)	74	70	72	84	71	77

완제품 / 작업 인원

동일하게 산출

<표 04_03. 기초화장품 임가공 업체의 인당 노동 생산성>

"위 표를 보면 기초화장품은 최근 3개월 동안 1인당 74Box를 생산하네요. 마지막으로 3개월 평균 대비 일별 노동 생산성이 어느 정도인지 아래와 같이 파악합니다."

$$\text{3개월 평균 대비 일자별 노동 생산성} = \frac{\text{일자별 노동 생산성}}{\text{3개월 평균 노동 생산성}}$$

	3개월 평균	월	화	수	목	금
작업 인원(명)	9.6	10.0	10.0	8.0	10.0	9.0
완제품(Box)	708.0	700.0	720.0	670.0	710.0	690.0
불량(Box)	10.4	10.0	30.0	10.0	5.0	12.0
불량률	1.4%	1.4%	4.0%	1.5%	0.7%	1.7%
노동 생산성(인당)	74	70	72	84	71	77
평균대비	100.0%	94.9%	97.6%	113.6%	96.3%	104.0%

일별 노동 생산성 / 평균 노동 생산성(고정)

동일하게 산출

<표 04_04. 기초화장품 임가공 업체의 평균 대비 인당 노동 생산성 비율>

"평균 대비 일별 노동 생산성 비율은 기준이 된 3개월 평균 노동 생산성이 100%의 생산성을 보인다고 가정할 때, 회사의 평균적인 생산 능력을 나타낸다고 볼 수 있죠. 일자별로 얼마나 생산성을 보였는지 확인하는 지표입니다. 월요일엔 70개를 생산하여 95%의 생산성을 보였지만 수요일엔 약 84개를 생산하여 114%의 생산성을 보인다고 판단할 수 있는 것입니다. 참고로 노동 생산성의 산출은 일별 계산도 가능하지만 시간별, 주별, 월별, 분기별, 연도별로 폭넓게 산출이 가능하답니다."

"팀장님, 이거 너무 간단한데요? 이렇게 쉬운 걸 안 할 이유가 없죠?"

조 주임이 산출된 결과를 보고 밝은 표정으로 한마디 했다.

"간단할수록 간과하기 쉽죠. 호호호. 이어서 비용 생산성도 분석해 보도록 합시다. 방법은 비슷해요. 노동 생산성이 일정 기간의 노동력 대비 생산 결과를 분석하는 것이었다면, 비용 생산성은 생산을 위해 투입된 금액 대비 생산된 제품의 비용을 근거로 분석하는 것입니다. 즉, 전자는 노동의 투입량을 기준으로 하며, 후자는 자본의 투입량을 기준으로 하는 것이죠. 만약 판매단가가 10,000원인 제품을 생산하기 위해 11,000원이 들었다면 마진은커녕 엄청난 손실을 보며 장사를 하는 셈이 되는 거죠. 조 주임, 기초화장품의 생산 비용 정리했죠?"

"네, 기초화장품의 개당 비용은 다음과 같습니다."

KRW

단가	개당 생산 비용		
	원자재 구매	임가공비	물류비용
4,880.0	839.3	1,159.0	794.3

<표 04_05. 기초화장품 임가공 업체의 개당 생산 비용>

"깔끔하게 정리해주어 고마워요. 호호호. 조 주임이 정리한 내용을 바탕으로 다음의 공식

을 적용하여 각각의 일별 비용을 산출해 냅니다. 다만 물류비용은 생산과 직접적인 관련성이 없으므로 생산성 분석에서는 제외합니다. 결과는 다음과 같아요."

일별 원자재 투입비 = (완제품 + 불량) X 원자재 비용

일별 임가공 투입비 = (완제품 + 불량) X 임가공비

일별 생산 비용 = 완제품 X 단가

일별 생산 대수								KRW		
BOX	3개월 평균	월	화	수	목	금	단가	개당 생산 비용		
완제품	708.0	700.0	720.0	670.0	710.0	690.0		원자재 구매	임가공비	물류비용
불량	10.4	10.0	30.0	10.0	5.0	12.0	4,880.0	839.3	1,159.0	794.3

일별 생산 투입 비용 (KRW)						
원자재 투입비	602,939	595,889	629,460	570,710	600,085	589,175
임가공 투입비	832,597	822,862	869,220	788,093	828,656	813,590

(완제품 + 불량) X 원자재 비용

(완제품 + 불량) X 임가공 비용

동일하게 산출

일별 생산 대수								KRW		
BOX	3개월 평균	월	화	수	목	금	단가	개당 생산 비용		
완제품	708.0	700.0	720.0	670.0	710.0	690.0		원자재 구매	임가공비	물류비용
불량	10.4	10.0	30.0	10.0	5.0	12.0	4,880.0	839.3	1,159.0	794.3

일별 생산 투입 비용 (KRW)						
일별 생산비용	3,455,040	3,416,000	3,513,600	3,269,600	3,464,800	3,367,200

완제품 X 단가

동일하게 산출

<표 04_06. 기초화장품 임가공 업체의 일별 투입 비용과 생산 비용>

"일별 투입 비용을 산출할 때 핵심은 원자재와 임가공 투입비의 경우 불량까지도 포함한다는 점이죠. 불량도 원자재와 인원이 투입된 결과이기 때문이죠. 하지만 일별 생산의 경우는 불량은 활용할 수 없는 제품이므로 제외합니다. 이 점만 유념해 주세요. 여기까지 산출하면 비용 생산성은 간단하게 분석할 수 있죠."

$$\text{비용 생산성} = \frac{\text{일별 생산 비용}}{\text{일별 자재 투입비} + \text{일별 임가공 투입비}}$$

일별 생산 비용 / (원자재 투입비 + 임가공 투입비)

일별 생산 투입 비용 (KRW)						
	3개월 평균	월	화	수	목	금
원자재 투입비	602,939	595,889	629,460	570,710	600,085	589,175
임가공 투입비	832,597	822,862	869,220	788,093	828,656	813,590
일별 생산비용	3,455,040	3,416,000	3,513,600	3,269,600	3,464,800	3,367,200
비용 생산성	240.7%	240.8%	234.4%	240.6%	242.5%	240.0%

3개월 평균 비용 생산성 / 일별 비용 생산성

<표 04_07. 기초화장품 임가공 업체의 비용 생산성과 평균 대비 비율>

"오호. 팀장님, 이 역시 간단하게 분석할 수 있네요. 기초적인 비용만 잘 정리되면 큰 문제 없겠어요."

"이미 생산관리팀에서 생산성 분석을 수행하고 있을지 모르죠. 다만 단순히 생산성 분석으로 끝내는 것이 아니라 기준을 잡고, 해당 평균값 대비 비율을 분석함으로써 어느 정도의 생산성을 보이는지 함께 확인한다면 더 효과적이겠죠. 마지막으로 노동 생산성과 비용 생산성을 비교해 보도록 하죠."

	3개월 평균	월	화	수	목	금
노동 생산성(인당)						
생산성	74	70	72	84	71	77
평균 대비	100.0%	94.9%	97.6%	113.6%	96.3%	104.0%
비용 생산성(KRW)						
생산성	240.7%	240.8%	234.4%	240.6%	242.5%	240.0%
평균 대비	100.0%	100.0%	102.7%	100.0%	99.2%	100.3%

<표 04_07. 기초화장품 임가공 업체의 노동 생산성과 비용 생산성>

"신 대리, 특이한 점이 보이나요?"

성지나 팀장이 갑자기 질문을 던졌다. 매번 느끼지만 성 팀장은 분석 도중 우리에게 질문하는 습관이 있다.

"음……. 노동 생산성과 비용 생산성은 서로 다른 결과를 보이네요. 예를 들어 노동 생산성이 가장 떨어지는 월요일의 경우 비용 생산성은 크게 나쁘지 않네요. 하지만 비용 생산성이 가장 좋은 화요일의 경우는 노동 생산성이 평균보다 못하네요."

"정확하게 짚었어요. 호호호. 노동 생산성과 비용 생산성 분석 결과를 확인해보면 확연히 그 결과가 상이하다는 것을 알 수 있죠. 그러니 생산성 분석은 한 방향으로만 진행해서는 안 되겠죠. 노동력 측면과 비용 측면을 모두 검증하는 것이 좋습니다."

노동 생산성과 비용 생산성 분석 자료를 정리해 외주임가공관리본부와 제조생산본부에 함께 공유했다. 내가 임의로 두 본부에 공유한 건 아니다. 성지나 팀장이 두 부서가 협업하는 관계이므로 함께 공유해주는 게 맞는 것 같다며, 그렇게 하라고 했다. 내가 생각해도 성 팀장 지시가 합리적이었다.

"아, 감사합니다. 검토해 보고 말씀드리겠습니다."

그날 오후 장우진 팀장이 간단하게 답신을 보내왔다. 송훈영 제조생산본부장에게서도 연락이 왔다. 외주임가공관리본부와 제조생산본부가 함께 있는 자리에서 생산성 관련 공유 내용을 설명해달라는 것이었다.

"설명회는 내일 오후 2시에 제조생산본부 회의실에서 하기로 했어요. 그리고, 발표는 이번에도 신 대리가 해주세요. 호호호."

"왜 또 저예요?"

"잘하잖아. 내용도 정확히 파악하고 있고. 그럼 됐지, 뭐. 다른 이유가 더 필요해요?"

생산 효율성 분석

3 생산은 잘 되고 있습니까?

생산 효율성 분석이란 주어진 능력치 내에서 얼마나 성과를 거두었는지 확인하는 작업이다. 효율성을 분석하기 위해서는 반드시 투입이 있어야 하고 그에 따른 결과산출이 존재해야 한다. 반대로 투입은 고려하지 않고 산출만 고려하여 성과를 판단하고자 한다면 그건 효과성 분석이 된다. 효율적이라는 말은 과정이 좋다는 것을 의미한다. 반대로 효과적이라는 말은 결과가 좋다는 뜻이다. 효과적이지만 비효율적인 경영을 개선하기 위해선 효율성 분석이 꼭 이루어져야 한다.

"다 모였나요? 지난번 정보분석팀에서 제안한 생산 수량과 시기를 결정하는 모형, 잘 시행 되고 있죠? 오늘은 생산 관리와 관련하여 생산성 분석에 관해 설명해줄 겁니다. 잘 듣고 우리 환경에 맞게 응용해서 사용해 보도록 합시다."

생산본부장이 오늘 내가 설명할 부분을 간략하게 소개했다. 외주임가공본부와 제조생산본부에서 많이 참석했다. 예상한 대로 차동철 본부장은 참석하지 않았다.

"본부장님 생산성 분석은 지금도 꾸준히 해오고 있는데, 좀 더 특별한 것인가요?"

라성민 생산 1팀장이 이번에도 뭘 또 그렇게 귀찮게 하냐는 말투로 물었다.

"아니요. 우리가 해오던 것과 크게 다르지는 않습니다. 다만, 비용 생산성 분석은 현재 방식과 조금 다릅니다. 그리고 무엇보다 분석 시점의 생산성이 어느 정도 수준인지 파악할 수 있는 기준을 제공한다는 점에서 의미가 있다고 생각합니다."

나는 생산성 분석 내용을 차분하게 설명했다. 이런저런 질문이 나와 그에 관해서도 보충 설명을 했다. 우리 팀 세션이 마무리될 즈음 장우진 생산관리팀장이 질문을 던졌다.

"설명 잘 들었습니다. 지금 해오던 방식을 조금 수정하면 많은 도움이 될 것 같습니다. 현재 우리 팀에서 좀 더 진화된 관리 방식을 도입하고자 여러 가지 분석 방법을 공부하고 있습니다. 컨설팅도 받을 계획이고요. 그래서 질문을 드리는데, 생산성 관리는 결과에 대한 검증 도구로는 활용 가치가 충분한데 생산의 능력치를 판단하는 지표로는 조금 부족하지 않나 생각하거든요. 혹시 생산이 효율적으로 진행되고 있는지를 판단할 방법은 없는지요? 지난번 회의에서도 말씀드렸지만 임가공 계약 건과도 연결되어야 합니다."

확실히 장우진 팀장은 다르다. 자세가 차분하고 질문 수준도 높다.

"호호호. 안녕하세요. 정보분석팀 성지나입니다. 팀장님이 질문하신 부분은 좀 더 설명을 들어봐야 알겠지만 충분히 가능할 것으로 판단합니다. 추후 실무자 미팅을 통해 요구 사항을 정확히 파악한 뒤 적극적으로 고민해보겠습니다."

"네. 좀 부탁드립니다. 우리 팀에서도 적극적으로 도와드리겠습니다."

때마침 성 팀장이 잘 나서 주었다. 난 질문 자체를 이해 못 했는데 그녀가 가능할 것으로 판단했다고 하니 대안이 있을 것이다.

다음 날 아침, 업무 시작과 동시에 각자 커피를 들고 회의실에 모였다. 성 팀장이 가장 자신이 있고 좋아한다는 결과와 과정에 대한 접근, 즉 효율성에 대한 분석을 시작하게 되었다.

"오늘 깔끔하게 마무리하고 즐거운 주말 보내자고요. 호호호."

"아, 오늘 또 새로운 분석 방법을 배우는 건가요?"

나는 걱정이 앞서는데 조 주임은 기대감에 충만한 표정이다.

"어제 생산 관련 부서 미팅에서 마음씨 좋은 우리 팀장님이 생산관리팀장의 요청 사항을 아주 흔쾌히 받아 준 덕분이지."

일부러 삐딱하게 말했지만, 사실은 나도 궁금하긴 하다.

"그럼, 거부하나? 호호호. 어차피 해야 하는 일이니 즐거운 마음으로 합시다. 바로 소개할게요. 2주 전 우리가 노동 생산성을 분석했을 때 기초화장품의 경우 임가공 업체에서 3개월 평균으로 인당 하루에 약 74개 정도를 생산하는 걸 확인했습니다. 그런데 만약 해당 외주 공장에서 일평균 1인당 80개를 생산할 수 있는 능력이 있음에도 74개만 생산하고 있다면 어떻게 될까요? 실질적인 생산 효율성이 매우 떨어진다고 볼 수 있겠죠? 이처럼 주어진 능력치 내에서 얼마만큼의 성과를 거두었는지 확인하는 것이 바로 생산 효율성 분석입니다."

"팀장님이 제일 좋아한다는 효율성 분석이네요?"

조 주임은 이제야 효율성 분석을 하는 것이냐는 표정으로 기대감을 드러냈다.

"맞아요. 호호호. 일단 효율성의 의미를 정확히 알 필요가 있습니다. 효율성을 분석하기 위해서는 반드시 투입과 산출이 있어야 합니다. 만약 투입은 크게 신경 쓰지 않고 산출만을 고려하여 성과를 판단하고자 한다면 이것은 효율성이 아닌 결과효과일 뿐입니다. 효율성은 반드시 투입이 있어야 하고 그에 따른 결과산출이 존재해야 합니다. 가끔 우리는 이렇게 말하곤 합니다. '야 이 거 굉장히 효과적인데.' 또는 '이거 매우 효율적이야.' 일상생활에서 사용하는 효과와 효율의 차이점은 무엇일까요? 결론부터 말하자면 효과적이라는 것은 결과가 좋다는 의미이고, 효율적이라는 것은 과정이 좋다는 것을 의미합니다."

"결과가 아닌 과정을 분석한다? 왠지 근사한데요? 근데 팀장님은 효율성을 왜 그렇게 강조하세요? 기업들은 대부분 성과를 중요시하는데 말이죠."

조 주임은 성지나 팀장이 강조하는 효율성이 새롭게 느껴진 모양이다.

"내가 효율성을 그렇게 강조했나요? 호호호. 으음, 사실 전 성과지상주의의 폐해를 지적하고 싶어요. 기업은 목표를 설정하고 그 목표를 달성하기 위해 모든 역량과 자원을 활용 가능 범위 내에서 투입합니다. 그래서 그 목표한 바를 달성하였다면 그 기업은 분명 효과적인 기업경영을 했다고 평가할 수 있겠죠. 그런데 그 과정에서 모든 투입 요소가 목표 달성을 위한 동기를 부여받지 못하고 불만족스러운 부분을 느꼈다면 이는 기업 경영이 효율적이라고 판단할 수 없죠. 즉 효과적인이긴 했지만 비효율적인 경영이 이루어진 것입니다. 제가 효율성에 대해 강조하고 반복해서 언급하는 이유는 목표 달성을 위한 효과적인 운영도 중요하지만, 구성원의 동기부여와 만족스러운 역할 수행도 중요하다는 것을 이야기하고자 함이에요. 권불십년權不十年이라는 사자성어가 있습니다. 권력은 십 년을 넘지 못한다는 한자 성어죠. 어쩌면 이 말은 우리네 기업에서 더 유념해야 하는 단어예요. 어느 기업이 지금은 안정적이고 효과적일지 모르나 그 안에 구성된 모든 부분이 유기적으로 돌아가지 못하고 있다면 그것이야말로 진정한 권불십년이 아닐까 싶습니다."

"성과를 거두는 것만큼 그 과정도 중요하다, 이 말씀이죠?"

내가 성 팀장에게 들었던 멘트를 말했다.

"딩동댕~. 역시 신 대리! 호호호. 이야기가 잠시 삼천포로 빠졌는데 다시 본론으로 돌아와서 생산 효율성에 대한 분석을 단계적으로 진행하도록 하겠습니다. 먼저 가동률입니다. 가동률이란 주어진 능력치 내에서 모든 여건이 원활히 운영되어 문제가 발생하지 않는다는 가정하에 출발합니다. 여기서 핵심은 주어진 능력치가 무엇을 의미하는지 파악하는 겁니다. 이를 바꿔 말하면 계획된 범위를 나타냅니다. 즉 생산 가동률은 계획된 수량 대비 완제품 생산량의 비율로 산출되는 것이죠. 임가공 업체의 생산성 분석 내용을 상기해보죠."

	3개월 평균	
	내역	기준 수량
작업 인원(명)	9.6	
완제품(Box)	708.0	75 (완제품 + 불량) / 작업 인원
불량(Box)	10.4	

<표 04_08. 기초화장품 임가공 업체의 3개월 평균에 대한 기준 수량>

"〈표 04_08〉을 보면 1인당 일평균 수용 가능 범위, 즉 기준 생산 수량은 약 75개입니다. 작업자 한 명이 공장에서 아무 문제 없이 생산한다고 전제했을 때 3개월 평균 하루 75개 기초화장품을 생산할 능력이 있다고 가정하는 것이죠. 산출된 기준 수량을 가지고 일자별 계획한 수량을 산출하면 다음과 같이 정리할 수 있어요."

일별 계획 수량 = 평균 기준 수량 × 일자별 투입 인원

	3개월 평균	월	화	수	목	금
작업 인원(명)	9.6	10.0	10.0	8.0	10.0	9.0
완제품(Box)	708.0	700.0	720.0	670.0	710.0	690.0
불량(Box)	10.4	10.0	30.0	10.0	5.0	12.0
기준 수량	74.8	기준 수량 X 일자별 투입 인원				
계획된 수량		748.3	748.3	598.7	748.3	673.5

동일하게 산출

<표 04_09. 기초화장품 임가공 업체의 일별 계획 수량>

"위 표를 보면 기초화장품 임가공 업체에서는 생산자 10명이 하루 748Box를 생산할 수 있는 것으로 확인되네요. 계획된 수량이 확인되었으니 가동률 계산이 가능해요. 수식과 결과는 다음과 같아요."

$$\text{기초화장품 임가공 업체의 생산 가동률} = \frac{\text{완제품 수량}}{\text{계획된 수량}} (\%)$$

	3개월 평균	월	화	수	목	금
작업 인원(명)	9.6	10.0	10.0	8.0	10.0	9.0
완제품(Box)	708.0	700.0	720.0	670.0	710.0	690.0
불량(Box)	10.4	10.0	30.0	10.0	5.0	12.0
기준 수량	74.8	완제품 / 계획된 수량				
계획된 수량		748.3	748.3	598.7	748.3	673.5
생산 가동률(%)		94%	96%	112%	95%	102%

동일하게 산출

<표 04_10. 기초화장품 임가공 업체의 일별 생산 가동률>

"생산 가동률은 가능 범위 내에서 실제 생산이 이루어진 완제품에 대한 비율을 의미합니다. 월요일의 경우 10명의 작업자가 모든 상황이 정상적이면 약 748Box를 생산해야 하나 실제 생산된 수량은 700Box로 94%의 가동률을 기록한 것이죠."

"중요한 부분은 기준 수량을 설정하는 것이네요."

"정확해요. 조 주임. 우리는 앞서 생산성을 분석하면서도 3개월 평균 수치를 활용했지만, 각각의 상황과 환경에 따라 그 기준을 설정해서 적용하면 됩니다. 계속해서 효과성에 대해 분석해 볼까요? 효과성은 의외로 간단해요. 효과는 결과를 의미하죠. 그래서 생산 효과성은 불량을 포함한 총 생산량을 기준으로 완제품 수량의 비율로 나타냅니다. 다음처럼요."

$$\text{기초화장품 임가공 업체의 생산 효과성} = \frac{\text{완제품 수량}}{\text{완제품 수량} + \text{불량}} (\%)$$

	3개월 평균	월	화	수	목	금
완제품(Box)	708.0	700.0	720.0	670.0	710.0	690.0
불량(Box)	10.4	10.0	30.0	10.0	5.0	12.0
생산 효과성(%)	98.6%	98.6%	96.60%	98.5%	99.3%	98.3%

완제품 / (완제품 + 불량)

<표 04_11. 기초화장품 임가공 업체의 일별 생산 효과성>

"생산 효과성은 생산 불량률의 반대 개념으로 생각할 수 있습니다. 대상 기준 일자의 결과만을 확인하는 것이므로 결국 불량률의 반대 비율을 나타낸 것이죠. 혹시 질문? 호호호."

"간단하네요. 효율성은 언제 나와요? 궁금한데?"

성격 급한 내가 조급함을 드러냈다.

"지금 얘기하려고 했지요. 호호호. 생산 효율성 분석도 역시 매우 간단해요. 일단 전에 분석한 일자별 노동 생산성을 활용합니다. 결과는 다음과 같아요."

	월	화	수	목	금
작업 인원(명)	10.0	10.0	8.0	10.0	9.0
완제품(Box)	700.0	720.0	670.0	710.0	690.0
노동 생산성(인당)	70	72	84	71	77

<표 04_12. 기초화장품 임가공 업체의 일별 노동 생산성>

"그렇다면 노동 생산성과 생산 효율성은 어떤 관계가 있는 것일까? 두 분석 모두 투입 대비 산출의 비율로 계산하는 부분은 같아요. 하지만 노동 생산성은 절대적 비율을 의

미하고 생산 효율성은 상대적 비율을 의미한다는 점이 다릅니다. 물론 노동 생산성 기준이 된 3개월 평균 대비 결과로 본다면 상대적이라고 생각할 수 있지만, 우리가 실제 분석하고자 하는 대상 기간의 상대적 비율은 아닌 거죠. 다시 말하면 1일의 생산은 2일의 생산과는 전혀 무관한 생산 활동이라는 것입니다. 하지만 생산 효율성은 상대적인 개념을 내포합니다. 1일의 생산 효율성은 2일 이후 대상 기간의 모든 생산량이 확인되고 난 후 일자별 상대적 비율을 분석해야만 산출된다는 것이죠. 3개월간 평균은 단지 기준을 위해 설정된 값일 뿐 일자별 생산과는 무관하다는 점을 기억해야 합니다."

"알 듯 말 듯 해요. 이해되는 듯 안 돼요."

선임인 내가 이해를 못 하는데 조 주임이 이해했다면 살짝 자존심 상할뻔했다.

"분석한 결과를 보면 이해가 쉬워요. 일자별 상대적 효율성을 위해서는 노동 생산성이 가장 좋은 일자가 100%가 되고 해당 일자 대비 각각의 일자별 비율로 분석합니다. 따라서 노동 생산성이 가장 좋았던 수요일을 기준으로 산출하는 것이죠."

$$\text{기초 화장품 임가공 업체의 생산 효율성} = \frac{\text{일자별 노동 생산성}}{\text{최대 노동 생산성}} (\%)$$

	월	화	수	목	금
작업 인원(명)	10.0	10.0	8.0	10.0	9.0
완제품(Box)	700.0	720.0	670.0	710.0	690.0
노동 생산성(인당)	70	72	84	71	77
생산 효율성(%)	83.6%	86.0%	100.0%	84.8%	91.5%

일자별 노동 생산성 / 수요일 노동 생산성

동일하게 산출

<표 04_13. 기초화장품 임가공 업체의 일별 생산 효율성>

"너무 쉽죠? 호호호. 비용 생산성도 비슷한 방법으로 효율성 분석이 가능하겠죠? 나중에 두 분이 따로 구해 보세요. 지금까지 분석한 내용을 종합해서 표로 만들면 바로 인력 기준의 일자별 생산성 관리 지표가 되는 것이죠. 아래처럼요."

	월	화	수	목	금
작업 인원(명)	10.0	10.0	8.0	10.0	9.0
완제품(Box)	700.0	720.0	670.0	710.0	690.0
노동 생산성(%)	94.9%	97.6%	113.6%	96.3%	104.0%
생산 가동률(%)	93.5%	96.2%	111.9%	94.9%	102.4%
생산 효과성(%)	98.6%	96.0%	98.5%	99.3%	98.3%
생산 효율성(%)	83.6%	86.0%	100.0%	84.8%	91.5%

<표 04_14. 기초화장품 임가공 업체의 인력 기준 일자별 생산성 관리 지표>

정리한 내역을 생산 관련 부서에 전달했다. 하루가 지났지만 아직 특별한 문의 사항이나 설명 요청은 없었다. 설명을 요청할 만한데 지금까지 없는 이유는 한가지다. 새해 해외 주요 협력사와 현지 사무소를 시찰하고 2주 만에 출근한 사장님 때문이다. 다시 폭풍의 계절이 시작되었다. 모든 부서가 사장님 복귀에 맞춰 보고 자료를 준비하느라 정신이 없었다. 생산 효율성 분석 자료를 제대로 살펴볼 여유가 없을 터였다.

사장님 복귀 후 첫 호출을 받은 팀은 뜻밖에도 우리 팀이었다. 우리는 무슨 일인지 몰라 어리둥절한 표정으로 사장실로 갔다.

"어서들 오세요. 별일 없지요?"

"네, 사장님. 호호호. 출장은 잘 다녀오셨나요?"

"기분 좋게 다녀왔습니다."

형식적인 인사가 오고 갔다. 이제 본론으로 들어갈 일만 남았다.

“성 팀장, 요즘은 어떤 분석을 수행 중인가요?”

“네. 지금은 생산 효율성을 분석하고 있습니다.”

“생산 효율성? 그 또한 기대됩니다. 어느 정도 진행이 되었나요?”

“어제까지 분석이 진행됐고 현재 각 현업 부서에 분석 내용을 전달한 상태입니다. 아직 별다른 회신을 받지 못했습니다. 호호호. 곧 설명해달라는 요청이 올 것 같습니다.”

“아, 그래요? 그거 잘됐네요. 내일 회의 소집해서 내가 직접 설명을 들어보고 싶습니다.”

본론으로 들어갈 줄 알았는데 사장님은 우리 팀 업무 근황을 물었다. 왜 우리 팀을 첫 번째로 호출했을까. 궁금함도 궁금함이지만 긴장을 풀 수가 없다.

“지난해 생산 비용이 상당히 감소했어요. 정보분석팀에서 생산 관련 데이터 분석을 잘해준 공이 큽니다.”

“아닙니다. 저희 팀에서 마땅히 해야 할 일인데요.”

“올해도 기대가 큽니다. 잘해주세요. 아, 그리고 세 분께 줄 선물을 준비했습니다. 작은 보상이라고 생각해주세요.”

선물? 보상? 이게 본론인가? 또 금일봉을 받는 건가? 가슴이 콩닥콩닥 뛴다.

“이거 하나씩 받아요. 귀국하면서 특별히 사 온 겁니다.”

“어머, 감사합니다. 사장님. 호호호.”

이번엔 봉투가 아니다. 곱게 포장한 네모반듯한 상자다. 뭐지? 순금 열쇠라도 들었나?

“자, 내일 봅시다. 설명 준비 잘해주세요.”

“네, 사장님. 선물 고맙습니다. 호호호.”

사장실을 나온 우리는 자리로 돌아가지 않고 1층 커피숍으로 향했다. 셋이서 원을 그리고 앉아 선물 포장을 곱게 벗겼다. 순간, 우리는 놀란 눈빛으로 서로를 바라보았다.

"어머머, 묵직한 느낌이 너무 좋다. 호호호."

"금일봉보다 더 좋은걸요. 하하하."

"야~, 이 금장 보세요."

사장님의 선물은 'M'사 만년필이었다. 누가 봐도 '나 비싸요' 하는 최고가 만년필이었다. 금장을 두른 덮개가 더없이 고급스럽다. 손잡이에 이름까지 근사하게 새겨넣었다. 우리 셋 모두 입이 함지박만큼 벌어졌다.

설비 생산성 분석

4 기계는 얼마나 일을 잘할까?

생산 설비가 제품 생산에 얼마나 기여하는지 파악하려면 생산 설비 종합 효율을 분석하면 된다. 통상적으로 이 용어는 생산 설비가 주어진 시간 내에서 얼마나 빠르고 정확하게 제품을 완성해 나가는가를 판단하는 척도이다. 생산 설비 종합 효율을 분석하기 위해서는 시간 가동률, 성능 가동률 그리고 양품률을 구하면 산출할 수 있다. 설비의 종합 효율은 94% 이상을 유지하는 게 이상적이다.

대회의실이 북적인다. 우리 팀이 생산 효율성 분석 내용을 설명하는 자리다. 사장이 참석하니 설명회 분위기가 확 바뀌었다. 외주임가공관리본부장과 제조생산본부장, 두 본부의 팀장들이 모두 참석했다. 김성길 기획실장도 보인다. 경영진의 반은 참석한 거 같다. 늘 느끼는 것이지만 성지나 팀장은 설명을 참 잘한다. 주제별로 핵심 내용을 명확하게 설명하니 귀에 쏙쏙 들어온다. 성 팀장 발표 후 몇 가지 질문이 오갔지만, 대부분 자잘한 것들이었다. 사장이 흡족한 표정을 짓는다.

“음, 그래요. 생산 효율성은 어떤 계기로 분석하게 된 건가요?”

“아, 예. 우리 본부에서 외주 생산 관리를 위해 정보분석팀에 의뢰했습니다. 처음엔 단순히 생산성 분석에 머물렀으나 우리 본부에서 효율성 분석이 필요하다고 판단하여 구체적인 방법을 제시하고 분석을 요청했습니다. 오늘 그 결과를 설명한 겁니다."

"잘했네. 좋은 생각이었어."

망치로 한 대 세게 얻어맞은 기분이다. 성 팀장이 할 말을 차동철 본부장이 빼앗았다. 그것만으로는 속이 안 찼는지 팩트까지 왜곡해 우리 팀 공을 외주본부 공으로 돌려버렸다. 차 본부장이 의기양양하게 의자에 기댄다. 속이 부글부글 끓어 오른다. 뺨을 힘껏 후려치고 싶다. 성 팀장도 이번엔 아니다 싶었는지 에둘러 진실을 말한다.

"네. 외주본부 장우진 팀장님의 요청이 구체적이어서 효율성 분석으로 접근하는 게 좋겠다고 판단했습니다. 호호호."

알겠다는 듯 사장이 고개를 끄덕이더니 차동철 본부장을 지목해 질문을 던졌다.

"차 본부장, 효율성 분석 내용을 구체적으로 어떤 방향으로 활용할 생각입니까?"

"외주 업체의 생산성을 높이고 좀 더 효율적인 생산이 진행되도록 유도할 계획입니다."

"그 말은 지금까지는 임가공의 생산성이 낮고 효율성이 떨어졌다는 이야기로 들리는데, 그걸 왜 이제 요청했죠?"

"아, 그런 건 아니고요. 그러니까……."

사장이 입을 지그시 다문 채 차동철 본부장을 응시한다.

"장우진 팀장, 자네는 어떻게 생각하는가?"

"네. 처음엔 신년도 임가공 인상률을 낮추기 위한 근거 자료가 필요해 생산성과 효율성 등을 다각도로 분석해 달라고 정보분석팀에 요청했습니다. 생산일지만 보고 계약을 진행하면 업체에서 원하는 대로 해줄 수밖에 없다고 판단했습니다. 정보분석팀에서 해준 분석 내용을 계약 체결할 때 활용할 계획입니다. 목표는 분석 내용에 근거한 계약을 이끌어내는 겁니다."

"이 정도면 충분히 원하는 계약이 가능하다고 판단하는 건가요?"

사장이 진지한 표정으로 재차 물었다.

"네. 지금까지 분석 내용만으로도 충분히 도움이 될 것 같습니다. 다만 추가할 부분이 조금 있어 회의 끝나면 정보분석팀과 협의하여 보완할 예정입니다."

"추가적인 분석이 필요하다? 그게 뭔가요?"

나 역시 궁금했다. 성 팀장도 어떤 게 부족한 걸까, 하는 표정이다.

"특별한 내용은 아닙니다. 분석 내용을 검토하다가 문득 생각난 게 있습니다. 생산성에 영향을 주는 요인이 사람의 능력치 말고 또 다른 요인은 없을까, 하는 것입니다. 생산에서 인력만큼 중요한 자원 중 하나가 설비입니다. 그래서 기계의 생산성도 분석하면 어떨까 생각 중입니다."

성 팀장이 놀란 표정으로 입을 살짝 벌리더니 환한 표정으로 연신 고개를 끄덕였다. 사장이 책상을 탁, 치며 밝은 표정으로 말했다.

"아주 현실적이구먼. 좋아. 설비 생산성도 분석하면 입체적으로 외주 업체를 관리할 수 있겠어. 허허허. 장우진 팀장과 성지나 팀장이 잘 협업해보세요."

"네, 사장님."

"네, 감사합니다. 사장님. 호호호."

차동철이 멍한 표정을 짓는다. 아주 쌤통이다. 회의를 마치고 자리로 돌아온 나는 성 팀장에게 차 본부장에 대한 욕을 마구 해댔다.

"어떻게 저런 인간이 본부장이 될 수 있는 거냐고요. 난 진짜 이해가 안 가요."

"호호호. 다 이유가 있겠지요. 그 자리까지 가는 데 뭐 고스톱 잘 쳐서 된 건 아니겠죠? 호호호."

"팀장님은 참 속도 좋아요. 차동철이 자기 성과로 돌려치는데 열 안 받아요?"

옆에서 듣고 있던 조 주임도 거든다. 오늘은 그답지 않게 표현이 제법 강하다.

"신 대리님 말이 맞아요. 분석의 '분'자도 모르면서 우리한테 구체적인 방법을 제시했다고 하질않나!"

"동료 여러분, 진정하세요. 우리는 우리 일만 열심히 하면 됩니다. 사장님도 다 아는 눈치 아니셨어요? 호호호."

그래도 조 주임과 나는 분이 풀리지 않는다. 연신 씩씩대는데 성지나 팀장이 한마디 한다.

"두 분, 혹시 이런 말 알아요? 빛은 어둠을 뚫을 수 있어요. 하지만 어둠은 빛을 가릴 수 없죠. 호호호."

처음엔 웬 뚱딴지같은 소린가 했는데, 듣고 보니 맞는 말이다. 우리는 빛이고 그 인간은 어둠인 거다.

성 팀장이 장우진 팀장과 미팅하고 돌아왔다. 성지나 팀장이 회의실로 우리를 불렀다. 성 팀장은 우리가 해야 할 분석이 어떤 의미가 있는지부터 설명했다.

"우리가 자동차를 이용하는 이유는 명확하죠. 만약 자동차가 고장 나서 부산까지 걸어가야 한다고 생각해보세요. 상상만 해도 끔찍하죠? 이동 수단으로서 자동차의 생산성은 한 마디로 빵점이겠죠. 생산 설비도 마찬가지입니다. NOVA의 생산성에서 설비가 담당하는 영역이 꽤 크겠죠? 호호호."

"그러고 보니, 기계 생산성은 크게 생각해보지 않았네요."

"장우진 팀장님 똑똑하죠? 호호호. 자, 그러면 설명을 본격적으로 해볼게요. 생산 설비 종합 효율이라는 게 있어요. 생산 설비가 제품 생산에 얼마나 기여하고 있는지를 파악하는 지표로 가장 많이 활용하고 있죠. 통상적으로 이 용어는 생산 설비가 주어진 시간 내에서 얼마나 빠르고 정확하게 제품을 완성해 나가는가를 판단하는 척도이지요. 생산 설비 종합 효율을 분석하기 위해서는 다음에 제시된 그림의 시간 가동률, 성능 가동률 그리고 양품률을 구해야 산출이 가능합니다."

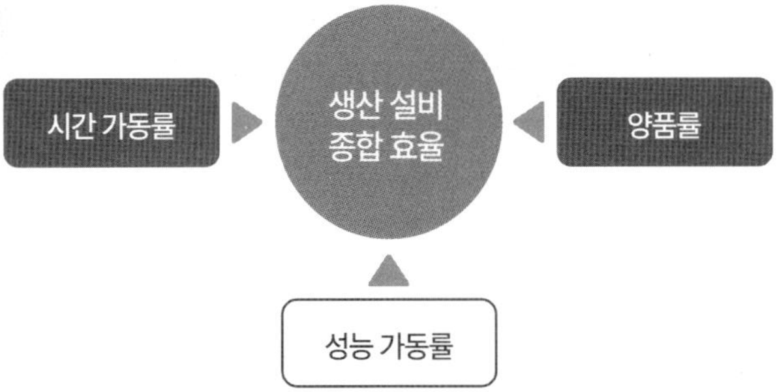

<그림 04_04. 생산 설비 종합 효율의 분석 대상>

"시간 가동률부터 차례로 분석해 볼까요? 이런 걸 생각해 보죠. 성지나에게 매일 같이 시달리던 신은주 대리가 모처럼 휴가를 얻어 남자 친구와 여행을 가게 됐어요. 손수 운전하며 부산으로 여행을 떠난 거죠. 아, 생각만 해도 기분 좋다. 호호호. 아무튼, 이른 아침부터 서둘러 출발해서 1시간 뒤 안성 휴게소에 들러 30분 동안 아침을 해결합니다. 그리고 다시 출발. 마지막 휴게소에서 20분 정도의 휴식하고 드디어 목적지인 부산에 도착. 총 5시간 30분이 소요되었다고 가정해 봅시다. 운행 시간을 정리하면 다음과 같죠."

- 운행 시간 = 5H 30M
- 운행 휴지 시간 = 아침 식사 30M, 휴식 시간 20M
- 실 운행 시간 (운행 시간 - 운행 휴지 시간) = 4H 40M

"부산까지 가는 데 걸린 시간은 5시간 30분지만 자동차가 실제 운행된 시간은 4시간 40분입니다. 총소요 시간에서 휴식 시간을 제외하고 자동차를 실제로 운행한 시간을 구한 것이 바로 시간 가동성입니다. 어때요? 참, 쉽죠?"

이해가 쉬운 만큼 질문도 술술 나온다.

"자동차를 설비로 본다면, 자동차가 실제 움직인 시간을 생산을 위해 가동했다고 보는 거네요."

"네, 맞아요. 생산 설비로 바꾸어 이야기하면 생산을 위한 실제 사용 시간과 정지 시간을 구분하여 나타내는 거죠. 그래서 총생산 시간 대비 설비의 실제 운행 시간의 비율이 시간 가동률이 되는 셈이죠. 수식은 다음과 같아요."

$$\text{생산 설비의 시간 가동률} = \frac{\text{총생산 시간} - \text{설비 정지 시간}}{\text{총생산 시간}} (\%)$$

"여기서, 설비 정지 시간은 무엇으로 할 것이냐? 신 대리에게 자료를 부탁하며 잠깐 언급했던 내용을 다시 이야기하자면 아래에 열거된 항목들을 설비 정지 시간으로 보는 겁니다."

- 설비의 계획된 휴지 시간
- 부품 교체 시간
- 재가동을 위한 준비 시간
- 원자재 투입 부족으로 인한 중지 시간
- 품질 불량으로 인한 중지 시간

- 생산 설비의 정리 등을 위한 청소 시간
- 운행 중 돌발적인 사고나 고장으로 인한 정지 시간

"아주 고맙게도 신 대리가 베트남 임가공 업체의 설비 운영 시간을 잘 정리해 주었죠. 정리된 내용을 바탕으로 시간 가동률을 구하면 다음과 같습니다."

(총 생산 시간 - 설비 정지 시간) / 총 생산 시간

	설비 1	설비 2	설비 3	설비 4	설비 5
총 생산 시간	480	540	540	480	540
계획 휴지	30	30	30	30	30
부품 교체 시간					30
작동 준비 시간	30	60	60	30	30
돌발 대기 시간		20	20		
정리 시간	10	10	10	10	10
사고 및 고장 시간		60	80		
설비 시간 가동률(%)	85%	67%	63%	85%	81%

동일하게 산출

< 표 04_15. 베트남 임가공 업체의 설비 시간 가동률>

"빠르게 진행하겠습니다. 다음은 성능 가동률입니다. 앞서 생산 가동률 분석이 노동력의 능력치를 기준으로 분석하였다면, 성능 가동률은 설비의 능력치를 고려하여 분석합니다. 이번에도 신 대리가 정리한 내용을 바탕으로 진행해 봅시다."

	설비 1	설비 2	설비 3	설비 4	설비 5
총 생산 시간(분)	480	540	540	480	540
총 정지 시간(분)	70	180	200	70	100
일 생산량(EA)	1,200	1,400	1,450	1,250	1,300
3개월 평균 개당 투입 시간(분)					0.23

<표 04_16. 베트남 임가공 업체의 설비 운영 기록 및 생산량>

"정리된 내용을 보면 '3개월 평균 개당 투입 시간'이 있어요. 각각의 설비가 제품 1개를 생산하는 데 투입된 3개월 동안의 평균 시간입니다. 개당 0.23분씩 투입되고 있네요. 이를 평균 운행 주기라고 합니다. 동일한 개념으로 설비별 실제 운행 주기를 산출할 수 있습니다. 먼저 설비별 분당 생산 개수를 계산해 줘요."

$$\text{설비별 분당 생산 개수} = \frac{\text{총 생산량}}{\text{총 생산 시간 - 총 정지 시간}}$$

"그리고 설비의 분당 생산 개수로 1을 나누어 주면 설비별 실제 운행 주기가 구해집니다. 이렇게요."

$$\text{설비별 실 운행 주기} = \frac{1}{\text{설비별 분당 생산 개수}}$$

일 생산량 / (총 생산 시간 - 설비 정지 시간)

	설비 1	설비 2	설비 3	설비 4	설비 5
총 생산 시간(분)	480	540	540	480	540
총 정지 시간(분)	70	180	200	70	100
일 생산량(EA)	1,200	1,400	1,450	1,250	1,300
3개월 평균 개당 투입 시간(분)					0.23
설비 별 분당 생산 개수(EA)	2.93	3.89	4.26	3.05	2.95
설비 별 실 운행 주기(분)	0.34	0.26	0.23	0.33	0.34

1 / 설비 별 분당 생산 개수

← 동일하게 산출

<표 04_17 베트남 임가공 업체의 설비별 실 운행 주기>

"그 다음은 아주 간단해요. 성능 가동률은 평균 운행 주기를 설비별 실제 운행 주기로 나누어 주면 끝이죠. 이렇게요."

$$\text{성능 가동률} = \frac{\text{평균 운행 주기}}{\text{설비별 실제 운행 주기}}$$

	설비 1	설비 2	설비 3	설비 4	설비 5
총 생산 시간(분)	480	540	540	480	540
총 정지 시간(분)	70	180	200	70	100
일 생산량(EA)	1,200	1,400	1,450	1,250	1,300
3개월 평균 개당 투입 시간(분)					0.23
설비 별 분당 생산 개수(EA)	2.93	3.89	4.26	3.05	2.95
설비 별 실 운행 주기(분)	0.34	0.26	0.23	0.33	0.34
성능 가동률(%)	67%	89%	98%	70%	68%

평균 운행 주기 / 설비별 실 운행 주기

← 동일하게 산출

<표 04_18 베트남 임가공 업체의 성능 가동률>

"시간 가동률이나 성능 가동률은 쉽게 분석할 수 있죠? 어떻게 계속 진행할까요? 아니면 잠 깐 쉬었다 할까요? 다들 너무 말이 없어서. 호호호."

"그냥 나가죠. 사칙연산만으로 구할 수 있어서 편해요. 어떤 값을 대입하는지만 집중하면 큰 어려움이 없어요. 그러니 특별히 질문도 없는 거죠."

사실이 그렇다. 데이터 분석 방법이 반드시 복잡하고 어려워야 한다는 편견을 버린 지 오래다.

"좋아요. 호호호. 그럼 다음은 양품률을 구할 차례죠. 이건 굳이 구할 필요도 없어요. 이유를 설명하자면, 양품은 한자입니다. 풀이해 보자면 어질 양良 자와 물건 품品 자를 결합한 것이죠. 어진 물건, 즉 좋은 물건이란 뜻인데, 생산이 완료되어 판매가 가능한 정상적인 제품을 의미하죠. 앞서 노동 생산성 분석에서 언급했던 완제품으로 인식하면 됩니다. 그래서 양품률을 산출할 때는 전체 생산 수량완제품+불량 대비 완제품의 수량의 비율로 계산하는데, 이는 앞서 분석한 생산 효과성을 의미하고 불량률의 반대 개념으로 인식할 수 있죠. 양품률은 아래 표와 같아요."

		설비 1	설비 2	설비 3	설비 4	설비 5
일 생산량(EA)	완제품	1,182	1,378	1,425	1,233	1,280
	불량	18	22	25	17	20
양품률(%)		98.5%	98.4%	98.3%	98.6%	98.5%

동일하게 산출

완제품 / (완제품 + 불량)

<표 04_19 베트남 임가공 업체의 양품률>

"여기까지 해서 생산 설비 종합 효율 분석을 위한 핵심 요소의 분석을 완료했습니다. 효율성을 분석하기에 앞서 생산 설비의 종합 성능을 다음과 같이 산출해 봅니다."

$$\text{생산 설비의 종합 성능} = \frac{\text{시간 가동률} + \text{성능 가동률} + \text{양품률}}{3}$$

%	설비 1	설비 2	설비 3	설비 4	설비 5
시간 가동률	85.4%	66.7%	63.0%	85.4%	81.5%
성능 가동률	67.3%	89.4%	98.1%	70.1%	68.0%
양품률	98.5%	98.4%	98.3%	98.6%	98.5%
설비 종합 성능	83.7%	84.8%	86.4%	84.7%	82.6%

평균

동일하게 산출

<표 04_20 베트남 임가공 업체의 설비 종합 성능>

"자, 이제 마지막으로 상대적인 생산 설비 종합 효율을 분석해 봐야죠. 설비의 종합 성능이 가장 좋은 설비 3을 기준으로 효율을 판단하면 끝입니다."

%	설비 1	설비 2	설비 3	설비 4	설비 5
시간 가동률	85.4%	66.7%	63.0%	85.4%	81.5%
성능 가동률	67.3%	89.4%	98.1%	70.1%	68.0%
양품률	98.5%	98.4%	98.3%	98.6%	98.5%
설비 종합 성능	83.7%	84.8%	86.4%	84.7%	82.6%
설비 종합 효율	96.9%	98.2%	100.0%	98.0%	95.6%

설비별 종합 성능 / 설비3의 종합 성능(고정)

동일하게 산출

<표 04_21 베트남 임가공 업체의 설비 종합 효율>

"팀장님, 질문이 있습니다. 효율은 각 설비 간의 상대적 비율이니까 이해하겠는데, 설비 종합 성능을 보면 대부분의 설비가 대략 80%대 중반을 나타내고 있는데요. 이 수치가 어떤 의미를 가질까요? 예를 들어 이 정도면 괜찮은 성능이다, 아니다, 등등 말이죠."
내가 하고 싶은 질문을 조 주임이 먼저 꺼냈다. 역시 이해력 높고 차분한 조 주임 다운 질문이다.
"매번 느끼지만 조 주임의 질문은 정말 예리해요. 호호호. 결과의 해석은 각 생산 관리 담당자의 몫이죠. 다만, '기업이 추구해야 하는 생산 설비의 이상적인 수치가 있습니까?'라고 묻는다면, 일반적으로 시간 가동률은 90% 이상, 성능 가동률은 95% 이상 그리고 양품률은 98% 이상을 기록하는 게 좋습니다. 그리하여 설비의 종합 성능이 94% 이상을 유지하는 것이 가장 효과적이라고 대부분 이야기합니다. 이러한 기준으로 볼 때 베트남 임가공 업체의 설비 종합 성능은 매우 비효과적이라고 할 수 있겠네요."

기계 생산성 분석까지 마친 자료를 전달받고 장우진 팀장은 임가공 업체와 계약을 진행했다. 결국 계약은 3.2% 상승한 금액으로 체결되었다고 한다. 사장님은 최초 요구한 7%대에서 많이 노력한 계약이라며 정보분석팀과 외주관리본부에 치하의 메일을 보내 주었다.

수신자 제위
새해 외주 계약을 잘 마쳤습니다. 애초 요구한 수준에서 금액을 많이 줄여 계약을 맺었습니다. 계약과 관련해 수준 높은 자료를 제공해준 정보분석팀과 전달받은 자료를 계약에 충분히 활용해준 외주관리본부에 감사의 말을 전합니다.
앞으로도 더 합리적인 계약과 이를 뒷받침할 수 있는 좋은 자료를 제공해 주시길 당부드립니다.
사장 남윤민

제품 효율성 분석

5 퇴출시켜야 할 제품을 찾아라

제품 효율성 분석이란 어느 제품이 얼마나 많은 성과를 내는지 파악하는 것이다. 즉 투입 대비 산출이 얼마나 효율적인지 분석하는 것이다. 제품 효율성을 분석하면 퇴출해야 할 제품과 살려야 할 제품을 정확히 파악할 수 있다.

회계팀과 회식 한번 하자고 말한 게 연초였는데, 거의 두 달이 지나 자리를 마련했다. 두 팀 합쳐 8명밖에 안 되는데 바쁘다는 핑계로 이제야 시간을 맞췄다. 체구가 넉넉한 석동욱 회계팀장이 먼저 말문을 열었다.

"연초부터 감사가 있어 자리가 늦었습니다. 허허허."

"뭐 좀 늦으면 어때요. 지금이라도 함께하면 좋은 거지요. 호호호."

성 팀장이 특유의 부드러운 어조로 석 팀장의 인사를 받아준다. 생산성 분석으로 바쁜 나날을 보낸 터라 이제야 시간을 낸 건 우리도 마찬가지다.

"지난번 제품 군집 분석 잘 활용했습니다. 고맙습니다. 재고 실사 시간이 많이 줄었습니다. 보고 자료를 만들 때 매우 유용하게 사용하고 있습니다. 허허허."

체구에 어울리지 않게 석동욱 팀장이 세심하게 감사 인사를 전한다.

"도움이 되셨다니 다행입니다. 앞으로도 도움이 필요하면 부담 없이 말씀해주세요. 적극적으로 협조하겠습니다. 호호호."

"그래서 말인데요. 그……."

석 팀장이 말을 꺼내다 말고 뒤끝을 흐린다. 성격이 소심한 편이라더니 하미경 대리 말이 맞는 모양이다. 길성민 차장이 나서 대신 말을 이어간다.

"올해 저희 재무회계팀의 큰 목표 중 하나가 제품 수를 줄이는 작업을 진행하는 건데요. 지난번에 전달해 주신 C군집 제품을 줄이자고 제안하는 것이 맞는지 쉽게 판단이 안 되네요. 혹시 좋은 방법이 있을까요?"

"하긴, 제품 수가 많아도 너무 많죠? 하루에 하나씩 제품이 생기는 것 같아요."

내가 맞장구를 쳐주었다. 제품 수가 많다고 생각하는 건 재무회계팀과 나뿐만이 아니다. NOVA에 근무하는 사람 대부분이 그렇게 느낀다. 길 차장이 말을 이어간다.

"제품의 개발과 철수는 마케팅 고유 권한이라 조심스러운 접근이 필요합니다. 그들도 납득할 만한 합리적인 제안이 나오면 좋겠는데 이게 쉽지 않네요."

그건 길 차장 말이 맞다. 마케팅 부서의 최우선 목표는 매출 성과를 극대화하는 것이다. 성지나 팀장 식 표현으로 말하면 과정보다 결과, 그러니까 효율보다 효과에 집착한다. 매출이 발생한다면 지금보다 제품을 열 배는 더 많이 시장에 내놓을 사람들이다. 하지만 길 차장의 고민은 내가 나서 대답해줄 사안이 아니다. 한참을 듣고 있던 성 팀장이 정리하듯 말했다.

"음……. 고민 좀 해보고 내일 오후에 어떤 방식으로 진행할지 답변드릴게요. 잘되지 않겠어요? 오늘은 기분 좋게 술 마시는 걸로. 호호호."

"허허허. 고민 좀 해줘요."

하미경 대리가 석동욱 팀장을 거들며 나선다.

"에구, 팀장님. 걱정하지 마세요. 제가 신은주 대리 협박해서라도 좋은 제안 나오도록 할게요. 자, 건배할까요? 두 부서의 멋진 협업을 위하여~!"

"위하여~!"

다음날, 정보분석팀이 회의실에 모였다. 어제 재무회계팀에서 요청한 업무의 처리 방안을 논의하는 자리였다. 사실 논의라고 했지만 나나 조 주임에게 뾰족한 수가 없으니 이번에도 성지나 팀장에게 의존해야 한다.

"뭐, 좋은 방법 있으면 서슴없이 말해주세요. 호호호."

대답이 궁색할 거란 걸 다 알면서 성 팀장이 우리 둘을 번갈아 쳐다본다. 나도 은근히 성 팀장을 놀리고 싶지만 특별한 재료가 없다. 그래도 그냥 가만히 있기 뭐해서 한마디 툭 던졌다.

"팀장님, 결국 효율성은 상대적인 거 아닌가요?"

"그래서요? 더 얘기해보세요. 호호호"

"아니, 생산 효율성 분석하면서 생각해 보니까 효율성이라는 게 다양하게 활용 가능할 것 같더라고요. 제품 효율성을 분석하면 버려야 할 제품과 살려야 할 제품이 구별되지 않을까 싶네요."

성 팀장이 눈을 크게 뜨고 평소보다 고개를 조금 더 들며 나를 쳐다본다. 놀랐을 때 보이는 성 팀장 특유의 표정이다.

"우와~! 나 지금 놀란 거 알지? 이제 내가 없어도 되겠다. 신 대리가 이제 경지에 올랐어요!"

격한 칭찬이다. 옆에 있던 조 주임도 살짝 웃는다. 나는 뭐 이 정도 생각은 누구나 하는 거 아닌가요, 하는 표정을 지었다.

"호호호. 나 너무 기쁜데 어쩌지? 호호호. 아무튼 진정하고. 호호호."

"팀장님, 우리는 일찌감치 진정하고 있었어요. 팀장님만 진정하시면 돼요. 껄껄."

"호호호. 조 주임, 그래도 기쁜 건 기쁜 걸로. 호호호."

성 팀장이 환하게 웃고는 이내 자세를 고쳐 앉았다.

"그래서 신대리, 제품 효율성은 어떤 방법으로 분석하면 될까요?"

아니, 이게 웬 자다가 옆 사람 다리 긁는 소리란 말인가? 내가 언제 분석하겠다고 했나? 난 분명 효율성 분석 방법을 적용하면 어떻겠냐고 말했을 뿐이다.

"그건 모르죠. 이제 팀장님이 설명을 해주셔야죠. 왜 이러세요? 진짜!"

"아, 그런가? 좋아요. 그럼 제품 효율성을 분석해 보자고요. 호호호. 그 전에 우리 진정도 할 겸 커피 한 잔씩 뽑아오죠. 호호호."

자리로 돌아온 성 팀장은 어느새 차분해졌다.

"근데 정말 신기한 게 팀장님은 그 많은 영역의 데이터 분석 방법을 언제 다 익히셨어요?"

"신 대리는 날 과대평가한다니까. 그걸 내가 어떻게 다 알고 있었겠습니까? 늘 조금씩 공부하는 거지요. 두 분하고 여기 이 회의실에서 늘 공부했잖아요. 호호호."

"아무튼, 빨리 설명해 주시죠."

나는 언제 성지나 팀장처럼 될까? 그녀가 가진 능력의 깊이가 궁금하다. 끝없이 샘솟는 화수분 같다. 까도 까도 또 나오는 양파 같기도 하다.

카테고리	제품명 (KRW)	매출	
		금액	이익
기초 제품	NOVA 세라마이드 워시 320ml	13,527,552	4,122,577
	NOVA 세라마이드 로션 120ml	5,289,984	1,728,524
	NOVA 세라마이드 크림 180g	7,495,680	2,291,835
	NOVA 세라마이드 젤 로션 150ml	31,961,600	10,123,968
	NOVA 수분가득 보습 로션 100ml	12,160,000	4,107,090
	NOVA 수분가득 보습 크림 120ml	11,329,920	3,679,438
선 제품	NOVA 물놀이 전용 선 크림 80g	7,934,976	2,600,721
	NOVA 완벽 차단 선 블록	57,488,211	18,956,973
	NOVA 피부보호 선 팩트 15g	30,348,000	8,945,197
	NOVA 부드럽게 발라지는 선 스틱 16g	15,718,400	4,711,655
클렌징 제품	NOVA 자연담은 페이셜 폼(지성피부) 80g	36,142,080	11,265,095
	NOVA 자연담은 페이셜 폼(중성피부) 80g	25,855,488	8,241,543
	NOVA 자연담은 페이셜 폼(건성피부) 80g	25,021,440	7,307,676

<표 04_22 제품별 월 매출액>

"우리가 보통 연말이 되면 성과를 평가하지요. 성과를 평가할 때 가장 유용한 도구가 바로 효율성이에요. 오늘 설명은 성과 평가의 핵심 기준인 효율성을 생각하며 들어주세요. 〈표 04_22〉 한번 볼까요? 제품별 월 매출액과 이익입니다. 두 분은 어떤 제품이 가장 성과가 좋아 보이나요?"

"글쎄요? 아무래도 매출이 가장 좋은 'NOVA 완벽 차단 선 블록'이 아닐까요?"

"그렇죠? 일반적인 시선으로 볼 때 'NOVA 완벽 차단 선 블록'이 가장 성과가 좋았죠. 이 말인 즉 결과가 좋았다는 이야기죠. 그럼 〈표 04_23〉을 보면 어느 제품이 가장 성과가 좋았다고 생각하나요? 역시 매출이 가장 좋은 'NOVA 완벽 차단 선 블록'인가요?"

카테고리	제품명 (KRW)	매출		재고	생산 비용		
		금액	이익		원자재 구매	임가공비	물류비용
기초 제품	NOVA 세라마이드 워시 320ml	13,527,552	4,122,577	16,768,528	2,326,517	3,212,683	2,201,886
	NOVA 세라마이드 로션 120ml	5,289,984	1,728,524	4,912,128	909,791	1,256,328	861,053
	NOVA 세라마이드 크림 180g	7,495,680	2,291,835	9,838,080	1,289,134	1,780,163	1,220,076
	NOVA 세라마이드 젤 로션 150ml	31,961,600	10,123,968	18,886,400	5,496,871	7,590,618	5,202,405
	NOVA 수분가득 보습 로션 100ml	12,160,000	4,107,090	14,592,000	2,091321	2,887,900	1,979,289
	NOVA 수분가득 보습 크림 120ml	11,329,920	3,679,438	33,045,600	1,948,561	2,690,763	1,844,177
선 제품	NOVA 물놀이 전용 선 크림 80g	7,934,976	2,600,721	11,902,464	1,364,686	1,884,492	1,291,580
	NOVA 완벽 차단 선 블록	57,488,211	18,956,973	64,898,496	9,887,030	13,652,979	9,357,384
	NOVA 피부보호 선 팩트 15g	30,348,000	8,945,197	24,278,400	5,219,358	7,207,401	4,939,759
	NOVA 부드럽게 발라지는 선 스틱 16g	15,718,400	4,711,655	17,192,000	2,703,307	3,732,991	2,558,492
클렌징 제품	NOVA 자연담은 페이셜 폼(지성피부) 80g	36,142,080	11,265,095	40,034,304	6,197,125	8,458,648	5,920,304
	NOVA 자연담은 페이셜 폼(중성피부) 80g	25,855,488	8,241,543	30,720,768	4,446,720	6,140,466	4,208,510
	NOVA 자연담은 페이셜 폼(건성피부) 80g	25,021,440	7,307,676	31,137,792	4,298,957	6,054,707	4,107,312

<표 04_23 제품별 월 매출과 재고 및 생산 비용>

"뭔가 복잡하죠? 호호호. 이 자료를 활용해서 우리는 투자 대비 성과를 판단해야 합니다."

"결국, 팀장님이 강조하는 투입 대비 산출을 확인해서 효율성을 판단해야 한다는 거네요."

"바로 그것이죠. 투입 대비 산출의 효율성. 지금부터 정확한 성과 분석 방법에 관해 말씀드릴까 합니다. 가장 먼저 해야 할 일은 제품별 생산성을 판단하는 일이죠. 투입과 산출이 각각 2개씩이니까 총 4가지 생산성이 나오겠네요. 다음처럼요."

$$\text{매출 대비 재고 생산성} = \frac{\text{재고}}{\text{매출}}$$

$$\text{매출 대비 생산 비용 생산성} = \frac{\text{생산 비용}}{\text{매출}}$$

$$\text{이익 대비 재고 생산성} = \frac{\text{재고}}{\text{이익}}$$

$$\text{이익 대비 생산 비용 생산성} = \frac{\text{생산 비용}}{\text{이익}}$$

생산 비용 / 매출 이익

재고 금액 / 매출 이익

카테고리	제품명 (KRW)	매출		재고 생산성			생산 비용의 생산성		
		금액	이익	금액	매출 대비	이익 대비	금액	매출 대비	이익 대비
기초 제품	NOVA 세라마이드 워시 320ml	13,527,552	4,122,577	16,768,528	1.2	4.1	7,741,086	0.6	1.9
	NOVA 세라마이드 로션 120ml	5,289,984	1,728,524	4,912,128	0.9	2.8	3,027,172	0.6	1.8
	NOVA 세라마이드 크림 180g	7,495,680	2,291,835	9,838,080	1.3	4.3	4,289,372	0.6	1.9
	NOVA 세라마이드 젤 로션 150ml	31,961,600	10,123,968	18,886,400	0.6	1.9	18,289,895	0.6	1.8
	NOVA 수분가득 보습 로션 100ml	12,160,000	4,107,090	14,592,000	1.2	3.6	6,958,510	0.6	1.7
	NOVA 수분가득 보습 크림 120ml	11,329,920	3,679,438	33,045,600	2.9	9.0	6,483,500	0.6	1.8
선 제품	NOVA 물놀이 전용 선 크림 80g	7,934,976	2,600,721	11,902,464	1.5	4.6	4,540,757	0.6	1.7
	NOVA 완벽 차단 선 블록	57,488,211	18,956,973	64,898,496	1.1	3.4	32,897,393	0.6	1.7
	NOVA 피부보호 선 팩트 15g	30,348,000	8,945,197	24,278,400	0.8	2.7	17,366,519	0.6	1.9
	NOVA 부드럽게 발라지는 선 스틱 16g	15,718,400	4,711,655	17,192,000	1.1	3.6	8,994,790	0.6	1.9
클렌징 제품	NOVA 자연담은 페이셜 폼(지성피부) 80g	36,142,080	11,265,095	40,034,304	1.1	3.6	20,576,077	0.6	1.8
	NOVA 자연담은 페이셜 폼(중성피부) 80g	25,855,488	8,241,543	30,720,768	1.2	3.7	14,795,697	0.6	1.8
	NOVA 자연담은 페이셜 폼(건성피부) 80g	25,021,440	7,307,676	31,137,792	1.2	4.3	14,460,976	0.6	2.0

재고 금액 / 매출 금액

생산 비용 / 매출 금액

<표 04_24 제품별 매출 대비 생산성>

"다음 단계는 구해진 각각의 생산성을 모두 합하여 제품별 전체 생산성을 구해 줍니다. 〈표 04_25〉처럼요."

카테고리	제품명 (KRW)	재고 생산성		생산 비용의 생산성		전체 생산성
		매출 대비	이익 대비	매출 대비	이익 대비	
기초 제품	NOVA 세라마이드 워시 320ml	1.2	4.1	0.6	1.9	7.8
	NOVA 세라마이드 로션 120ml	0.9	2.8	0.6	1.8	6.1
	NOVA 세라마이드 크림 180g	1.3	4.3	0.6	1.9	8.0
	NOVA 세라마이드 젤 로션 150ml	0.6	1.9	0.6	1.8	4.8
	NOVA 수분가득 보습 로션 100ml	1.2	3.6	0.6	1.7	7.0
	NOVA 수분가득 보습 크림 120ml	2.9	9.0	0.6	1.8	14.2
선 제품	NOVA 물놀이 전용 선 크림 80g	1.5	4.6	0.6	1.7	8.4
	NOVA 완벽 차단 선 블록	1.1	3.4	0.6	1.7	6.9
	NOVA 피부보호 선 팩트 15g	0.8	2.7	0.6	1.9	6.0
	NOVA 부드럽게 발라지는 선 스틱 16g	1.1	3.6	0.6	1.9	7.2
클렌징 제품	NOVA 자연담은 페이셜 폼(지성피부) 80g	1.1	3.6	0.6	1.8	7.1
	NOVA 자연담은 페이셜 폼(중성피부) 80g	1.2	3.7	0.6	1.8	7.3
	NOVA 자연담은 페이셜 폼(건성피부) 80g	1.2	4.3	0.6	2.0	8.1

생산성의 총합

<표 04_25 제품별 생산성의 총합>

"생산성까지 분석한 내용만 봐도 매출액과 이익이 높았던 'NOVA 완벽 차단 선 블록'보다 매출이 그렇게 높지 않았지만 'NOVA 수분 가득 보습 크림 120ml'이 생산성이 가장 높은 제품이라는 평가가 나왔네요."

"그러게요. 'NOVA 완벽 차단 선 블록'은 그렇게 높은 성과를 보이지 않는데요? 그럼 결국 생산성이 곧 효율성인가요? 매출 금액이나 이익 대비 생산성이니까 어차피 투입 대비 산출인 건 마찬가지 아닌가요?"

"신대리 말이 일리가 있어요. 생산성을 효율성으로 간주해도 되죠. 하지만 생산성의 결과는 절대적 성과일 뿐이랍니다. 비교 대상이 된 다른 제품의 생산성과 상관없이 해당 제품의 결과로 결정된 것이죠. 하지만 효율성은 상대적으로 평가해야 해요. 가장 높은 성과를 올린 제품이 100%일 때 다른 제품들은 얼마만큼 성과를 올렸는지 파악해야죠. 이점이 가장 중요한 포인트입니다."

"절대적이냐? 상대적이냐?"

"그렇죠. 조 주임. 'NOVA 수분 가득 보습 크림 120ml'은 14.2로 가장 높은 생산성을 기록했습니다. 이것은 바꿔 말하면 우리 기업의 능력치가 최대일 때 모든 제품이 같은 결과(14.2)를 얻을 수 있다고 생각할 수 있죠. 그래서 최고치 대비 얼마나 부족한지를 정확히 명시해주는 분석이 바로 효율성 분석입니다. 결과는 아래 표와 같습니다."

$$\text{제품의 효율성} = \frac{\text{평가 대상의 생산성 점수}}{\text{최대 생산성 점수}}$$

카테고리	제품명 (KRW)	재고 생산성		생산 비용의 생산성		전체 생산성	효율성
		매출 대비	이익 대비	매출 대비	이익 대비		
기초 제품	NOVA 세라마이드 워시 320ml	1.2	4.1	0.6	1.9	7.8	54.5%
	NOVA 세라마이드 로션 120ml	0.9	2.8	0.6	1.8	6.1	42.8%
	NOVA 세라마이드 크림 180g	1.3	4.3	0.6	1.9	8.0	56.6%
	NOVA 세라마이드 젤 로션 150ml	0.6	1.9	0.6	1.8	4.8	34.0%
	NOVA 수분가득 보습 로션 100ml	1.2	3.6	0.6	1.7	7.0	49.3%
	NOVA 수분가득 보습 크림 120ml	2.9	9.0	0.6	1.8	14.2	100.0%
선 제품	NOVA 물놀이 전용 선 크림 80g	1.5	4.6	0.6	1.7	8.4	59.0%
	NOVA 완벽 차단 선 블록	1.1	3.4	0.6	1.7	6.9	48.2%
	NOVA 피부보호 선 팩트 15g	0.8	2.7	0.6	1.9	6.0	42.4%
	NOVA 부드럽게 발라지는 선 스틱 16g	1.1	3.6	0.6	1.9	7.2	50.8%
클렌징 제품	NOVA 자연담은 페이셜 폼(지성피부) 80g	1.1	3.6	0.6	1.8	7.1	49.6%
	NOVA 자연담은 페이셜 폼(중성피부) 80g	1.2	3.7	0.6	1.8	7.3	51.2%
	NOVA 자연담은 페이셜 폼(건성피부) 80g	1.2	4.3	0.6	2.0	8.1	56.6%

대상의 생산성 점수 / 최대 생산성 점수

<표 04_26 제품별 매출 대비 재고와 생산 비용에 따른 효율성>

"효율성을 분석하고 보니 매출이 높다고 마냥 좋은 건 아니네요. 효율성이 너무 떨어지는데요?"

내가 본 그대로를 말했다. 조금씩 효율성 분석에 관해 자신감이 생긴다. 그만큼 필요성도 절실히 느낀다. 효율성 분석은 실로 놀랍다. 아주 단순한 수식으로 분석되지만 그 결과는 놀랍다. 성과를 판단하는 데 매우 중요한 자료가 될 것 같다.

"네, 맞아요. 그래서 효율성 분석이 중요한 거죠. 물론 효율성이 절대적인 성과 수치라고 말할 순 없어요. 어떤 투입과 산출을 대입하느냐에 따라 그 결과는 너무 다르니까요. 하지만 투입과 산출이 모두가 납득할 만큼 합리적이라면 그 결과는 충분한 가치가 있다고 생각합니다."

"투입이 무엇이고 산출이 무엇이냐를 결정하는 문제가 가장 중요하겠네요."

"맞아요. 조 주임. 효율성을 따질 때 핵심은 투입과 산출의 변수요인을 어떤 것으로 정하느냐죠. 이 부분은 기업별로 환경에 맞춰 설정하면 돼요. 다만 투입과 산출이 반드시 비용만 포함하는 것은 아니므로 너무 비용에 치중하여 생각의 폭을 좁힐 필요는 없습니다. 호호호. 자, 이제 효율성을 분석하는 가장 기본적인 방법은 확실히 이해하셨죠?"

진심으로 효율성 분석에 자신이 생겼다. 그리고 왜 그렇게 성 팀장이 효율성을 중요하게 생각하는지도 충분히 이해가 간다.

"하지만, 여기가 끝이 아니라는 것. 호호호. 한 가지 생각해볼 문제가 있어요. 효율성을 계산하기 위해 투입과 산출 변수를 설정하는 일은 매우 중요하다고 인지했죠? 그런데 결정된 투입과 산출 변수가 각 1개씩이라면 별 문제가 되지 않겠지만 만약 2개 이상의 변수를 선정했을 때라면 상황이 다릅니다. 이때 각각의 변수는 중요도가 똑같다고 볼 수가 있을까요? 지금 우리가 분석한 제품의 효율성은 총 4개의 변수가 활용되었죠. 매출 금액, 매출 이익, 재고 금액 그리고 생산 비용. 제시된 변수 중에 어떤 변수가 더 중요할까요? 이럴 땐 각 변수의 중요도에 따라 가중치 값을 부여하게 됩니다. 가중치는 일반적으로 중요도에 따라 0~1의 범위 안에서 각 변수에 상대적으로 부여합니다. 유의할 점은 투입 변수는 투입 변수끼리, 산출 변수는 산출 변수끼리 부여해야 합니다. 투입과 산출은 엄연히 다른 영역이라고 보는 것이죠. 그리고 각각의 변수에 부여한 가중치의 총합은 1이 되어야 하고요. 그래서 저는 가중치를 다음과 같이 부여해봤어요."

	투입		산출	
	매출		재고 금액	생산 비용
	금액	이익		
가중치	0.6	0.4	0.7	0.3

<표 04_27 제품별 매출 대비 재고와 생산 비용에 따른 효율성>

"가중치를 부여한 이후 분석 방법은 일반적인 효율성 분석 과정과 동일합니다."

카테고리	제품명 (KRW)	매출				재고 금액		생산 비용	
		금액		이익					
		기존	적용 후	기존	적용 후	기존	적용 후	기존	적용 후
기초 제품	NOVA 세라마이드 워시 320ml	13,527,552	8,116,531	4,122,577	1,649,031	16,768,528	11,737,970	7,741,086	2,322,326
	NOVA 세라마이드 로션 120ml	5,289,984	3,173,990	1,728,524	691,410	4,912,128	3,438,490	3,027,172	908,151
	NOVA 세라마이드 크림 180g	7,495,680	4,497,408	2,291,835	916,734	9,838,080	6,886,656	4,289,372	1,286,812
	NOVA 세라마이드 젤 로션 150ml	31,961,600	19,176,960	10,123,968	4,049,587	18,886,400	13,220,480	18,289,895	5,486,968
	NOVA 수분가득 보습 로션 100ml	12,160,000	7,296,000	4,107,090	1,642,836	14,592,000	10,214,400	6,958,510	2,087,553
	NOVA 수분가득 보습 크림 120ml	11,329,920	6,797,952	3,679,438	1,471,775	33,045,600	23,131,920	6,483,500	1,945,050
선 제품	NOVA 물놀이 전용 선 크림 80g	7,934,976	4,760,986	2,600,721	1,40,288	11,902,464	8,331,725	4,540,757	1,362,227
	NOVA 완벽 차단 선 블록	57,488,211	34,492,927	18,956,973	7,582,789	64,898,496	45,428,947	32,897,393	9,69,218
	NOVA 피부보호 선 팩트 15g	30,348,000	18,208,800	8,945,197	3,578,079	24,278,400	16,994,880	17,366,519	5,209,956
	NOVA 부드럽게 발라지는 선 스틱 16g	15,718,400	9,431,040	4,711,655	1,884,662	17,192,000	12,034,400	8,994,790	2,698,437
클렌징 제품	NOVA 자연담은 페이셜 폼(지성피부) 80g	36,142,080	21,685,248	11,265,095	4,506,038	40,034,304	28,024,013	20,576,077	6,172,823
	NOVA 자연담은 페이셜 폼(중성피부) 80g	25,855,488	15,513,293	8,241,543	3,296,617	30,720,768	21,504,538	14,795,697	4,438,709
	NOVA 자연담은 페이셜 폼(건성피부) 80g	25,021,440	15,012,864	7,307,676	2,923,071	31,137,792	21,796,454	14,460,976	4,338,293

기존 X 0.6　기존 X 0.4　기존 X 0.7　기존 X 0.3

<표 04_28 제품별 투입과 산출의 가중치 적용 결과>

카테고리	제품명 (KRW)	매출		재고 생산성			생산 비용의 생산성		
		금액	이익	금액	매출 대비	이익 대비	금액	매출 대비	이익 대비
기초 제품	NOVA 세라마이드 워시 320ml	8,116,531	1,649,031	11,737,970	1.4	7.1	2,322,326	0.3	1.4
	NOVA 세라마이드 로션 120ml	3,173,990	691,410	3,438,490	1.1	5.0	908,151	0.3	1.3
	NOVA 세라마이드 크림 180g	4,497,408	916,734	6,886,656	1.5	7.5	1,286,812	0.3	1.4
	NOVA 세라마이드 젤 로션 150ml	19,176,960	4,049,587	13,220,480	0.7	3.3	5,486,968	0.3	1.4
	NOVA 수분가득 보습 로션 100ml	7,296,000	1,642,836	10,214,400	1.4	6.2	2,087,553	0.3	1.3
	NOVA 수분가득 보습 크림 120ml	6,797,952	1,471,775	23,131,920	3.4	15.7	1,945,050	0.3	1.3
선 제품	NOVA 물놀이 전용 선 크림 80g	4,760,986	1,40,288	8,331,725	1.8	8.0	1,362,227	0.3	1.3
	NOVA 완벽 차단 선 블록	34,492,927	7,582,789	45,428,947	1.3	6.0	9,69,218	0.3	1.3
	NOVA 피부보호 선 팩트 15g	18,208,800	3,578,079	16,994,880	0.9	4.7	5,209,956	0.3	1.5
	NOVA 부드럽게 발라지는 선 스틱 16g	9,431,040	1,884,662	12,034,400	1.3	6.4	2,698,437	0.3	1.4
클렌징 제품	NOVA 자연담은 페이셜 폼(지성피부) 80g	21,685,248	4,506,038	28,024,013	1.3	6.2	6,172,823	0.3	1.4
	NOVA 자연담은 페이셜 폼(중성피부) 80g	15,513,293	3,296,617	21,504,538	1.4	6.5	4,438,709	0.3	1.3
	NOVA 자연담은 페이셜 폼(건성피부) 80g	15,012,864	2,923,071	21,796,454	1.5	7.5	4,338,293	0.3	1.5

<표 04_29 가중치 적용 후 제품별 매출 대비 생산성>

카테고리	제품명 (KRW)	재고 생산성		생산 비용의 생산성		전체 생산성	효율성
		매출 대비	이익 대비	매출 대비	이익 대비		
기초 제품	NOVA 세라마이드 워시 320ml	1.4	7.1	0.3	1.4	10.3	49.5 %
	NOVA 세라마이드 로션 120ml	1.1	5.0	0.3	1.3	7.7	36.9%
	NOVA 세라마이드 크림 180g	1.5	7.5	0.3	1.4	10.7	51.8%
	NOVA 세라마이드 젤 로션 150ml	0.7	3.3	0.3	1.4	5.6	27.0%
	NOVA 수분가득 보습 로션 100ml	1.4	6.2	0.3	1.3	9.2	44.3%
	NOVA 수분가득 보습 크림 120ml	3.4	15.7	0.3	1.3	20.7	100.0%
선 제품	NOVA 물놀이 전용 선 크림 80g	1.8	8.0	0.3	1.3	11.4	54.8%
	NOVA 완벽 차단 선 블록	1.3	6.0	0.3	1.3	8.9	42.9%
	NOVA 피부보호 선 팩트 15g	0.9	4.7	0.3	1.5	7.4	35.8%
	NOVA 부드럽게 발라지는 선 스틱 16g	1.3	6.4	0.3	1.4	9.4	45.3%
클렌징 제품	NOVA 자연담은 페이셜 폼(지성피부) 80g	1.3	6.2	0.3	1.4	9.2	44.2%
	NOVA 자연담은 페이셜 폼(중성피부) 80g	1.4	6.5	0.3	1.3	9.5	46.0%
	NOVA 자연담은 페이셜 폼(건성피부) 80g	1.5	7.5	0.3	1.5	10.7	51.5%

<표 04_30 가중치 적용 후 제품별 매출 대비 재고와 생산 비용에 따른 효율성>

"가중치를 부여하고 분석한 효율성이 그렇지 않을 때보다 더 떨어지네요. 가중치를 부여하고 효율성을 분석할 것이냐? 아니면 있는 그대로의 값을 기준으로 효율성을 분석할 것이냐? 그건 전적으로 분석하는 사람의 판단에 맡겨야 하겠죠? 호호호. 그리고 효율성 분석을 통한 성과 분석은 지금 분석한 제품뿐만 아니라 더 다양한 대상으로 확장할 수 있습니다. 투입과 산출 자료를 적절히 대입하면 되지요. 예를 들어 영업사원의 성과를 판단하고 싶다면 사원의 급여와 판공비 등을 투입하고, 산출은 매출액과 영업 이익 등을 대입하면 되겠지요."

"효율성을 통해 성과를 관리한다? 괜찮은 방법이네요. 대부분의 기업이 단순히 결과만으로 판단 하잖아요. 꼭 평가한다는 의미보다 기업이 진정 효율적으로 운영되고 있는지를 판단할 수 있다는 점에서 매우 유용한 분석이 되겠어요. 역시! 팀장님, 짱!"

"좋게 봐준 신대리도 짱! 호호호."

되돌아보면 나는 지금도 조금씩 성장하고 있다. 더 노력하면 언젠가는 나도 성지나 팀장처럼 될 수 있겠지? 꼭 그렇게 되고 싶다.

제품 구성의 효율화

6 선택하고 집중하라 2

제품 효율성을 분석하는 이유는 불필요한 제품을 탈락시켜 경영 효율성을 높이기 위해서다. 효율성이 낮은 제품을 줄이면 생산비, 자재 구매비, 재고 비용, 물류비 등을 동시에 줄일 수 있다. 단순히 비용 절감 차원을 넘어 선택과 집중이 가능해져 생산과 구매, 영업과 마케팅의 업무 성과까지 높일 수 있다. 그리고 제품의 방향성을 정립하고, 마케팅 정책을 결정하는 일도 훨씬 수월해진다.

효율성 분석, 이거 참 재밌다. 비록 세 명에 불과하지만 마치 열 명은 참석한 듯 회의실 분위기가 한껏 달아올랐다.

"자, 이렇게 효율성을 기준으로 성과를 분석하면 좀 더 다양하게 활용할 수 있어요."

"저도 효율성 분석에 푹 빠진 것 같아요. 너무 기대돼요"

분위기 탓인지 성지나 팀장도 신이 났다.

"호호호. 고마워요. 신 대리. 일단 간단하게 효율성 점수에 따라 내림차순으로 정렬하고 순위를 기록해 줍니다. 가중치를 부여한 분석 결과로 진행합시다. 순위를 부여하는 작업을 왜 진행했느냐? 우리가 앞서 수행한 효율성 분석은 제품별로 한 것입니다. 여기서 질문 들어갑니다. 카테고리별로 성과를 판단하고자 할 때는 어떤 방법이 좋을까요?"

카테고리	제품명 (KRW)	효율성	순위
기초 제품	NOVA 수분가득 보습 크림 120ml	100.0%	1
선 제품	NOVA 물놀이 전용 선 크림 80g	54.8%	2
기초 제품	NOVA 세라마이드 크림 180g	51.8%	3
클렌징 제품	NOVA 자연담은 페이셜 폼(건성피부) 80g	51.5%	4
기초 제품	NOVA 세라마이드 워시 320ml	49.5%	5
클렌징 제품	NOVA 자연담은 페이셜 폼(중성피부) 80g	46.0%	6
선 제품	NOVA 부드럽게 발라지는 선 스틱 16g	45.3%	7
기초 제품	NOVA 수분가득 보습 로션 100ml	44.3%	8
클렌징 제품	NOVA 자연담은 페이셜 폼(지성피부) 80g	44.2%	9
선 제품	NOVA 완벽 차단 선 블록	42.9%	10
기초 제품	NOVA 세라마이드 로션 120ml	36.9%	11
선 제품	NOVA 피부보호 선 팩트 15g	35.8%	12
기초 제품	NOVA 세라마이드 젤 로션 150ml	27.0%	13

<표 04_30 효율성을 기준으로 한 순위>

"카테고리별로 효율성의 평균을 구해서 가장 높은 영역이 결국 성과가 좋은 카테고리가 아닐까요?"

평균은 어디에서나 유용하게 사용할 수 있는 가장 기본적인 분석 수치다.

"그렇죠. 신대리 말처럼 간단하게 평균을 구해서 비교할 수 있겠죠. 평균을 내어 비교해 볼까요?"

카테고리	제품명 (KRW)	효율성
기초 제품	NOVA 세라마이드 워시 320ml	49.5%
	NOVA 세라마이드 로션 120ml	36.9%
	NOVA 세라마이드 크림 180g	51.8%
	NOVA 세라마이드 젤 로션 150ml	27.0%
	NOVA 수분가득 보습 로션 100ml	44.3%
	NOVA 수분가득 보습 크림 120ml	100.0%
	평균	**51.6%**
선 제품	NOVA 물놀이 전용 선 크림 80g	54.8%
	NOVA 완벽 차단 선 블록	42.9%
	NOVA 피부보호 선 팩트 15g	35.8%
	NOVA 부드럽게 발라지는 선 스틱 16g	45.3%
	평균	**44.7%**
클렌징 제품	NOVA 자연담은 페이셜 폼(지성피부) 80g	44.2%
	NOVA 자연담은 페이셜 폼(중성피부) 80g	46.0%
	NOVA 자연담은 페이셜 폼(건성피부) 80g	51.5%
	평균	**47.3%**

<표 04_31 카테고리별 효율성의 평균>

"결과는 기초 제품 > 클렌징 제품 > 선 제품 순서로 성과가 나왔네요. 이번에는 다른 방법으로 카테고리 성과를 비교해 볼까요? 그 방법을 소개하고자 순위를 정한 것이죠. 다음과 같이 카테고리별 순위의 총합을 구해줍니다. 그리고 포함된 제품 수로 나누어 주는 것이죠."

카테고리	포함 제품 수	순위	합	순위합 평균
기초 제품	6	1, 3, 5, 8, 11, 13	41	7
선 제품	4	2, 7, 10, 12	31	8
클렌징 제품	3	4, 6, 9	19	6

합 / 포함 제품 수

<표 04_32 카테고리별 순위 합과 평균>

그러면 결과는 선 제품 > 기초 제품 > 클렌징 제품의 순으로 나열이 되네요. 앞서 단순 평균으로 비교한 것과는 사뭇 결과가 다릅니다. 어떤 결과가 좀 더 믿을 만한 걸까요?"

"당연히 순위의 평균으로 비교한 결과가 믿을 만하겠죠. 처음 보는 분석 방법이지만, 그래서 팀장님이 이 방법을 설명하는 게 아닐까요?"

"호호호. 눈치 100단 신 대리! 하지만 평균으로 비교한 결과가 반드시 틀리다고 말할 수는 없어요. 하지만 신대리 말처럼 후자의 분석으로 진행하는 것이 맞아요. 이런 분석을 순위 합 비교 검정이라 하는데요. 순위 합 비교 검정을 수행하는 이유는 제품별 효율성을 어떤 형태로든 묶어주면 그 결과는 동일한 조건이라고 말할 수 없기 때문입니다. 즉 서로 다른 환경에서의 결과라는 의미입니다. 포함된 제품의 수도 당연히 다르고요."

"뭔가 알 듯 말 듯 헷갈리네요."

나도 헷갈렸지만 조 주임도 이해가 안 된 것 같다.

"1차적으로 우리는 제품 효율성을 분석했죠? 그리고 그 1차 분석 결과를 활용해 2차 분석을 수행하고자 하는 것이죠? 바로 이럴 때 순위 합 비교가 필요한 것이죠. 1차로 분석한 결과는 연속된 값이 아니죠. 각각의 결과로서 동일한 환경에서 연속적으로 발생한 값이 아닌 거죠."

"아, 그렇군요. 연속된 값이 아니면, 연속된 값을 대표하는 평균과 분산을 활용할 수 없다는 이야기도 되네요."

조 주임의 이 멘트로 우리는 이제 완벽히 DA가 된 듯하다. 서로 다른 환경의 결과를 평균으로 비교할 수 없다.

"바로 그 점이죠. 호호호. 개념이 약간은 어려울 수 있는데요. 그냥 쉽게 1차 분석하고 그 결과로 2차 분석을 하고자 할 때는 평균을 사용할 수 없다고 생각해 주세요. 호호호."

"네, 알겠습니다."

"자, 효율성 결과를 좀 더 활용해 보겠습니다. 회계팀에 전달할 자료를 만들어 보죠."

"혹시 효율성 분석 결과로 군집 분석을 수행하려고 하는 거 아닌가요?"

"어머, 어머! 오늘 신 대리가 나를 두 번 놀라게 하네. 호호호. 우리가 최근에 재고 조사와 관련하여 회계와 자재팀에 전달한 내용이 무엇이죠? 바로 ABC 재고 분류이죠? 이 ABC 재고 분류를 효율성 결과를 활용해서도 할 수 있어요. 일단 효율성을 기준으로 한 제품별 순위를 제품의 총 개수로 나누어 비율을 구해줍니다."

카테고리	제품명 (KRW)	효율성	순위	군집 비율
기초 제품	NOVA 수분가득 보습 크림 120ml	100.0%	1	7.7%
선 제품	NOVA 물놀이 전용 선 크림 80g	54.8%	2	15.4%
기초 제품	NOVA 세라마이드 크림 180g	51.8%	3	23.1%
클렌징 제품	NOVA 자연담은 페이셜 폼(건성피부) 80g	51.5%	4	30.8%
기초 제품	NOVA 세라마이드 워시 320ml	49.5%	5	38.5%
클렌징 제품	NOVA 자연담은 페이셜 폼(중성피부) 80g	46.0%	6	46.2%
선 제품	NOVA 부드럽게 발라지는 선 스틱 16g	45.3%	7	53.8%
기초 제품	NOVA 수분가득 보습 로션 100ml	44.3%	8	61.5%
클렌징 제품	NOVA 자연담은 페이셜 폼(지성피부) 80g	44.2%	9	69.2%
선 제품	NOVA 완벽 차단 선블록	42.9%	10	76.9%
기초 제품	NOVA 세라마이드 로션 120ml	36.9%	11	84.6%
선 제품	NOVA 피부보호 선 팩트 15g	35.8%	12	92.3%
기초 제품	NOVA 세라마이드 젤 로션 150ml	27.0%	13	100.0%

순위 / 13

<표 04_33 제품별 효율성 순위에 따른 군집 비율>

"구해진 군집 비율을 활용하여 다음의 기준으로 군집을 구분해줍니다. 기존의 ABC 재고 관리의 구분 방식과는 다르게 적용해 보았습니다."

- A 군집 : 군집 비율 0%~20%
- B 군집 : 군집 비율 21%~80%
- C 군집 : 군집 비율 81% 이상

카테고리	제품명 (KRW)	효율성	순위	군집 비율	군집
기초 제품	NOVA 수분가득 보습 크림 120ml	100.0%	1	7.7%	A
선 제품	NOVA 물놀이 전용 선 크림 80g	54.8%	2	15.4%	
기초 제품	NOVA 세라마이드 크림 180g	51.8%	3	23.1%	B
클렌징 제품	NOVA 자연담은 페이셜 폼(건성피부) 80g	51.5%	4	30.8%	
기초 제품	NOVA 세라마이드 워시 320ml	49.5%	5	38.5%	
클렌징 제품	NOVA 자연담은 페이셜 폼(중성피부) 80g	46.0%	6	46.2%	
선 제품	NOVA 부드럽게 발라지는 선 스틱 16g	45.3%	7	53.8%	
기초 제품	NOVA 수분가득 보습 로션 100ml	44.3%	8	61.5%	
클렌징 제품	NOVA 자연담은 페이셜 폼(지성피부) 80g	44.2%	9	69.2%	
선 제품	NOVA 완벽 차단 선블록	42.9%	10	76.9%	
기초 제품	NOVA 세라마이드 로션 120ml	36.9%	11	84.6%	C
선 제품	NOVA 피부보호 선 팩트 15g	35.8%	12	92.3%	
기초 제품	NOVA 세라마이드 젤 로션 150ml	27.0%	13	100.0%	

<표 04_34 제품별 효율성 순위에 따른 군집 비율>

"이 결과는 제품의 효율성을 기준으로 한 것이죠. 투자와 결과가 가장 효율적인 군집이 A군집이 된 것이죠. 만약 선택과 집중을 위해 제품을 단종처리 해야 한다면 어떤 제품을 단종시키면 좋을까요? C군집은 생각해볼 가치가 있겠죠? 호호호. 자, 이번에도 신대리가 관련 부서에 분석 내용을 전달해주세요."

우리 팀의 제품 효율성 분석 결과를 바탕으로 재무, 마케팅, 영업, 자재, 구매, 생산팀이 모두 참여 하는 TFTTask Force Team을 발족했다. 우리 팀에선 내가 참여했다. TFT의 이름은 '제품 구성 효율화 TFT'. TFT 발족 의미를 재무회계팀 길성민 차장이 나서 설명했다.

"이번 TFT의 목적은 효율성을 기준으로 제품 수를 줄이는 것입니다. 제품 수가 줄면 생산 비용이 줄어듭니다. 생산을 위한 자재 구매비도 낮출 수 있죠. 제품과 자재가 줄어든 만큼 재고 비용 역시 절감 효과를 볼 수 있습니다. 물류비용은 말할 것도 없고요. 제품 수 축소의 기대효과는 무궁무진합니다. 제품 수 축소의 긍정적인 효과는 단순히 비용적 측면에 머물지 않습니다. 생산과 구매의 업무 능률을 높이는 데도 매우 효과적일 것입니다. 또한 마케팅과 영업 분야에서도 품목이 줄어 업무 성과를 높일 수 있을 겁니다. 제품의 방향성을 정립하고, 마케팅 정책을 결정하는 일도 훨씬 수월해질 것으로 판단합니다."

TFT 발족식에 앞서 몇 차례 이어진 사전 미팅에서 연도별 제품 수 축소 방향이 정해졌다. 현재 유통되는 1,500여 개 제품을 1차로 올 연말까지 900여 개로 줄이고, 2차로 내년에는 700여 개, 그리고 3차로 그 이듬해엔 500여 개 제품으로 줄이기로 했다.

물론 효율성이 떨어진다고 모든 제품을 단종할 수는 없다. 그중에는 특별 제품도 있을 것이고, 특수 고객을 위한 제품, 회사의 상징성을 보여주는 제품 등 다양할 것이다. 하지만 효율성이라는 기준으로 접근한다는 점이 매우 고무적이다. 그 중심이 우리 정보분석팀이라는 사실도 매우 뿌듯하다.

제품 수 축소 결과를 확인하기까지는 긴 시간이 걸릴 것이다. 하지만 이건 우리 회사가 꼭 가야 하는 길이다. 사장님도 매우 흡족해했다.

"회사가 발전하고 지속 가능한 조직으로 바뀌고 있다는 느낌이 듭니다. 하하하."

TFT 발족식을 마치고 멤버 전원은 회사 근처 'H'호텔에서 프로젝트의 성공을 기원하며 근사한 저녁 식사를 했다. 사장님이 다시 한번 우리에게 힘을 실어 주었다.

"물러서지 말고 전진하세요. 여러분의 성공적인 임무 수행을 기원합니다. 자, 잔에 와인을 채워주세요. 우리 건배합시다!"

빅데이터 분석

외부 데이터를 공략하라

제1강 납기 준수율 분석 물류의 최종 목표는
기업의 진심을 고객이 느끼게 하는 것이다

제2강 소비자 반응 조사 SNS를 분석하라

제3강 연관규칙 분석 소비의 흐름을 파악하라

에필로그 셀 수 없는 것을 분석하라

납기 준수율 분석

1 물류의 최종 목표는 기업의 진심을 고객이 느끼게 하는 것이다

아무리 좋은 물건이더라도 고객(판매자와 소비자)이 원할 때 없으면 아무 쓸모가 없다. 물류는 그래서 중요하다. 기업에 대한 고객의 신뢰도와 만족도는 물류 소요 시간과 비례한다. 납기 준수율을 분석하면 물류 생산성을 파악할 수 있다. 출하, 선적, 인도, 납품 수량 데이터를 분석하여 납기 준수율을 분석할 수 있다.

NOVA의 매출은 대략 국내 매출 55%와 아시아를 중심으로 진행되는 수출 물량 45%로 이루어진다. 수출 물량을 세부적으로 살펴보면 50% 이상이 중국이고, 홍콩과 대만 등이 32%의 비중을 차지하며, 나머지 18% 정도는 동남아를 비롯한 몇몇 국가가 차지한다. 수출의 경우는 대부분 직판보다 현지 수입 업자를 통해 현지에서 판매되는데 최근에 대만으로 가는 일부 물량이 제대로 납품되지 않는 문제가 생겼다.

"팀장님 얘기 들으셨죠? 대만 거래처에서 위약금까지 언급한다고 하던데, 문제가 꽤 큰가 봐요?"

"그러게요? 대만 운송 조합 파업은 마무리되었나 모르겠어요? 물건 아무리 잘 만들어도 배송이 안 되면 아무 소용없어요."

대만 수출 문제로 뒤숭숭하던 어느 날 방천석 물류팀장이 우리 부서를 찾아왔다. 성 팀장이 대만 수출 건에 대해 안타까움을 전했다.

"걱정 많으시죠? 아무쪼록 일이 잘 해결되어야 할 텐데."

"네, 걱정해 주셔서 감사합니다. 다행히 대만 수출 건은 좋은 방향으로 해결되고 있습니다. 대만에서 한발 물러서는 모양새입니다."

"아, 그거 정말 잘됐네요. 한시름 놓았겠어요."

"네, 걱정해 주신 덕분에. 근데 앞으로 이런 일이 발생하지 않도록 하는 게 더 중요하죠."

마음고생이 심했을 텐데 방천석 팀장은 차분하게 말한다. 잠시 숨을 고르더니 방 팀장이 우리 팀을 찾은 이유를 말했다.

"예상하셨겠지만, 사장님이 아주 노발대발하셨습니다."

충분히 이해가 간다. 충격이 꽤 크실 것이다.

"사장님이 정보분석팀과 상의해서 다시는 이런 일이 발생하지 않도록 대책을 마련하라고 하셨습니다. 뭐 좋은 방법이 없을까요?

"분석만 할 줄 아는 우리 팀이 어떤 도움을 드릴 수 있을까요? 으음, 장담은 못 하지만 그래도 고민해볼게요."

성 팀장은 물류의 개념이 바뀌었다고 가끔 말하곤 했다. 과거엔 운송, 보관, 하역 등 기본적인 업무만 다루었지만, 지금은 물류의 전체 프로세스를 감독하고 기획하고 운영하는 광범위한 개념으로 영역이 확대되었다고 강조하였다.

"제가 갑자기 요청해서 죄송하네요."

"아닙니다. 호호호. 쉽게 사용 가능한 도구를 만들어 볼게요. 분석이라고 할 것도 없지만 그래도 도움이 되지 않을까 생각해요."

"네, 감사합니다. 정리되면 알려주세요."

방천석 팀장이 떠나자 성 팀장이 곧바로 회의를 소집했다.

"마음고생이 심했던 모양이에요. 입술이 다 부르텄어. 좋은 분 같은데 안타깝네요."

"그러게요. 그래도 잘 해결될 것 같다니 다행이에요."

"우리 곧장 시작할까요? 으음……, 물류의 핵심은 고객이 원하는 시간과 장소에 제품을 정확히 인도하는 거죠. 아무리 뛰어난 제품을 생산해도 제품이 정시에 고객에게 인도되지 않으면 신뢰도가 하락하여 보이지 않는 손실 비용이 발생합니다."

성 팀장이 너무 급한 듯하다. 내가 잠시 숨 고르기를 권유하듯 이야기했다.

"이번처럼 불가항력인 사유가 발생하면 어쩔 수 없겠지만, 그래도 평상시 현지 바이어에게 제품 인도가 정확히 이루어지고 있는지 꾸준히 체크해 주면 좋겠네요."

"신 대리 말이 맞아요. 그래서 오늘은 납기 준수율에 대해 분석해볼까 합니다."

"이번 일을 보면서 납기 준수는 단순히 물류와 수출본부만의 문제가 아니라는 걸 느꼈어요."

"그래요, 맞아요. 우리도 힘을 보탠다는 기분으로 일을 시작합시다. 자, 가볍게 용어부터 살펴보도록 하죠. 우선 납기 준수란 정시에 고객에게 물건을 전달하는 것이죠. 그래서 앞으로 우리는 정시 납기의 의미를 담아 On Time Delivery의 약자인 OTD라 부르도록 하죠. 그리고 이 OTD를 저는 조금 세분화했습니다.

OTD1 = 정시 출하 여부

OTD2 = 정시 선적 여부

OTD3 = 정시 인도 여부

대만			실제 출하일			기준 출하일			계약일	준수 여부		
제품	차수	선사	출하	선적	인수	출하	선적	인수		OTD1	OTD2	OTD3
NOVA 완벽 차단 선 블록	1차	A사	07-18	07-24	09-19	07-19	07-24	09-20	09-20	O	O	O
	2차	B사	08-08	08-14	10-10	08-08	08-13	10-10	10-10	O	X	O
	3차	A사	08-28	09-02	11-01	08-30	09-04	11-01	11-01	O	O	O
NOVA 세라마이드 로션 120ml	1차	C사	07-29	08-03	09-30	07-30	08-04	10-01	10-01	O	O	O
	2차	D사	08-17	08-23	10-21	08-18	08-23	10-20	10-20	O	O	X
	3차	C사	09-08	09-11	11-09	09-08	09-13	11-10	11-10	O	O	O
	4차	B사	09-29	10-02	11-29	09-28	10-03	11-30	11-30	O	O	O
NOVA 부드럽게 발라지는 선 스틱 16g	1차	D사	0910	09-14	11-12	09-08	09-13	11-10	11-10	O	X	X
	2차	A사	09-23	09-28	11-24	09-23	09-28	11-25	11-25	O	O	O
	3차	B사	10-07	10-12	12-10	10-08	10-13	12-10	12-10	O	O	O
NOVA 세라마이드 젤 로션 150ml	1차	D사	08-06	08-12	10-08	08-08	08-13	10-10	10-10	O	O	O
	2차	A사	08-13	08-18	10-12	08-13	08-18	10-15	10-15	O	O	O
	3차	B사	08-18	08-22	10-20	08-18	08-23	10-20	10-20	O	O	O
NOVA 자연담은 페이셜 폼 80g	1차	A사	06-18	06-24	08-20	06-18	06-23	08-20	08-20	O	X	O
	2차	C사	07-15	07-20	09-16	07-14	07-19	09-15	09-15	X	O	X
	3차	D사	07-27	08-01	09-28	07-29	08-03	09-30	09-30	O	O	O
	4차	B사	08-13	08-16	10-14	08-13	08-18	10-15	10-15	O	O	O

<표 05_01. 대만 수출 물량의 3분기 출하 실적>

"보시는 〈표 05_01〉은 대만 수출 물량의 3분기 출하 실적입니다. 표에서 볼 수 있는 것처럼 3가지 OTD가 모두 정시에 이루어졌을 때만 정시 납기가 됩니다."

$$생산성 = \frac{준수된\ 건수}{전체\ 출하\ 건수}$$

대만			실제 출하일			기준 출하일			계약일	준수 여부			정시 납기
제품	차수	선사	출하	선적	인수	출하	선적	인수		OTD1	OTD2	OTD3	
NOVA 완벽 차단 선 블록	1차	A사	07-18	07-24	09-19	07-19	07-24	09-20	09-20	O	O	O	O
	2차	B사	08-08	08-14	10-10	08-08	08-13	10-10	10-10	O	X	O	X
	3차	A사	08-28	09-02	11-01	08-30	09-04	11-01	11-01	O	O	O	O
NOVA 세라마이드 로션 120ml	1차	C사	07-29	08-03	09-30	07-30	08-04	10-01	10-01	O	O	O	O
	2차	D사	08-17	08-23	10-21	08-18	08-23	10-20	10-20	O	O	X	X
	3차	C사	09-08	09-11	11-09	09-08	09-13	11-10	11-10	O	O	O	O
	4차	B사	09-29	10-02	11-29	09-28	10-03	11-30	11-30	O	O	O	O
NOVA 부드럽게 발라지는 선 스틱 16g	1차	D사	0910	09-14	11-12	09-08	09-13	11-10	11-10	O	X	X	X
	2차	A사	09-23	09-28	11-24	09-23	09-28	11-25	11-25	O	O	O	O
	3차	B사	10-07	10-12	12-10	10-08	10-13	12-10	12-10	O	O	O	O
NOVA 세라마이드 젤 로션 150ml	1차	D사	08-06	08-12	10-08	08-08	08-13	10-10	10-10	O	O	O	O
	2차	A사	08-13	08-18	10-12	08-13	08-18	10-15	10-15	O	O	O	O
	3차	B사	08-18	08-22	10-20	08-18	08-23	10-20	10-20	O	O	O	O
NOVA 자연담은 페이셜 폼 80g	1차	A사	06-18	06-24	08-20	06-18	06-23	08-20	08-20	O	X	O	X
	2차	C사	07-15	07-20	09-16	07-14	07-19	09-15	09-15	X	O	X	X
	3차	D사	07-27	08-01	09-28	07-29	08-03	09-30	09-30	O	O	O	O
	4차	B사	08-13	08-16	10-14	08-13	08-18	10-15	10-15	O	O	O	O
납기 준수율										94%	82%	82%	71%

12 / 17

← 동일하게 산출

<표 05_02. 대만 수출 물량의 3분기 납기 준수율>

"결과를 보면 3분기 대만 수출 물량의 납기 준수율은 역시 좋은 수치가 아니네요. 그리고 정시 출하는 그나마 괜찮은데 정시 선적과 인도는 많이 지켜지지 않고 있어요."

"개선이 시급해 보이네요. 간단하지만 매우 유용한 분석인 것 같습니다."

"맞아요. 시간을 지키는 것만큼 중요한 것은 없죠. 여기에 하나 더 추가하자면 요청한 물량까지 완벽하게 모두 전달한다면 금상첨화죠. 그래서 정시/정납을 확인하는 OTIF

라는 수치가 있습니다."

"OTIF? 그게 뭐죠?"

웬만해서는 바로 약자를 사용하는 경우가 드문데, 성 팀장이 은근히 마음이 급한 모양이다.

"아, 미안해요. 호호호. On Time In Full의 약자입니다. OTD와 비슷한 방법으로 산출합니다. 여기에는 납품 수량까지 포함해 분석합니다. 〈표 05_03〉처럼요."

대만			일자		수량(BOX)		준수 여부		
제품	차수	선사	요청 일자	인수 일자	요청 수량	납품 수량	OT	IF	OTIF
NOVA 완벽 차단 선 블록	1차	A사	09-20	09-19	238	238	O	O	O
	2차	B사	10-10	10-10	104	104	O	O	O
	3차	A사	11-01	11-01	168	164	O	X	X
NOVA 세라마이드 로션 120ml	1차	C사	10-01	09-30	208	208	O	O	O
	2차	D사	10-20	10-21	192	192	X	O	X
	3차	C사	11-10	11-09	490	490	O	O	O
	4차	B사	11-30	11-29	168	168	O	O	O
NOVA 부드럽게 발라지는 선 스틱 16g	1차	D사	11-10	11-12	832	832	X	O	X
	2차	A사	11-25	11-24	144	141	O	X	X
	3차	B사	12-10	12-10	210	201	O	O	O
NOVA 세라마이드 젤 로션 150ml	1차	D사	10-10	10-08	288	288	O	O	O
	2차	A사	10-15	10-12	221	221	O	O	O
	3차	B사	10-20	10-20	224	224	O	O	O
NOVA 자연담은 페이셜 폼 80g	1차	A사	08-20	08-20	104	104	O	O	O
	2차	C사	09-15	09-16	490	480	X	X	X
	3차	D사	09-30	09-28	144	144	O	O	O
	4차	B사	10-15	10-14	221	221	O	O	O
							82%	82%	71%

<표 05_03. 대만 수출 물량의 3분기 OTIF>

"OTIF 수치도 썩 좋게 보이지 않네요."

"무리 없이 수출이 잘 되고 있다고 생각했는데 현실은 그렇지 못했네요. 그래서 이런 대만 사태가 벌어진 것일 테고요. 기업이 고객과 직접적으로 연결되는 핵심은 제품이에요. 그리고 그 제품을 고객에게 전달하는 중심에 물류가 있지요."

"가끔 팀장님이 말했던 부분이죠. 아무리 좋은 물건도 고객이 원할 때 없으면 무용지물이라고."

"바로 그거예요. 이런 경우를 생각해 보는 거예요. 우연히 들른 인터넷 쇼핑몰에서 그토록 사고 싶은 물품을 40% 인하된 특가에 판매하고 있는 상황을 발견한 거예요. 생각할 필요도 없는 득템 찬스에 고객은 과감히 구매 진행을 하겠죠. 구매 물품이 도착하기만 학수고대하던 고객, 그러나 물품은 일주일이 지나도록 도착하지 않습니다. 그토록 갖고 싶던 상품을 구매했지만 배송 지연으로 아직 받지 못한 고객의 심정은 어떨까요? 아무리 품질이 좋은 물건을 합리적인 가격에 구매하여도 내가 원하는 장소와 시간에 물건이 도착하지 않으면 고객의 만족도는 급격히 떨어지게 됩니다. 배송이 지연되는 사례는 여러 이유로 나타날 수 있습니다. 결품이 발생했을 수도 있고, 배송 기사의 부재나 업체의 누락, 지연 등 원인은 매우 다양하게 나타나죠. 배송이 지연되는 시간만큼 구매자의 신뢰도와 만족도는 추락하고 맙니다."

"고객의 신뢰도와 만족도는 지연 시간과 비례한다. 근사한데요."

조 주임이 수첩에 뭔가를 열심히 적는다.

"물류는 단순히 물건을 전달하는 행위만이 아닙니다. 누군가 물류에 관해 물으면 저는 이렇게 대답합니다. 물류는 기업의 진심을 고객이 느끼도록 하는 거라고. 따라서 기업의 핵심 부서는 물류팀이라고 말이죠. 호호호. 자 오늘 분석한 내용도 신 대리가 잘 정리해서 전달해주세요."

성 팀장의 멘트야 워낙 주옥같지만, 오늘따라 더 빛나 보인다. 나는 자리로 돌아오자마자 물류 관련 데이터 분석 자료를 정리해 수출 본부와 물류팀에 이메일로 전달해 주었다. 곧 방천석 팀장에게서 회신이 왔다.

안녕하세요. 방천석입니다.
바쁜 와중에 바로 분석해 주셔서 감사합니다.
전달해주신 내용에 아주 어려운 부분이 없어 보입니다. 부담 없이 활용할 수 있을 것 같습니다.
물류 상황을 한눈에 볼 수 있는 도구가 생겨 안심입니다. 조만간 근사한 저녁 준비하겠습니다.
다시 한번 감사합니다.
-물류팀 방천석 드림

소비자 반응 조사

2 SNS를 분석하라

빅데이터 분석 방법 중 연관규칙 분석이라는 게 있다. 반복적인 패턴을 찾아 특정 사건이 동시에 일어나는 규칙을 탐색하는, 예를 들면 사건 A가 일어날 때 사건 B가 동시에 발생하는 확률이 얼마나 되는지를 찾아내는 분석이다. '이 제품을 본 고객이 자주 찾는 상품' 혹은 '이 도서를 구매한 고객이 함께 구매한 책' 등이 연관규칙 분석의 결과이다.

성지나 팀장이 이상하다. 얼마 전부터 업무에 관심이 없는 사람처럼 보인다. 오늘 유독 더 그래 보인다. 점심시간이 지났는데 아까부터 커피를 든 채 창밖을 멍하니 쳐다보고 있다. 내가 은근히 다가가 말을 걸었다.

"언니! 뭘 그렇게 감성에 젖어 있어요?"

"어머, 사무실에서 언니가 뭐니. 호호호. 그냥 봄기운 느끼고 있었지. 호호호."

"아니, 천하의 성지나 답지 않게 웬 감성 타령일까? 무슨 일 있어요?"

"어머머, 감성하면 성지나, 성지나하면 감성 아니겠어? 호호호."

"그만 정신 잡고 일합시다."

"저기 탄천에 핀 벚꽃을 보니 비로소 봄이 온 걸 알겠구나. 호호호."

"어라 점점. 어제 먹은 술 아직 덜 깼어요?"
확실히 이상하다. 단순히 감성적이어서 그렇다고 보이지는 않는다. 회의 준비를 해야 하는데 자리로 돌아와서도 자꾸 성 팀장에게 시선이 간다. 집에 무슨 일 있나? 그런 분위기를 감지하지 못 했다. 형부를 그 인간, 그 인간 하지만 말속에는 언제나 애정이 묻어있다. 아님, 어디 아픈가? 그런 것 같지도 않다. 표정이 예전처럼 밝진 않지만, 안색이 특별히 나쁜 것도 아니다. 그럼, 정말 봄을 타는 걸까? 요 며칠 갑자기 저런 걸 보면 맞는 거 같다. 아까도 벚꽃, 봄, 감성, 뭐 이런 말을 하지 않았던가?
"신 대리, 뭐해? 회의하자고. 호호호."
"아, 네!"

"여러분, 오래 기다리셨어요. 호호호. 외부 데이터를 깊이 있게 분석하려면 약간의 코딩 기술이 필요하다고 말씀드렸죠? 다들 열심히 익히고 계시죠? 파이선최근 데이터 분석에 가장 많이 활용되는 고급 프로그래밍 언어이든 R역시 최근 데이터 분석 분야에서 많이 활용되는 통계 및 그래프 작업을 위한 프로그래밍 언어이든 프로그램 언어를 필수로 알아야 해요. 꼭 이 두 언어가 아니어도 돼요. 조금 어렵더라도 포기하지 말고 꼭 익혀보세요."
"네, 쉬지 않고 열심히 공부하고 있습니다."
조 주임이 씩씩하게 대답했다. 나 역시 배우긴 하는데 실력이 생각만큼 빨리 늘지는 않는다.
"아니, 팀장님. 그냥 설문조사 하면 안 돼요?"
"아, 물론 신 대리 말처럼 직접 발품 팔아서 시장 조사하고 다니면 최상이죠. 하지만 그러기엔 시간과 비용이 너무 많이 들어요. 지역을 선택하는 일도 쉽지가 않고."
"시장 반응을 보려면 설문이 가장 빠른 방법 아닌가요? 예전에 중국 시장 조사할 때도 신 대리님이 직접 출장 가서 조사하셨잖아요?"

조 주임이 오래전 일을 꺼낸다. 벌써 4년이라는 시간이 훌쩍 지났다.

"그건 목표 시장이 정확히 확정됐기 때문에 가능했죠. 그리고 시장 반응이 아니라 시장 상황만 파악한 것이고요. 무작위 조사가 가능한 거죠. 지금은 상황이 달라요. 소비자의 반응을 파악해야 해요. 제품을 써본 사람만 집중적으로 조사해야 한다는 거죠. 그래서 이번에는 SNS를 분석해서 소비자의 반응을 파악해 보려고 합니다. 호호호."

"SNS 분석 그거 쉽지 않다던데 가능해요?"

요즘 많은 기업에서 외부 데이터 분석 기업에 의뢰해 SNS 분석을 한다는 얘기를 들었다. 몇몇 업체에서 우리 팀에도 제안했었다. 성 팀장은 무슨 이유인지 그때마다 아직 때가 아니라며 뒤로 미루었다.

"우리도 외부 업체에 의뢰하는 건가요?"

"그럴만한 시간 여유가 없네요. 호호호. 우리가 직접 해보도록 하지요."

"사장님이 당장 내놓으라고 하시나요?"

"그렇기도 하고, 우리가 해도 오래 걸리는 작업이고. 아무튼 외부에 맡기고 뭐할 여유가 없어요. 호호호."

아, 나도 이제 SNS 분석을 할 수 있는 건가? 성 팀장은 미팅 때 가장 빛난다. 그녀는 언제 그랬냐는 듯 다시 생기를 되찾았다. 성 팀장의 밝은 표정을 보니 다시 힘이 난다. 빅데이터를 분석한다는 기대감까지 겹쳐 성지나 팀장이 이상하다는 생각이 순식간에 사라졌다.

한 달 전에 우리 회사에 새로운 팀이 생겼다. 시장개발팀이었다. 제품 수 축소를 위한 TFT의 건의를 사장이 수용하면서 생긴 팀이다. 기존 제품의 생명력을 높이는 방법을 찾고 새로운 상품을 기획하는 일을 하게 된다. 우리처럼 세 명으로 구성됐다. 시장개발팀의 첫 업무는 기존 제품, 그중에서도 기초화장품의 지속가능성을 높이는 것이다. 사장은 이를 위한 기초 작업으로 우리 팀에 소비자 반응 조사를 지시했다.

"팀장님, 시장개발팀장 이력이 대단하다면서요. 미국 무슨 대학에서 MBA까지 하고 'A'사 기획실에 근무했다나 뭐라나."

"그러게요. 소비자 반응 조사 지시받을 때 사장실에서 봤는데 아우라가 있으시더라고요. 이 정도는 당연히 있겠지, 하는 표정으로 빅데이터 분석 자료 좀 달라고 해서 사장님하고 내가 좀 당황했죠. 호호호."

"왜요?"

"대기업에서 왔으니까, 우리도 그런 자료 다 있을 거로 생각했겠지."

"우리도 빅데이터 분석을 더 일찍 할 걸 그랬나요?"

"으음. 내가 생각하기엔 지금이 딱 좋은 거 같아요. 되돌아보면 지난 4년은 내부 데이터만 분석 하기도 빠듯했어요. 그때만 해도 회사 안에 데이터 분석에 대한 이해도가 낮았어요. 두 분도 그랬지만 데이터 분석하면 무조건 어렵고 복잡할 거라는 선입관이 있었죠. 내 입장에선 그걸 깨는 게 급선무였죠. 그래서 우리가 흔히 사용하는 OFFICE 프로그램만으로도 충분히 데이터 분석이 가능하다는 것을 보여주었죠. 그 사이 두 분도 일취월장했고, 이제는 데이터 분석 자료를 바탕으로 회사가 돌아가고 있으니 지금이 밖으로 눈을 돌릴 때가 아닌가 싶어요. 외부 데이터는 분석하기가 내부 데이터처럼 쉽지 않아요. 일단 데이터의 양 자체가 방대하고 그것을 처리하기 위한 기술이 필요합니다. 그래서 미리 프로그램 언어를 배우라고 한 거예요."

"아, 팀장님은 다 계획이 있었구나."

"그러니까요."

내가 말하자 조 주임도 맞장구쳤다.

"특정 언어 이야기를 한 이유가 또 있어요. 사실은 시장 반응 기초 자료를 틈틈이 수집하고 정리했는데, 이걸 그 프로그램으로 진행해서 그랬어요. 자료를 더 쉽게 수집하고 빠르게 정리하기 위해서 그랬죠."

"아, 벌써 정리하셨구나."

"맞아요. 호호호. 그럼 진도 좀 나가도 될까요?"

"네, 좋아요."

"으음, 사실 SNS를 분석하겠다고 했지만, SNS도 많고 어떤 부분을 공략해서 자료를 수집할지 판단하는 게 쉽지 않죠. 저는 최근 가장 많은 사람이 사용한다는 SNS인 'I'에서 자료를 추출했습니다. 검색 엔진을 직접 만들고 NOVA의 제품이 들어간 게시물 혹은 뷰티 관련 리뷰의 해시태그SNS에 활용되는 데이터 집합으로 '#'뒤에 단어를 입력하여 게시물을 모아 분류하는 데 도움을 준다.를 정리했지요. 해시태그는 '#'으로 구분되니까 자료를 검색할 때보다 이를 단어별로 정리하는 데는 별 어려움이 없었어요. 더 자세히 수집한 자료의 정리 과정을 설명하면 다음과 같아요."

1. 최근 1개월간 'I'에 등록된 게시물 중 화장품, NOVA, 기초화장품, 스킨로션, 스킨케어, 뷰티 등 선별한 단어를 포함하고 있는 게시글 선택 → 총 게시글 3만여 개
2. '좋아요 100개' 이상 혹은 팔로워 100명 이상의 게시글에 담긴 해시태그를 선별하여 정리
3. 해시태그는 앞에서부터 10개 단어만 선별하여 정리. 11번째 단어부터는 버림 → 중복 포함 최종 38만 개 단어

4. 이 중에서 가장 많이 등장한 단어가 포함된 1,000개 게시글 정리

5. 중복을 제거한 총단어 개수는 정확히 391개

"위 내용 중에서 가장 많이 등장한 단어 20개를 보여드리면 화면과 같아요."

총 391개의 단어 중 등장 횟수가 가장 높은 상위 20개의 단어					
단어	출현 횟수	비중	단어	출현 횟수	비중
beauty	115	6.2%	피부 관리	106	5.7%
daily	101	5.5%	스킨케어	81	4.4%
크림	49	2.6%	클린징	45	2.4%
팩	41	2.2%	화장품	31	1.7%
직장맘	27	1.5%	천연	26	1.4%
세럼	25	1.4%	홈케어	19	1.0%
보습	18	1.0%	선물	18	1.0%
에센스	16	0.9%	세안	11	0.6%
로션	11	0.6%	안티링클	10	0.5%
세안	10	0.5%	세트	8	0.4%

<표 05_04. 총 398개의 단어 중 등장 횟수가 가장 높은 상위 20개의 단어>

"상위 20개의 단어의 출현 횟수가 전체의 42%를 차지하고 있네요. 꽤 비중이 높죠? Beauty나 피부 관리는 전반적인 미용 관련 단어라고 여겨지죠? 우리가 판매하는 상품군 중에서도 스킨케어, 크림, 클린징, 팩, 세럼, 에센스 등 많은 단어가 포함되었네요. 가장 눈에 띄는 단어는 '직장맘'이네요. 저도 포함되니까. 호호호. 직장 생활을 하는 여성 비중이 높아짐에 따라 미용에 많은 관심을 두는 것 같죠? 핵심은 게시물에서 해시태그를 단어별로 정리할 때는 다른 게시물과 섞지 않는다는 거예요. 또 하나는 NOVA, 그리

고 제품명 등 회사를 알 수 있는 부분은 모두 배제했습니다."

"와우. 이 정도면 충분히 어필 가능한 분석 자료 같은데요?"

여기까지 정리한 자료도 조 주임과 내가 처리하기에 벅찬 작업이다. 하지만 성 팀장의 대답은 내 생각과 달랐다.

"신 대리, 아직 시작도 안 했어요. 호호호. 정리한 20개 단어로 이제부터 본격적인 분석 작업에 들어갑니다. 호호호. 지금까지 설명한 내용은 어디까지나 분석을 위한 자료 정리 작업일 뿐이죠. 물론 해시태그를 단어별로 정리하는 작업 역시 쉽지 않긴 하죠. 전체 단어는 제가 메일로 전달해 드렸습니다. 어떤 단어들이 포함됐는지 나중에 확인해 보세요."

"아직 시작도 안 했다니 조금 걱정되네요. 그래도 팀장님이 열심히 설명해주는 모습을 보니 기분이 좋네요. 요 며칠 이상하더니 다시 우리 팀장으로 돌아오셨어요."

"호호호. 내가 언제는 열의가 없었나? 좋아요. 그럼 더 열정적으로 설명해 드리죠. 차분히 잘 들어주세요. 지금부터 설명할 분석 기법은 최근 여러 분야에서 가장 많이 활용하는 연관 규칙Association rule 분석입니다. 혹시 조 주임과 신 대리는 들어봤나요?"

"들어 보긴 했는데 정확히 어떻게 활용하는지 잘 알지 못합니다."

"네. 뭐, 저도 사용해본 적 없는 기법이네요."

성지나 팀장의 설명이 계속 이어졌다.

"연관 규칙은 반복적인 패턴을 찾아 특정 사건이 동시에 일어나는 규칙을 탐색하는 데이터 분석 방법입니다. 사건 A가 일어날 때 사건 B가 동시에 발생하는 확률이 얼마나 되는지를 찾아내는 분석이죠. 연관 규칙이 등장한 초반에는 마케팅 분야에서 많이 활용하였습니다. 소비자의 구매 패턴을 분석해서 함께 팔릴만한 품목을 제안하는 데 많이 활용하였죠. 그래서 장바구니 분석Market Basket Analysis, MBA라고도 불렸습니다. 이렇게 구매 패턴을 활용한 마케팅은 지금도 심심치 않게 볼 수 있죠. 예를 들자면 '이 제품을 본 고객이 자주 찾는 상품' 혹은 '이 도서를 구매한 고객이 함께 구매한 책' 등등 많죠."

"아, 그게 바로 연관 규칙을 활용한 것이군요."

"맞아요. 현재 연관 규칙은 단순히 마케팅 분야에 국한되지 않아요. 거의 모든 분야에서 활용되고 있다고 봐야죠. 아무튼, 연관 규칙 분석의 핵심은 특정 사건이 발생할 때 동시에 발생하는 사건을 발견하는 것이죠. 이게 무슨 말이냐? 연관 규칙 분석의 이론적 설명을 간단하게 소개해 볼게요. 가장 먼저 교집합을 생각하면 쉽습니다. 교집합은 제가 따로 얘기 안 해도 알죠? 호호호."

"아, 오랜만에 듣네요. 교집합."

조 주임이 진짜 반갑다는 표정을 짓는다.

"제가 말씀드렸죠. 사건 A와 사건 B가 동시에 발생할 확률을 구하는 게 핵심이라고. 사건 A와 사건 B가 동시에 발생한다는 의미가 무엇일까요?"

"사건 A와 사건 B의 교집합을 의미하겠군요."

"신 대리가 정확하게 집었어요. 자, 이 교집합을 어떻게 연관 규칙에 접목을 시킬 것이냐? 연관 규칙은 세 개의 값을 도출하게 됩니다. 지지도support, 신뢰도confidence 그리고 향상도lift입니다. 지지도부터 살펴보도록 하죠. 공식은 다음과 같습니다."

$$\text{지지도(support)} = \frac{\text{사건 A \& 사건 B}}{\text{전체 사건}} = P(A \cap B)$$

"전체의 사건, 즉 우리가 분석하고자 하는 대상 중에서 동시에 발생한 두 사건의 비율인 거죠. 그런데 지지도는 한 가지 약점이 있어요. 필요가 없다, 아니다의 문제가 아니라 특별한 방향성을 가지지 못한다는 점이죠. 이게 무슨 말이냐 하면 어떤 사건이 먼저 발생한 것이냐를 구분하기 힘들어요. A가 먼저 발생하고 B가 발생한 것이냐? 반대로 B가 발생하고 A가 발생한 것이냐를 알기 어렵다는 점이죠. 지지도는 무조건 두 사건이 누가 먼저이든 동시에 발생할 확률만 계산하게 되는 것이죠. 이를 보완하기 위한 것이 신뢰도입니다. 공식은 아래와 같아요."

$$\text{신뢰도(confidence)} = \frac{\text{사건 A \& 사건 B}}{\text{사건 A}} = P(A \cap B)/P(A)$$

"보는 것처럼 신뢰도는 특정 사건이 발생할 때 동시에 발생하는 사건의 비율을 계산합니다. 전체가 아닌 특정한 사건에 대한 동시 발생 확률이 되는 것이죠. 그럼 지지도를 보완한 신뢰도가 과연 활용할 만한 가치가 있는 것이냐? 즉 유의미한 분석 결과로 봐도 좋은 것인지를 판단하는 기준이 바로 향상도입니다. 좀 더 정확히 말하면 향상도는 동시에 발생한 사건이 우연의 일치로 발생한 것인지 판단하는 기준값이 되는 것이죠."

$$\text{향상도(lift)} = \frac{\text{사건 A \& 사건 B의 신뢰도}}{\dfrac{\text{사건 A}}{\text{전체 사건}}} = (P(A \cap B)/P(A))/S(A)$$

"향상도 값은 1을 기준으로 1보다 작으면 음의 상관 관계, 1보다 크면 양의 상관 관계입니다. 우리는 전체 단어 중에서 가장 많이 등장한 단어 20개를 기준으로 신뢰도를 산출합니다. 전체 단어를 대상으로 분석하는 것이 아니기에 지지도는 산출하지 않습니다. 신뢰도를 선택해서 특정 단어가 등장할 때 함께 등장하는 단어의 확률을 구하는 것이죠."
"우리가 학창 시절에 배웠던 집합을 이용해서도 훌륭한 분석이 이루어지는군요."
집합을 활용해서 이런 멋진 분석 기법을 만들었다는 것이 신기하고 놀랍다. 그다지 어렵지 않은 공식이고 더욱이 설득력 또한 매우 높아 보인다.
"그렇죠, 신대리? 나도 무척이나 좋아하고 즐겨 사용하는 분석 기법의 하나입니다."
그런데 궁금한 부분이 생겼다. 왜 굳이 자주 등장한 20개의 단어를 선택해서 분석할까? 전체 단어를 기준으로 하면 훨씬 풍부할텐데. 여기에 지지도까지 산출해서 완성도를 충분히 높일 수 있을 것 같은데 말이다. 내가 오랜만에 진지한 표정으로 물었다.
"근데 팀장님, 왜 자주 등장하는 상위 20개 단어만 분석하죠? 전체 단어를 하면 더 풍부한 결과를 도출할 수 있을 것 같은데 말이죠?"
"좋은 지적이에요. 호호호. 사실 수집한 단어 전체를 대상으로 처리하면 매우 좋죠. 신대리 말처럼 결과도 매우 풍부할 거고요. 하지만 선택한 단어만 분석하는 이유가 있어요. 사실 공식이 매우 단순해 보이지만, 으음, 어떻게 설명해야 할까? 단어가 많으면 단순히 우리가 사용하는 오피스 프로그램으로 계산이 불가능하기 때문이죠. 20개 단어의 신뢰도를 구하는 것도 특별한 도구를 활용하지 않고 계산하는 게 쉽지 않습니다."
"아~, 이해가 되네요. 수식이야 간단해 보이지만 단어마다 한다면 어마어마한 계산이 수행되겠네요."
"맞아요. 조 주임. 신 대리도 충분히 이해했죠?"
"그럼요!"
"다시 설명을 이어가 볼게요. 화면에 보이는 표처럼 단어별로 동시에 출현한 횟수를 입력했습니다."

		동시 출현 단어																			
		beauty	daily	크림	팩	직장맘	세럼	보습	에센스	로션	사진	피부 관리	스킨 케어	클린징	화장품	천연	홈케어	선물	세안	안티 링클	세트
출현 단어	beauty	-	51	10	25	7	3	10	3	-	-	60	31	7	22	5	5	3	5	-	-
	daily	54	-	18	7	10	11	5	9	4	5	47	35	10	26	-	10	4	-	9	2
	크림	13	16	-	4	-	10	10	6	8	3	23	12	7	7	5	-	15	-	12	17
	팩	25	4	4	-	-	1	1	1	-	-	24	4	-	2	1	2	-	-	-	-
	직장맘	5	11	-	-	-	3	-	-	-	-	11	14	2	-	1	3	-	5	-	-
	세럼	3	13	9	1	1	-	3	10	14	6	10	9	8	9	-	-	6	-	9	6
	보습	9	5	6	1	-	3	-	3	-	3	9	8	3	1	4	2	3	-	2	3
	에센스	3	8	4	1	-	7	3	-	3	4	3	11	1	6	1	-	1	-	1	-
	로션	-	3	5	-	-	8	-	3	-	3	2	6	3	3	1	-	4	-	4	2
	사진	-	4	2	-	-	4	3	4	3	-	3	5	3	2	-	-	-	-	1	2
	피부 관리	53	36	17	19	8	10	9	3	2	4	-	32	9	12	6	13	10	-	2	8
	스킨케어	27	30	12	4	18	7	7	15	6	5	35	-	17	13	7	25	5	10	1	-
	클린징	6	8	8	-	4	6	6	1	4	4	18	20	-	11	6	14	3	12	4	4
	화장품	11	19	6	2	-	6	1	6	3	2	12	12	5	-	-	3	3	-	2	-
	천연	6	-	6	1	1	-	4	2	1	-	7	7	4	-	-	-	-	-	-	-
	홈케어	4	7	-	-	3	2	3	-	-	-	11	14	7	3	-	-	2	4	-	-
	선물	3	3	7	-	-	4	3	1	4	-	9	5	3	3	1	2	-	-	6	7
	세안	3	-	-	-	4	-	-	-	-	-	-	6	6	-	-	4	-	-	-	-
	안티링클	-	8	7	-	-	6	2	1	5	2	2	1	4	2	-	-	6	-	-	4
	세트	-	2	8	-	-	4	3	-	2	2	6	-	4	-	-	-	7	-	4	-

<표 05_05. 상위 20개 단어별 출연 빈도>

"좌측 세로 열에 포함된 단어가 등장할 때 함께 등장한 단어, 즉 가로 열의 동시 출현 빈도입니다. 정리한 빈도수를 확인하면 간단해 보일 수 있는데 사실 꽤 어려운 작업이 필요합니다. 우리는 하나의 게시물에 10개의 해시태그 단어를 최초 수집하고 정리하였죠. 이 말은 하나의 게시물에 10개의 열이 생성된 것이라 볼 수 있어요. 예를 들어 'beauty'라는 단어는 1행에 나올 수도, 2행에 나올 수도 또는 10행에 나올 수도 있고 또는 1에서 10행까지 모두 나올 수 있죠. 이렇게 모든 열에서 해당 단어가 등장할 때 다른 열에서 함께 등장하는 단어의 빈도를 모두 더해주어야 합니다. 설명이 복잡한데 간단히 수식으로

표현하면 다음과 같은 것이죠."

동시 출현 단어의 빈도 확인 =10 X 19 X 20 = 3,851

"10개의 열로 분리된 총 20개의 단어별 동시 출현 빈도를 확인하기 위해서는 적어도 3,851번 계산이 이루어진다는 것이죠. 단어의 개수가 늘어나거나 정리하는 항목이 늘어날수록 그 작업은 더욱 어려워지게 됩니다. 이걸 하나하나 수작업으로 하기란 쉬운 일이 아니죠. 호호호."

"그렇구나. 깔끔하게 정리돼서 간단하게 파악할 수 있을 줄 알았는데 그게 아니군요. 그럼 팀장님은 어떻게 파악했어요?"

내가 물었다. 확실히 이번 분석 내용은 우리가 줄곧 해오던 분석과 다르다. 결과가 간단할 뿐이지 쉽게 해결될 성질의 분석은 아니다.

"그래서 프로그래밍 기법과 도구를 익혀야 한다는 것이죠. 호호호. 저 역시 도구를 활용해 분석을 수행했어요."

"결국, 공부하라는 얘기인 거죠?"

"딩동댕! 호호호. 이렇게 데이터 마이닝Data Mining. 대규모 데이터 중에서 체계적이고 통계적인 규칙이나 패턴을 찾아내고 분석해서 다양한 자료로 활용하는 기술. 또는 많은 데이터 중에서 숨겨져 있는 패턴과 관계를 발견해, 실행 가능한 정보를 추출하고 의사 결정에 이용하는 과정을 말한다.을 수행하거나 복잡한 분석을 위해서는 반드시 학습해야 할 부분이죠. 우리가 더 전문적이고 깊이 있는 분석가로 거듭나기 위한 과정이라고 생각하세요. 호호호."

"열심히 익혀 보겠습니다. 뭐, 지금도 열심히 학습하고 있습니다."

"좋아요, 조 주임. 신 대리도 열심히 하고 있죠? 호호호."

"네네. 열심히 해야죠."

조금 자신 없는 말투로 조용히 말했지만 '더 전문적이고 깊이 있는 분석가'라는 성 팀장 말이 가슴에 와닿았다. 바로 성지나 팀장이 저런 모습이다. 그리고 그것은 내가 꿈꾸는 미래이기도 하다.

"신 대리 말처럼 오랜만에 열정적으로 설명했나? 목이 타네. 호호호. 잠시 쉬었다가 분석 결과를 놓고 다양한 해석을 해보도록 하죠. 잠깐 휴식!"

연관규칙 분석

3 소비의 흐름을 파악하라

어떤 상품과 관련하여 SNS에서 소비자의 반응과 관심도가 어떠한지 파악하고 싶다면 SNS에 등장하는 단어를 대상으로 연관규칙 분석하면 된다. 일반적으로 연관규칙으로 세 개의 값을 도출한다. 지지도(support), 신뢰도(confidence) 그리고 향상도(lift)이다. 이 세 가지 도출 값을 해석하면 소비 흐름을 파악할 수 있다.

잠시 휴식을 취하고 개인 텀블러를 들고 회의실에 다시 모였다.

"계속 설명을 이어가도록 하죠. 동시 출현 빈도를 파악했으니 앞서 설명한 신뢰도 공식에 따라 신뢰도를 파악해야죠. 신뢰도는 출현 단어의 출현 빈도로, 동시 출현 단어의 빈도를 나누어 주면 됩니다. 출현 단어의 출현 빈도는 앞서 확인했죠. 다시 보여 드리면 다음과 같습니다."

beauty	daily	크림	팩	직장맘	세럼	보습	에센스	로션	사진	피부관리	스킨케어	클린징	화장품	천연	홈케어	선물	세안	안티링클	세트
115	101	49	41	27	25	18	16	11	10	106	81	45	31	26	19	18	11	10	8

"출현 단어별 빈도도 확인했고 동시 출현 단어의 빈도도 파악했으니 다음 화면처럼 신뢰도를 구해줍니다."

$$\text{예) beauty \& daily의 신뢰도} = \frac{51}{115}$$

		동시 출현 단어의 신뢰도																			
		beauty	daily	크림	팩	직장맘	세럼	보습	에센스	로션	사진	피부 관리	스킨 케어	클린징	화장품	천연	홈케어	선물	세안	안티 링클	세트
출현 단어	beauty	-	0.4	0.1	0.2	0.1	0.0	0.1	0.0	-	-	0.5	0.3	0.1	0.2	0.0	0.0	0.0	0.0	-	-
	daily	0.5	-	0.2	0.1	0.1	0.1	0.0	0.1	0.0	0.0	0.5	0.3	0.1	0.3	-	0.1	0.0	-	0.1	0.0
	크림	0.3	0.3	-	0.1	-	0.2	0.2	0.1	0.2	0.1	0.5	0.2	0.1	0.1	0.1	-	0.3	-	0.2	0.3
	팩	0.6	0.1	0.1	-	-	0.0	0.0	0.0	-	-	0.6	0.1	-	0.0	0.0	0.0	-	-	-	-
	직장맘	0.2	0.4	-	-	-	0.1	-	-	-	-	0.4	0.5	0.1	-	0.0	0.1	-	0.2	-	-
	세럼	0.1	0.5	0.4	0.0	0.0	-	0.1	0.4	0.6	0.2	0.4	0.4	0.3	0.4	-	-	0.2	-	0.4	0.2
	보습	0.5	0.3	0.3	0.1	-	0.2	-	0.2	-	0.2	0.5	0.4	0.2	0.1	0.2	0.1	0.2	-	0.1	0.2
	에센스	0.2	0.5	0.3	0.1	-	0.4	0.2	-	0.2	0.3	0.2	0.7	0.1	0.4	0.1	-	0.1	-	0.1	-
	로션	-	0.3	0.5	-	-	0.7	-	0.3	-	0.3	0.2	0.5	0.3	0.3	0.1	-	0.4	-	0.4	0.2
	사진	-	0.4	0.2	-	-	0.4	0.3	0.4	0.3	-	0.3	0.5	0.3	0.2	-	-	-	-	0.1	0.2
	피부 관리	0.5	0.3	0.2	0.2	0.1	0.1	0.1	0.0	0.0	0.0	-	0.3	0.1	0.1	0.1	0.1	0.1	-	0.0	0.1
	스킨케어	0.3	0.4	0.1	0.0	0.2	0.1	0.1	0.2	0.1	0.1	0.4	-	0.2	0.2	0.1	0.3	0.1	0.1	0.0	-
	클린징	0.1	0.2	0.2	-	0.1	0.1	0.1	0.0	0.1	0.1	0.4	0.4	-	0.2	0.1	0.3	0.1	0.3	0.1	0.1
	화장품	0.2	0.4	0.1	0.0	-	0.1	0.0	0.1	0.1	0.0	0.3	0.3	0.1	-	-	0.1	0.1	-	0.0	-
	천연	0.2	-	0.2	0.0	0.0	-	0.1	0.1	0.0	-	0.2	0.2	0.1	-	-	-	-	-	-	-
	홈케어	0.2	0.3	-	-	0.1	0.1	0.1	-	-	-	0.4	0.5	0.3	0.1	-	-	0.1	0.2	-	-
	선물	0.2	0.2	0.4	-	-	0.2	0.2	0.1	0.2	-	0.5	0.3	0.2	0.2	0.1	0.1	-	-	0.3	0.4
	세안	0.2	-	-	-	0.2	-	-	-	-	-	-	0.3	0.3	-	-	0.2	-	-	-	-
	안티링클	-	0.7	0.6	-	-	0.5	0.2	0.1	0.5	0.2	0.2	0.1	0.4	0.2	-	-	0.5	-	-	0.4
	세트	-	0.2	0.8	-	-	0.4	0.3	-	0.2	0.2	0.6	-	0.4	-	-	-	0.7	-	0.4	-

<표 05_05. 상위 20개 단어별 동시 출현 신뢰도>

"이제, 신뢰도를 산출해 나온 값이 활용 가능한 수치인지를 검증하기 위한 절차가 남았죠?"

"네, 향상도를 파악해서 신뢰도를 검증해 줍니다."

"역시, 신 대리. 호호호."

"향상도를 산출하기 위해서는 전체 단어의 출현 빈도를 알아야 합니다. 전체 단어의 출현 빈도는 1,850입니다. 일차적으로 1,850으로 각 단어의 출현 빈도를 나누어 주고, 그 값으로 다시 동시 출현 단어의 신뢰도를 나누어 주면 향상도를 산출할 수 있습니다."

$$\text{beauty \& daily의 향상도} = \frac{0.4}{\frac{115}{1,850}}$$

		동시 출현 단어의 향상도																			
		beauty	daily	크림	팩	직장맘	세럼	보습	에센스	로션	사진	피부 관리	스킨 케어	클린징	화장품	천연	홈케어	선물	세안	안티 링클	세트
출현 단어	beauty	-	7.1	1.4	3.5	1.0	0.4	1.4	0.4	-	-	8.4	4.3	1.0	3.1	0.7	0.7	0.4	0.7	-	-
	daily	9.8	-	3.3	1.3	1.8	2.0	0.9	1.6	0.7	0.9	8.5	6.3	1.8	4.7	-	1.8	0.7	-	1.6	0.4
	크림	10.0	12.3	-	3.1	-	7.7	7.7	4.6	6.2	2.3	17.7	9.2	5.4	5.4	3.9	-	11.6	-	9.2	13.1
	팩	27.5	4.4	4.4	-	-	1.1	1.1	1.1	-	-	26.4	4.4	-	2.2	1.1	2.2	-	-	-	-
	직장맘	12.7	27.9	-	-	-	7.6	-	-	-	-	27.9	35.5	5.1	-	2.5	7.6	-	12.7	-	-
	세럼	8.9	38.5	26.6	3.0	3.0	-	8.9	29.6	41.4	17.8	29.6	26.6	23.7	26.6	-	-	17.8	-	26.6	17.8
	보습	51.4	28.5	34.3	5.7	-	17.1	-	17.1	-	17.1	51.4	45.7	17.1	5.7	22.8	11.4	17.1	-	11.4	17.1
	에센스	21.7	57.8	28.9	7.2	-	50.6	21.7	-	21.7	28.9	21.7	79.5	7.2	43.4	7.2	-	7.2	-	7.2	-
	로션	-	45.9	76.4	-	-	###	-	45.9	-	45.9	30.6	91.7	45.9	45.9	15.3	-	61.2	-	61.2	30.6
	사진	-	74.0	37.0	-	-	74.0	55.5	74.0	55.5	-	55.5	92.5	55.5	37.0	-	-	18.5	-	18.5	37.0
	피부 관리	8.7	5.9	2.8	3.1	1.3	1.6	1.5	0.5	0.3	0.7	-	5.3	1.5	2.0	1.0	2.1	0.3	-	0.3	1.3
	스킨케어	7.6	8.5	3.4	1.1	5.1	2.0	2.0	4.2	1.7	1.4	9.9	-	4.8	3.7	2.0	7.0	0.3	2.8	0.3	-
	클린징	5.5	7.3	7.3	-	3.7	5.5	5.5	0.9	3.7	3.7	16.4	18.3	-	10.0	5.5	12.8	3.7	11.0	3.7	3.7
	화장품	14.6	25.2	8.0	2.7	-	8.0	1.3	8.0	4.0	2.7	15.9	15.9	6.6	-	-	4.0	2.7	-	2.7	-
	천연	13.8	-	13.8	2.3	2.3	-	9.2	4.6	2.3	-	16.1	16.1	9.2	-	-	-	-	-	-	-
	홈케어	15.0	26.2	-	-	11.2	7.5	11.2	-	-	-	41.2	52.4	26.2	11.2	-	-	-	15.0	-	-
	선물	16.2	16.2	37.9	-	-	21.6	16.2	5.4	21.6	-	48.7	27.0	16.2	16.2	5.4	10.8	32.5	-	32.5	37.9
	세안	28.0	-	-	-	37.4	-	-	-	-	-	-	56.1	56.1	-	-	37.4	-	-	-	-
	안티링클	-	###	###	-	-	###	33.6	16.8	84.1	33.6	33.6	16.8	67.3	33.6	-	-	-	-	-	67.3
	세트	-	46.3	###	-	-	92.5	69.4	-	46.3	46.3	138.8	-	92.5	-	-	-	92.5	-	92.5	-

<표 05_06. 상위 20개 단어별 동시 출현 향상도>

"도출된 향상도를 기준으로 1 이하 신뢰도는 버리고 새롭게 정리해 줍니다. 우리에겐 향

상도 1 이상의 신뢰도만이 필요하니까요. 호호호."

"자, 여기까지가 SNS 'I'에서 수집된 해시태그 단어 상위 20개의 연관규칙 분석 결과입니다."

뭔가 근사한 분석 결과를 도출한 것 같기는 한데 이 결과를 어떻게 활용한다는 것인지 잘 모르겠다.

"팀장님, 연관 규칙 신뢰도 분석 결과가 대부분 1 이상 향상도 값이 나와 활용 가치가 높네요. 근데 정작 어떤 방식으로 활용이 가능한 것인지는 아직 감이 안 오는데요?"

"그래서 이제 막 설명해 드리려고 하던 참이었어요. 호호호."

		동시 출현 단어의 향상도 1이상의 신뢰도																			
		beauty	daily	크림	팩	직장맘	세럼	보습	에센스	로션	사진	피부 관리	스킨 케어	클린징	화장품	천연	홈케어	선물	세안	안티 링클	세트
출현 단어	beauty	-	0.4	0.1	0.2	0.1	0.0	0.1	0.0	-	-	0.5	0.3	0.1	0.2	0.0	0.0	0.0	0.0	-	-
	daily	0.5	-	0.2	0.1	0.1	0.1	0.0	0.1	0.0	0.0	0.5	0.3	0.1	0.3	-	0.1	0.0	-	0.1	0.0
	크림	0.3	0.3	-	0.1	-	0.2	0.2	0.1	0.2	0.1	0.5	0.2	0.1	0.1	0.1	-	0.3	-	0.2	0.3
	팩	0.6	0.1	0.1	-	-	0.0	0.0	0.0	-	-	0.6	0.1	-	0.0	0.0	0.0	-	-	-	-
	직장맘	0.2	0.4	-	-	-	0.1	-	-	-	-	0.4	0.5	0.1	-	0.0	0.1	-	0.2	-	-
	세럼	0.1	0.5	0.4	0.0	0.0	-	0.1	0.4	0.6	0.2	0.4	0.4	0.3	0.4	-	-	0.2	-	0.4	0.2
	보습	0.5	0.3	0.3	0.1	-	0.2	-	0.2	-	0.2	0.5	0.4	0.2	0.1	0.2	0.1	0.2	-	0.1	0.2
	에센스	0.2	0.5	0.3	0.1	-	0.4	0.2	-	0.2	0.3	0.2	0.7	0.1	0.4	0.1	-	0.1	-	0.1	-
	로션	-	0.3	0.5	-	-	0.7	-	0.3	-	0.3	0.2	0.5	0.3	0.3	0.1	-	0.4	-	0.4	0.2
	사진	-	0.4	0.2	-	-	0.4	0.3	0.4	0.3	-	0.3	0.5	0.3	0.2	-	-	-	-	0.1	0.2
	피부 관리	0.5	0.3	0.2	0.2	0.1	0.1	0.1	0.0	0.0	0.0	-	0.3	0.1	0.1	0.1	0.1	0.1	-	0.0	0.1
	스킨케어	0.3	0.4	0.1	0.0	0.2	0.1	0.1	0.2	0.1	0.1	0.4	-	0.2	0.2	0.1	0.3	0.1	0.1	0.0	-
	클린징	0.1	0.2	0.2	-	0.1	0.1	0.1	0.0	0.1	0.1	0.4	0.4	-	0.2	0.1	0.3	0.1	0.3	0.1	0.1
	화장품	0.2	0.4	0.1	0.0	-	0.1	0.0	0.1	0.1	0.0	0.3	0.3	0.1	-	-	0.1	0.1	-	0.0	-
	천연	0.2	-	0.2	0.0	0.0	-	0.1	0.1	0.0	-	0.2	0.2	0.1	-	-	-	-	-	-	-
	홈케어	0.2	0.3	-	-	0.1	0.1	0.1	-	-	-	0.4	0.5	0.3	0.1	-	-	0.1	0.2	-	-
	선물	0.2	0.2	0.4	-	-	0.2	0.2	0.1	0.2	-	0.5	0.3	0.2	0.2	0.1	0.1	-	-	0.3	0.4
	세안	0.2	-	-	-	0.2	-	-	-	-	-	-	0.3	0.3	-	-	0.2	-	-	-	-
	안티링클	-	0.7	0.6	-	-	0.5	0.2	0.1	0.5	0.2	0.2	0.1	0.4	0.2	-	-	0.5	-	-	0.4
	세트	-	0.2	0.8	-	-	0.4	0.3	-	0.2	0.2	0.6	-	0.4	-	-	-	0.7	-	0.4	-

<표 05_07. 향상도 1 이상의 신뢰도>

"제가 또 한발 앞서갔군요?"

"그래도 그런 질문 좋아요. 호호호. 연관 규칙 분석의 결과는 정말 다양한 해석이 가능해요. 그 전부를 모두 설명할 수 없지만 몇 가지만 뽑아서 설명해볼게요. 이번에 우리는 연관 규칙 분석법을 활용하여 출현 빈도가 높은 상위 20개의 단어 사이의 관계를 신뢰도 기준으로 분석했죠. 그러면 질문을 해볼게요. 신 대리, 우리가 선택한 상위 20개의 단어는 우리가 분석하고자 하는 영역에서 중요한 단어일까요?"

어머 깜짝이야. 열심히 설명 듣고 있는데 성지나 팀장이 갑자기 질문을 던졌다. 무방비 상태에서 받은 질문이라 조금 당황했다.

"글쎄요. 으음, 물론 중요하다고 할 수 있겠죠. 사람들이 가장 많이 해시태그로 사용한 단어니까요. 하지만……."

"하지만?"

성 팀장이 기대감이 찬 눈빛으로 나를 쳐다본다.

"반드시 중요하다고 하기도 어렵죠."

"이유는?"

성 팀장은 놀랍다는 표정을 짓는다. 조 주임도 진지한 눈빛으로 나를 바라본다. 나는 순간적으로 왜 반드시 중요하지 않다고 대답했는지 생각을 정리했다. 조금 뜸을 들이다 내 생각을 말했다.

"사람들이 많이 사용하니 중요하긴 하겠지만, 일단 우리가 수집한 분석 채널이 모든 대상을 대표한다고 설명할 수 없겠죠. 또 하나는 데이터를 수집하는 담당자의 의지가 반영되지 않았다고 볼 수 없어요. 분석가가 잘못했다, 아니다의 문제가 아니라 정리에 오류가 발생할 수도 있다는 게 제 생각이에요."

내 대답이 끝나자 성 팀장은 연신 손뼉을 친다.

"브라보! 정말 멋진 대답이다. 신 대리 근사해. 와우. 전적으로 동감합니다."

격한 칭찬이다. 칭찬은 고래도 춤추게 한다지만 솔직히 난 내 대답이 그렇게 칭찬받을 일인지 잘 모르겠다.

"비행기 그만 태우세요. 조 주임이 비웃어요."

"아닙니다. 신 대리님, 그렇지 않습니다. 저는 두 분 얘기 받아들이는 것도 벅찹니다."

농담으로 한 말인데, 조 주임은 예능을 다큐로 만들 줄 아는 능력을 갖추고 있다.

"신 대리 대답이 완벽해서 특별히 부연할 건 없지만, 으음 딱 하나만 추가하자면 조사 기간에 대한 부분도 생각해 볼 필요가 있죠. 선택한 단어들이 조사 기간의 사회 분위기를 반영할 수도 있으니까요."

"음, 그러네요. 조사 기간에 산출한 단어가 특별히 출현 빈도가 높았을 수도 있겠죠. 그렇다 해도 빈도가 높다는 건 그만큼 관심이 많다는 이야기니까. 중요하다는 말보다 인기가 높았다, 이렇게 설명하면 좋지 않을까요?."

이번에도 생각 없이 대답했는데, 성 팀장이 또 한 번 놀란 표정을 짓는다.

"어떻게 그렇게 멋진 대답을 계속할 수 있어? 호호호."

"그러게요. 저도 제가 무슨 말을 했는지 모르겠네요. 하하."

"은연중에 나온 말이 바로 실력인 거예요. 호호호."

"부끄럽게 무슨 실력이에요. 빨리 활용 방법이나 설명해주세요."

		1순위		2순위		3순위		4순위		5순위	
		단어	신뢰도	단어	신뢰도	단어	신뢰도	단어	신뢰도	단어	신뢰도
출현 단어	**beauty**	피부관리	0.5	daily	0.4	스킨케어	0.3	팩	0.2	화장품	0.2
	daily	피부관리	0.5	beauty	0.5	스킨케어	0.3	화장품	0.3	크림	0.2
	크림	피부관리	0.5	beauty	0.3	daily	0.3	선물	0.3	세트	0.3
	팩	피부관리	0.6	beauty	0.6	daily	0.1	크림	0.1	스킨케어	0.1
	직장맘	스킨케어	0.5	daily	0.4	피부관리	0.4	beauty	0.2	세안	0.2
	세럼	로션	0.6	daily	0.5	크림	0.4	에센스	0.4	피부관리	0.4
	보습	beauty	0.5	피부관리	0.5	스킨케어	0.4	daily	0.3	크림	0.3
	에센스	스킨케어	0.7	daily	0.5	세럼	0.4	화장품	0.4	크림	0.3
	로션	세럼	0.7	크림	0.5	스킨케어	0.5	선물	0.4	안티링클	0.4
	사진	스킨케어	0.5	daily	0.4	세럼	0.4	에센스	0.4	보습	0.3
	피부 관리	beauty	0.5	daily	0.3	스킨케어	0.3	크림	0.2	팩	0.2
	스킨케어	daily	0.4	피부관리	0.4	beauty	0.3	홈케어	0.3	직장맘	0.2
	클린징	피부관리	0.4	스킨케어	0.4	세안	0.3	daily	0.2	크림	0.2
	화장품	daily	0.4	스킨케어	0.3	beauty	0.2	크림	0.1	세럼	0.1
	천연	beauty	0.2	크림	0.2	피부관리	0.2	스킨케어	0.2	보습	0.1
	홈케어	스킨케어	0.5	피부관리	0.4	daily	0.3	클린징	0.3	세안	0.2
	선물	피부관리	0.5	크림	0.4	세트	0.4	안티링클	0.3	스킨케어	0.3
	세안	스킨케어	0.3	클린징	0.3	beauty	0.2	직장맘	0.2	홈케어	0.2
	안티링클	daily	0.7	크림	0.6	세럼	0.5	로션	0.5	선물	0.5
	세트	크림	0.8	선물	0.7	피부관리	0.6	세럼	0.4	클린징	0.4

<표 05_08. 단어별 신뢰도 상위 5개의 연관 단어>

"알겠습니다. 호호호. 그럼 활용 방법에 대해 계속 설명을 이어 갈게요. 신대리 설명처럼 출현 빈도만으로 중요도를 말할 수는 없어요. 그래도 출현 빈도가 높다는 건 신 대리 설명처럼 조사 기간 내에 인기가 있었던 단어임은 틀림없죠. 이런 인기 단어들 사이에 어떤 연관성이 있는지 파악해 본 게 우리가 수행한 연관규칙인 셈이죠. 이 부분을 염두에 두고 분석 내용을 살펴보도록 하겠습니다. 〈표 05_08〉처럼 단어별로 신뢰도가 높은

동시 출현 단어를 5개씩 정리해 봤어요. 당연히 향상도 1 이상의 신뢰도만 적용해야죠."

"정리된 내용에서 첫 번째로 하고 싶은 말은 방향성입니다. 신뢰도는 조건부 확률이죠? 해당 단어가 나올 때 함께 등장한 단어의 확률입니다. 따라서 앞의 표는 파란색으로 표기된 단어가 등장 할 때 함께 등장한 단어 중에서 신뢰도가 높은 단어를 나열한 것입니다. 이 점은 상당히 중요한 부분이에요. 예를 들어서 우리 제품 중에 최근 인기가 높은 '에센스'를 볼게요. 에센스가 등장할 때 가장 연관성이 높은 단어는 '스킨케어'입니다. 신뢰도가 70% 이상이니까 에센스가 나오면 스킨 케어라는 단어도 거의 등장한다고 봐야죠. 그런데 반대로 스킨케어가 먼저 나오면 어떨까요? 보는 것처럼 스킨케어가 먼저 등장하면 에센스는 함께 등장한 5개의 단어 안에 포함되지 않아요. 이 부분을 제 나름대로 해석하자면 에센스는 스킨케어를 위한 제품이지만 스킨케어를 원할 때 에센스는 중요한 품목이 아니라는 얘기가 되죠. 이해되나요? 호호호."

"에센스를 찾는 사람은 스킨 케어를 목적으로 할 수 있지만 스킨케어를 하고 싶은 사람이 반드시 에센스를 찾지는 않는다는 거네요."

"조 주임, 정확히 이해했어요. 그래서 신뢰도는 방향성이 중요하다는 점을 이해하고 연관 분석 내용을 활용해야 해요. 두 번째로 좀 전에 우린 출현 횟수에 따라 단어의 중요도를 판단할 수 있느냐, 이런 이야길 했죠. 신 대리 말처럼 중요할 수도 있고 아닐 수도 있는 거죠. 화면에 뜬 표를 볼까요? 지금 보는 〈표 05_09〉는 함께 등장한 신뢰도 높은 상위 5개 단어의 해당 연관 관계에서의 출현 빈도를 정리해 본 거예요. 연관 출현 순위를 단순 출현 빈도의 순위와 비교해 보면 약간의 차이가 나죠? '스킨케어'는 거의 모든 단어와 연결되어 있음을 알 수 있죠?"

"이 역시 중요성보다는 관심이 무척 높다고 할 수 있네요."

	단순 출현		연관 출현	
	횟수	순위	횟수	순위
beauty	115	1	7	5
피부관리	106	2	13	3
daily	101	3	14	2
스킨케어	81	4	15	1
크림	49	5	13	3
클린징	45	6	3	8
팩	41	7	2	11
화장품	31	8	3	8
직장맘	27	9	2	11
천연	26	10		20
세럼	25	11	6	6
홈케어	19	12	2	11
보습	18	13	2	11
선물	18	13	4	7
에센스	16	15	2	11
안티링클	10	16	2	11
로션	11	17	2	11
사진	10	18		20
세안	11	19	3	8
세트	8	20	2	11

<표 05_09. 단순 출현 빈도와 연관 출현 빈도의 비교>

"신 대리, 이젠 놀랍지도 않네. 호호호. 맞아요. 이젠 중요하다 아니다 얘기하지 말죠. 분명 스킨케어는 관심도가 높아요. 비단 상위 20개 단어 사이의 관계이지만, 유추해 보건대 우리가 분석한 범위 내에서는 우리 제품이나 뷰티 관련 이슈의 화두는 스킨케어라고 생각이 되네요. 다음 표도 한번 같이 보죠."

	연관 출현		신뢰도		
	횟수	순위	평균	총합	총합 순위
beauty	7	5	0.4	3.7	5
피부관리	13	3	0.5	6.3	1
daily	14	2	0.4	5.4	3
스킨케어	15	1	0.4	5.7	2
크림	13	3	0.3	4.3	4
클린징	3	8	0.3	0.9	9
팩	2	11	0.2	0.4	17
화장품	3	8	0.3	0.9	9
직장맘	2	11	0.2	0.5	16
천연		20			20
세럼	6	6	0.4	2.7	6
홈케어	2	11	0.3	0.6	14
보습	2	11	0.2	0.4	17
선물	4	7	0.5	1.9	7
에센스	2	11	0.4	0.8	11
안티링클	2	11	0.4	0.7	13
로션	2	11	0.5	1.0	8
사진		20			20
세안	3	8	0.3	0.8	11
세트	2	11	0.3	0.6	14

<표 05_09. 신뢰도 평균, 총합 그리고 총합 순위>

"평균 신뢰도와 신뢰도의 총합 그리고 총합에 따른 순위입니다. 순위를 평균에 따라 정하지 않은 이유는 각각의 발생이 서로 독립적인 사건이기 때문이죠. 이는 제가 '순위 합 검정'을 말할 때 한번 설명했어요. 기억나죠? 호호호."

"그럼요. 지금도 열심히 사용하는 분석 기법인데요."

내 대답을 듣고 성지나 팀장이 옅은 미소를 보인다. 흐뭇하다는 의미 같다.

"호호호. 평균 신뢰도가 높은 단어들 혹은 종합의 순위가 높은 단어를 마케팅에 활용하면 좋겠네요. 사실 오늘은 연관 규칙으로 도출할 수 있는 가치 중에서 극히 일부만 설명했어요. 단어 하나하나를 분석하고 다시 연결된 단어들을 꼼꼼히 분석해 보면 훨씬 더 많은 가치를 창출할 수 있죠. 뭐, 데이터마이닝을 통한 분석 대부분이 그렇겠지만요. 호호호. 설명은 여기까지!"

조용히 설명을 다 들은 조 주임이 결론을 내리듯 말했다.

"정리하면, 스킨케어를 통해 매일 피부 관리를 하라! 이렇게 해석이 되는 건가요?" 성 팀장과 나는 손바닥을 마주치며 환하게 웃었다.

연관 규칙 분석, 묘한 매력이 있다. 이론은 간단하지만 분석 과정은 복잡하다. 그리고 도출된 가치는 무궁무진한 결과를 낳는다. 매력적인 분석 기법이다.

분석 결과를 사장과 시장개발팀에 공유한 다음 날, 사장실에서 간단히 설명회를 열었다. 성지나 팀장의 설명을 마치자 사장이 흡족한 표정으로 말문을 열었다.

"단어 몇 개를 분석해 소비 흐름을 파악할 수 있다니 이거 참 대단한데요. 성 팀장, 이제 우리도 연관 규칙 분석을 할 수 있는 거죠?"

"네, 사장님. 팀원 둘 다 능력을 갖추고 있습니다. 호호호."

"아주 좋습니다. 다만, 오늘 한 분석은 범위가 너무 넓은 느낌이 듭니다. 주제를 좀 좁혀서 진행 해보세요. 그리고 꾸준히 시장을 분석해주세요."

"네네. 잘 알겠습니다. 호호호."

보고를 마치고 나오는 성 팀장이 기지개를 켜며 말했다.

"아, 홀가분해. 숙제를 마친 기분이야. 야호~. 호호호."

사장의 칭찬을 들어서일까? 오늘따라 성지나 팀장의 표현이 좀 적극적이다.

"숙제를 마치긴 뭘 마쳐요. 사장님이 숙제 잔뜩 주셨는데요?"

"나의 임무는 여기까지! 호호호."

특별한 대답이 없이 알쏭달쏭한 말을 남긴다. 성지나 팀장이 다시 이상하다.

"무슨 뜻이에요?"

그녀가 대답이 없이 그냥 웃기만 한다.

"호호호. 뭐가? 호호호. 신 대리, 오늘 회식할까?"

출근길에 재무회계팀 입사 동기 하미경 대리를 만났다. 나처럼 연차 꽉 찬 대리다.

"신 대리, 성지나 팀장님 그만둔다면서? 진짜 그만두는 거야?"

월요일인데 아침부터 기운이 빠진다. 나는 한숨부터 쉬고 대답했다.

"그러니까 말이다. 나 이제 어떡하니?"

"뭘 어떡해. 잡아야지"

"원래 2년 계약이었대. 사장님이 간곡하게 부탁하고 또 우리 실력이 올라오면 나가려고 2년 더 계약한 거래."

지난주 회식 때 성지나 팀장이 퇴사 사실을 말해주었다. 그제야 요 몇 주 성지나 팀장 주변에 나른하고 촉촉한 분위기가 맴돌던 까닭을 알았다. 성 팀장이 퇴사 이야기를 꺼냈을 때 처음엔 머리를 세게 맞은 것처럼 정신이 멍했다. 이게 무슨 소린지 현실감이 들지 않았다. 얼마 후 정신을 차리자 명치 끝이 아팠다. 그리고 덜컥 겁이 났다. 가지 말라고 떼를 쓰다가 그녀의 퇴사를 현실로 받아들이자 자꾸 눈물이 났다.

"아, 몰라요. 팀장님 나가면 앞으로 안 볼 거니까 알아서 해요. 흑흑흑."

"내가 더는 해줄 게 없어. 호호호. 신 대리, 이제 네가 해야 해."

성지나 팀장이 떠난 지 일주일이 지났다. 아직도 마음 한쪽이 허전하다. 그녀는 갔는데 아직 나는 그녀를 보내지 못하고 있다. 봄이 다 가도 이 허전함에서 헤어나오지 못할 것 같다. 회사 앞 이팝나무꽃이 절정을 이룰 즈음 그녀에게서 이메일이 왔다. 난 또 아침부터 눈물을 글썽이며 성 지나 팀장의 메일을 읽었다.

신은주 과장님, 호호호

은주야, 난 너에게 늘 고마움 마음을 가지고 있어. 언제나 긍정적으로 받아준 네가 정말 고마워. 내가 떠나도 너는 분명 더 훌륭히 팀을 이끌어 갈 거야. 난 널 믿어.

신은주 과장님! DA로서, 너보다 조금 더 일찍 데이터를 분석했던 사람으로서 꼭 해주고 싶은 말이 있어. 나는 데이터 분석만큼이나 중요한 게 데이터베이스를 제대로 이해하는 것이라고 생각해. 20세기는 산유국産油國이 중요했다면, 21세기는 산료국産料國이 세상을 지배할 것이라 나는 믿어. 데이터 국가가 미래의 주인공이 될 거라는 뜻이야. 말해놓고 보니 멋진 말 같네. 호호호. 이처럼 절대적으로 중요한 데이터를 담고 있는 그릇이 바로 데이터베이스이지. 말 그대로 데이터들의 근거지, 데이터를 담는 그릇이지.

데이터베이스는 데이터를 저장하는 공간이지만, 그 공간에 담긴 자료의 구조와 성격까지 알게 되면 여러 가지 좋은 점이 많아. 데이터의 구조와 성격을 이해하고 있으면 원하는 데이터를 어디서 추출해야 하는지 알게 되지. 그러면 빠르고 정확한 분석을 수행할 수 있어. 데이터가 정확해야 그 결과의 가치가 더 높아진다는 건 잘 이해하고 있겠지? 그뿐이 아니야. 데이터베이스를 꿰뚫고 있으면 데이터가 발현할 가치를 폭넓게 생각하고 가늠할 수 있어. 데이터를 보고 그로부터 얻을 수 있는 결과와 가치를 판단하는 일은 무엇보다 중요하지. 마지막으로 데이터의 속성을 파악하고 있으면 어떤 방법론을 선택하고, 어떤 툴을 활용할지에 빠르게 결정할 수 있어. 혹시 다 아는 얘기 하는 거 아닌가. 호호호.

DA 신은주 과장님! 너는 지금도 훌륭하지만, 데이터베이스까지 꿰뚫고 있으면 앞으로 더 위대한 NOVA의 DA가 될 거야. 그날을 위해 멋지게 전진하길 빈다.

_너의 옛 팀장 성지나

에필로그

❶ 셀 수 없는 것을 분석하라

❷ 꼭 알아야 할 기업의 재무 건전성 지표 6가지

에필로그 1

셀 수 없는 것을 분석하라

데이터를 분석할 때는 크게 두 가지 값을 활용한다. 계수값과 계량값이 그것이다. 계수값은 말 그대로 셀 수 있는 값이고, 계량은 셀 수 없는 값을 말한다. 예를 들어 온도, 무게, 길이, 강도, 전류, 전압, 압력, 습도 등은 계량이다. 반대로 매출, 제품, 재고, 연봉, 인원, 부품 수 따위는 모두 계수이다. 계량값은 주로 생산 공정 문제를 분석할 때 활용한다.

오랜만에 평온한 일상의 연속이다. 지난 4년, 우리는 꽤 많은 일을 했다. 업무의 범위가 넓어졌고, 데이터 분석의 품질과 깊이 또한 단단해졌다. 부서의 명성도 함께 상승하였다. 지금은 팀원이 늘어 4명이 되었다. 지난해 NOVA는 기록적인 매출을 올렸다. K-Beauty, 신상품 개발, 새로운 시장 개척, 데이터 분석에 기초한 데이터 경영 등 복합적인 요소가 작용했다. 기업 규모가 커지자 올해 많은 신입사원을 뽑았다. 그중 두 명이 우리 부서로 배치됐다. 두 명이 보강됐으니 5명이어야 하는데 우리는 4명이다. 성지나 팀장, 그녀가 없다.

"신 팀장님, 품질관리팀에서 최근에 신규 출시된 기초화장품 냉각 공정에 온도가 일정하게 유지되고 있는지 파악을 해달라는 요청이 왔습니다."

"그래요? 그럼 온도 체크하고 평균 내보면 알 수 있지 않나요?"

"물론 그렇게 했다고 합니다. 근데 제조본부장님이 평균 말고 다른 방법으로 진행하라고 했답니다."

"왜 그러지? 품질팀장님 요즘 뭐 잘못한 거 있나?"

"모르죠, 뭐. 특별한 방법 있으세요?"

"음……. 일단 신입사원들 시켜서 냉각기 온도를 한 2주 정도만 기록해서 자료 좀 준비해주세요. 일별로 시간마다 체크해 달라고 해주세요."

또 성지나 팀장이 생각난다. 벚꽃이 팝콘처럼 터지던 어느 날 성 팀장과 점심 후 산책을 했다.

"신 대리, 분석에 활용하는 데이터는 셀 수 있는 것과 셀 수 없는 것이 있다는 거 알아?"

"잉? 그게 뭔 소리예요? 대부분 분석한 데이터는 숫자로 구성되는데 셀 수 없다니?"

"호호호. 그렇지. 우리는 일반적으로 셀 수 있는 계수를 활용해 분석하지."

"개수? 멍멍이 숫자?"

"아니, 그 개수가 아니고 '여이' 계수! 호호호."

왜 벚꽃 흐드러진 화양연화 같은 멋진 날에 재미없게 데이터 이야기가 오고 갔는지 정확히 기억은 없다. 하지만 그날 그녀의 이야기는 두고두고 되새겨야 할 만큼 중요한 지식이었다. 그 봄날에 나눈 셀 수 없는 것에 대한 분석을, 드디어 할 차례가 온 것이다.

"신입들? 점심은 맛있게 드셨나요?"

"네, 팀장님."

"오케이. 오늘도 설명 잘 듣고 완벽히 내 것으로 만들어봐요."

"네, 알겠습니다."

신입사원의 목소리가 힘차다. 나도 예전엔 저랬겠지.

"보통 기업에서 데이터를 분석할 때는 크게 두 가지 값을 활용해요. 계수된 값과 계량된 값이 그것이에요. 계수된 값은 말 그대로 셀 수 있는 값을 말해요. 반대로 계량은 셀 수 없는 값을 의미하죠. 이게 무슨 뜻이냐? 예를 한번 들어볼게요. 중요한 부품을 보관하는 창고의 온도가 일정하게 유지돼야 한다는 가정하에 매시간 창고 온도를 측정해서 기록했다면 이것은 계량이에요. 즉 우리가 측정한 계량치인 것이죠. 반대로 우리가 대부분 활용하는 매출, 재고, 생산량 등은 전부 계수를 의미하는 것이죠."

- 계량치 : 무게, 온도, 길이, 강도, 전류, 전압, 압력, 습도 등
- 계수치 : 부품 수, 매출, 불량, 제품, 연봉, 인원 등

"이 개념 잊지 말고 오늘 분석 내용을 들어보세요. 조 대리? 자료 준비해 왔지?"

"네. 지금 보는 〈표 05_04〉 자료가 냉각기 온도를 측량한 값입니다. 말씀하신 대로 총 2주간 매시간 기록했습니다."

	오전			오후				
	1차	2차	3차	4차	5차	6차	7차	8차
1일	2.50	2.28	2.33	2.35	2.46	2.30	2.41	2.48
2일	2.36	2.42	2.33	2.38	2.36	2.30	2.44	2.28
3일	2.43	2.43	2.34	2.36	2.38	2.36	2.38	2.33
4일	2.40	2.37	2.38	2.36	2.34	2.43	2.40	2.44
5일	2.34	2.46	2.36	2.40	2.32	2.33	2.32	2.38
6일	2.38	2.36	2.33	2.30	2.44	2.41	2.25	2.43
7일	2.29	2.37	2.40	2.35	2.36	2.24	2.48	2.33
8일	2.41	2.40	2.38	2.36	2.40	2.46	2.29	2.41
9일	2.37	2.44	2.42	2.36	2.39	2.33	2.33	2.46
10일	2.39	2.46	2.32	2.39	2.36	2.42	2.27	2.40
11일	2.40	2.38	2.34	2.30	2.40	2.30	2.38	2.42
12일	2.34	2.46	2.44	2.43	2.37	2.31	2.37	2.40
13일	2.44	2.33	2.40	2.37	2.34	2.49	2.39	2.43
14일	2.38	2.38	2.37	2.30	2.42	2.30	2.36	2.40

<표 05_04. 냉각 공정의 2주간 시간대별 온도 계측 자료>

"고맙습니다. 계속 설명하면, 이럴 때 보통 평균을 통한 공정상의 온도를 확인하는 방법을 사용해요. 그런데 우리는 다른 방법으로 온도가 잘 유지되고 있는지를 파악하고자 해요. 이럴 때는 그래프를 그려 확인하는 방법이 좋습니다. 가장 먼저 그래프가 그려질 구간을 설정하는 일입니다. 기준은 다음과 같습니다."

데이터 개수	50~100	100~200	200~500	500 이상
구간의 수	5~10개	6~12개	10~20개	20개

<표 05_05. 구간의 개수 산정을 위한 참조표>

"측량된 데이터의 개수를 보고 구간을 임의로 산정하는 것이죠. 그래서 이번 분석에서는 측량된 전체 자료의 개수가 112개이므로 참조표에 따라 9개 구간으로 임의 지정하였습니다."

- 총 자료의 개수 =112개
- 구간의 개수 = 9개

"다음으로 진행할 것은 각 구간의 범위를 구하고 해당 구간의 시작 값과 종료 값을 설정하는 일입니다. 이를 위해 전체 112개 자료에서 최솟값과 최댓값을 확인합니다. 그리고 구간의 범위를 결정합니다. 〈표 05_04. 냉각 공정의 2 주간 시간대별 온도 계측 자료〉를 보면 최솟값은 2.24, 최댓값은 2.50이네요. 그렇죠? 구간 범위를 구하는 공식은 다음과 같아요"

최솟값 = 2.24

최댓값 = 2.50

$$\text{구간 범위} = \frac{\text{최댓값} - \text{최솟값}}{\text{구간의 개수}} = \frac{2.50 - 2.24}{9} = 0.03$$

최솟값		2.24
최댓값		2.50
구간 범위		0.03
기준 ℃	시작(이상)	종료(미만)
1구간	2.24	2.27
2구간	2.27	2.30
3구간	2.30	2.33
4구간	2.33	2.36
5구간	2.36	2.38
6구간	2.38	2.41
7구간	2.41	2.44
8구간	2.44	2.47
9구간	2.47	2.50

구간별 시작 값 + 구간 범위

최댓값 - 최솟값 / 9

<표 05_06. 구간의 범위와 구간별 시작 값과 종료 값>

"〈표 05_06〉처럼 총구간의 개수는 9개이며 각 구간의 범위는 약 0.03으로 산출되었죠? 1구간의 경우는 최솟값 2.24가 시작 값이 되고 0.03을 더한 2.27이 종료 값이 됩니다. 2구간의 경우는 1구간의 종료 값이 시작 값이 되고 다시 0.03을 더한 2.30이 종료 값이 되는 것이죠. 나머지 구간을 동일한 방법으로 산출합니다. 9구간까지 확정하였다면 각 구간의 중심값을 구하고 해당 구간에 포함된 자료의 개수를 써넣어 줍니다. 다음처럼요."

$$\text{중심 값} = \frac{\text{시작 지점} + \text{종료 지점}}{2}$$

(시작 값 + 종료 값) / 2

기준 ℃	시작(이상)	종료(미만)	중심값	자료 수(도수)
1구간	2.24	2.27	2.25	2
2구간	2.27	2.30	2.28	5
3구간	2.30	2.33	2.31	11
4구간	2.33	2.36	2.34	17
5구간	2.36	2.38	2.37	19
6구간	2.38	2.41	2.40	27
7구간	2.41	2.44	2.43	15
8구간	2.44	2.47	2.46	12
9구간	2.47	2.50	2.49	4

<표 05_07. 냉각 공정의 2 주간 시간대별 도수표>

"여기까지 준비가 되면 이제 그래프만 만들어 주면 됩니다. 그래프를 만들 때 기준은 가로(X 축)는 구간(1~9) 그리고 포함된 자료의 개수는 세로(Y 축)이 됩니다."

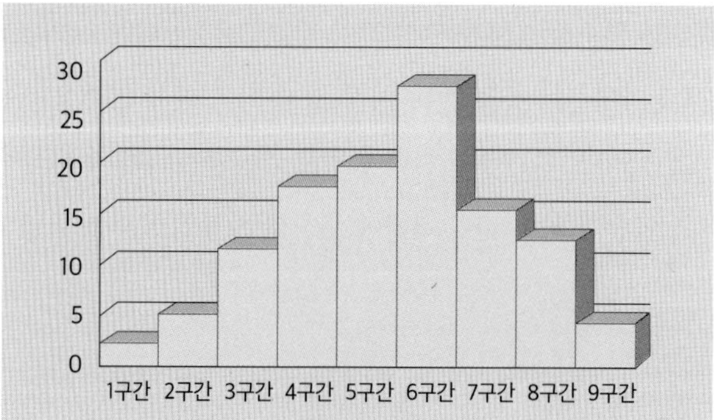

<그림 05_01. 냉각 공정의 2 주간 시간대별 히스토그램>

"그래프는 공정상의 문제를 시각적으로 표현하여 한눈에 확인하기 좋아요. 이런 장점 때문에 그래프는 매우 유용합니다. 그럼 이 그래프를 어떻게 해석하느냐? 다음 그림처럼 하게 됩니다."

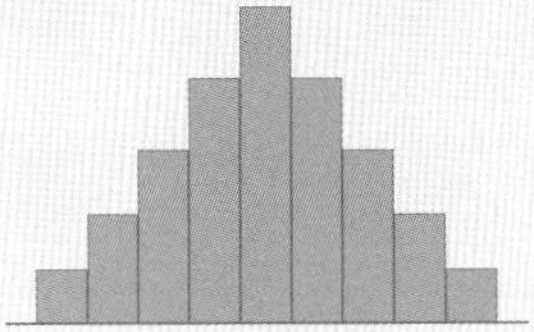	**좌우 대칭 기둥** 일반적인 형태를 나타내며 공정이 안정적임을 의미
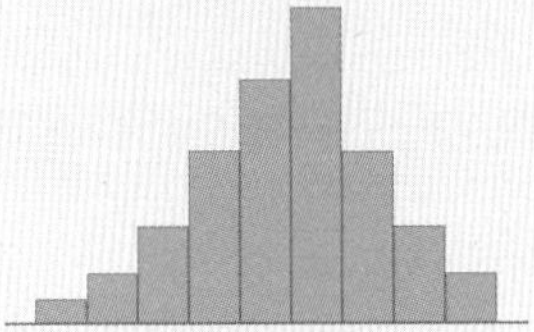	**좌우 쏠림 기둥** 공정의 속도가 시간에 따라 빨라지거나 느려지는 경우. 약간의 물리적 사고가 발생한 경우
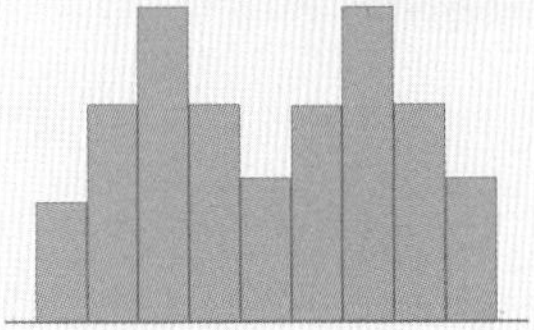	**두 개의 기둥** 자료의 측정이 서로 다른 환경에서 진행된 경우. 서로 다른 설비 또는 서로 다른 부품 등
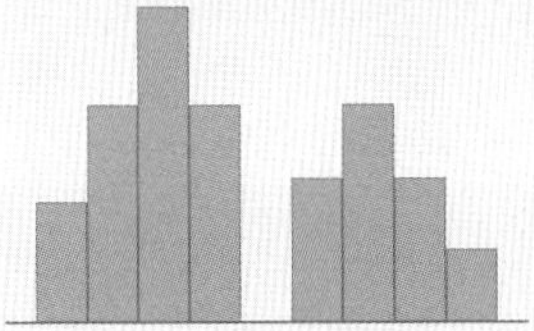	**분리된 기둥** 공정에 문제가 있는지 점검 필요. 또는 측정 오류. 상이한 공정일 경우

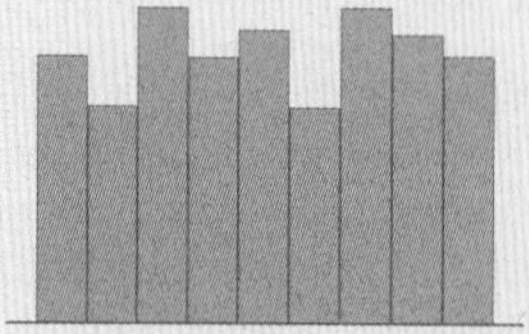	**불규칙 기둥** 측정자가 자료의 측정을 일정하게 했는지, 자료의 판독이 정확한지 확인
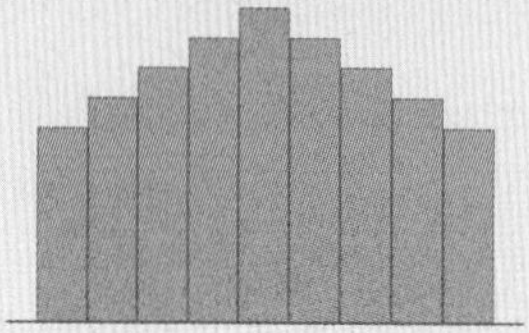	**고른 분포 기둥** 자료가 여러 환경에서 제공된 경우. 평균치가 3 개 이상일 경우
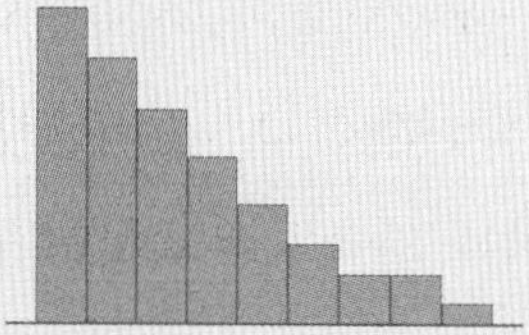	**단면 기둥** 측정된 자료의 임의 제거. 정확한 데이터에 따른 결과일 경우 공정의 심각한 오류 또는 부품의 오류

<그림 05_02. 그래프의 형태와 해석>

“어떠세요. 이해되나요?”

“네, 팀장님.”

예전의 나처럼 두 신입 사원의 목소리가 청량하다.

청량함, 하면 성지나 팀장이었다. 그녀는 없다. 그녀 없이도, 데이터 분석을 할 수 있게 됐다. 나는 NOVA의 DA다!

덧붙이는 말 어차피 모든 데이터 분석은 결국 응용이다. 이 책에 나오는 내용, 즉 시장을 분석하고 구매, 생산, 재무 등등의 데이터를 분석한 내용이 해당 분야에만 적용할 수 있는 건 아니다. 이러한 분석 내용을 기업 실정에 맞게 응용하고 적절히 대입해서 분석을 수행하면 된다. 그것이 진정한 데이터 분석이다.

에필로그 2

꼭 알아야 할 기업의 재무 건전성 지표 6가지

기업의 비즈니스를 분석하려면 그 기업의 재무 건정성을 나타내는 여러 지표를 활용해야 한다. 기업의 목표는 이윤, 그러니까 돈을 적게 쓰고 많이 버는 것이다. 재무 관련 지표들은 기업의 재무적 건전성을 판단하는 아주 기본적인 자료이자 도구이다. 비즈니스 분석가가 꼭 알아야 할 6가지 재무 건전성 지표를 간단하게 정리한다.

사실 기업 및 조직의 비즈니스를 분석하는 방법은 꽤 다양하다. 본 도서의 목적은 기업 내 데이터 분석의 방향성을 설명하는 데 초점이 맞춰져 있다. 그렇다 보니 여기 소개된 분석의 방법이 꼭 정답일 리도 없고 정답일 수도 없다. 더해서 미쳐 그 많은 지표를 모두 소개할 수도 없었다. 그래서 이번에는 여러분들이 비즈니스 분석에 유용하게 활용할 수 있는 재무 관련 지표를 선별해 몇 가지 소개하고자 한다. 물론 이것 또한 전부라 할 수는 없다. 그래도 충분히 유용할 것이다.

일부 내용이 본 도서에 포함은 되었지만, 구체적으로 언급된 재무 건전성 지표는 없었다. 생각해 보면, 늘 강조했던 것처럼, 기업의 목표는 이윤이다. 즉 돈을 적게 쓰고 많이 버는 것을 첫 번째 가치로 여긴다는 의미다.

흔히 재무 비율이라고 부르는 재무 관련 지표들은 기업의 재무적 건전성을 판단하는 아주 기본적인 도구이다. 비즈니스 분석가라면 당연히 알아야 하는 지표다. 크게 6가지로 구분할 수 있다. 먼저 안전성 비율이다. 안전성비율은 채무의 지급 및 이행 능력 등을 계산해 외부 자본 의존도를 파악하는 지표다. 쉽게 말하자면 기업이 얼마나 부채의 원리금을 상환할 능력이 되는지 평가한다. 대표적인 안전성비율을 소개해 본다.

① 안전성비율, 부채 상환 능력은 어느 정도인가?

기업의 안정성을 평가하는 지표로는 유동비율, 당좌비율, 부채비율, 이자보상비율이 있다. 먼저 유동비율부터 살펴보자. 의미 그대로 유동성을 말한다. 그러니까 기업이 자산을 현금화할 수 있는 능력이 얼마나 되는지 평가한다. 현금화 능력? 평가가 가능할까? 가능하다. 기업의 단기부채 상환 능력을 판단해서 산출한다. 공식은 아주 간단하다.

유동비율 = 유동자산 / 유동부채

유동자산은 기업이 1년 내 현금화 가능한 자산을 의미하고, 유동부채는 1년 내 기업이 갚아야 할 부채를 의미한다. 유동비율은 기업의 채무 지급 능력을 측정하는 아주 기본적인 지표다. 유동비율이 크다는 것. 그것은 기업의 지급 능력이 좋다는 걸 의미한다. 일반적인 표준 비율은 200%이다.

다음은 당좌비율이다. 우선 당좌비율의 계산은 유동자산에서 재고자산을 뺀 금액을 유동부채로 나누어 구한다. 재고자산은 기업 내에서 현금화 속도가 느린 대표적인 자산 중 하나다. 따라서 당좌비율이 낮다는 건 그만큼 재고자산이 많다는 걸 의미하게 되고 재고자산이 많다는 건 매출이 그만큼 안 좋다는 의미로 해석할 수 있는 것이다. 최종적으로 매출이 떨어지므로, 부채 지급 능력도 하락하게 된다.

당좌비율 = (유동자산 - 재고자산) / 유동부채

다음으로는 자본의 건전성을 평가하는 부채비율이다. 익히 들어 알고 계신 부채비율은 타인자본을 자기자본으로 나누어 산출한다. 부채비율이 크다는 건 그만큼 채권 및 투자의 위험성이 높다는 방증이 된다.

부채비율 = 타인자본 / 자기자본

안전성비율의 마지막은 이자보상비율이다. 이는 매출이 과연 이자를 낼 만큼 발생하는지 확인하는 지표이다. 다시 말하면 기업이 이자를 지급할 정도의 수익을 충분히 창출하고 있는가 평가한다. 이 역시 계산은 간단하다. 영업이익을 이자 비용으로 나누어 산출한다.

이자보상비율 = 영업이익 / 이자 비용

이자보상비율의 경우 보통 1.5 이상이면 상환능력이 충분한 것으로 판단하고, 1 미만이면 잠재적 부실기업으로 판단한다.

②수익성비율, 돈을 얼마나 잘 버는가?

재무 관련 지표의 두 번째는 수익성비율이다. 돈을 얼마나 잘 벌고 있나요? 이 질문에 대한 답이 수익성비율이다. 기업이 얼마나 효율적으로 경영하는지 판단한다. 쉽게 말해 경영 성과를 의미한다. 매출은 얼마나 되는지, 투자에 대한 수익은 충분한지 등으로 측정한다.

기업의 경영활동에 대한 전반적인 성과(효율성)를 측정하는 대표적인 지표가 매출액이익률이다. 기업은 무엇이든 팔아서 수익을 올려야 한다. 그래서 매출 관련 지표는 상당히 중요하다. 매출이 무엇인지 이익이 무엇인지 여러분도 충분히 알고 있다. 매출 관련 지표 4가지는 반드시 기억하자.

매출액이익률 = 매출액순이익률 / 매출액총이익률

매출액순이익률 = 순이익 / 매출액

매출액총이익률 = 매출총이익 / 매출액

매출총이익 = 매출액 - 매출원가

매출이 있으면 이익이 얼마나 되는지도 판단해야 한다. 총자본이익률을 활용한다. 매출을 위해 투자한 비용 대비 순이익의 비율로 계산된다. 총자본이익률은 기업의 자본 운용 상태를 측정하는 대표적인 지표다.

총자본이익률 = 순이익 / 총자본(총자산)

기업의 이익은 순이익도 있지만 영업이익도 있다. 영업비, 관리비, 판매비 등 매출을 위한 활동 비용의 비율이다. 여러분도 잘 알고 계신 것처럼 영업이익은 매출총이익에서 영업비를 뺀 금액이다. 이 영업이익을 총자본으로 나누면 총자본영업이익률이 된다.

총자본영업이익률 = 영업이익 / 총자본

기업의 수익은 매출도 있지만 투자에 의한 수익도 발생한다. 투자에 대한 이윤, 투자에 대한 활용과 배당 등을 평가하는 수익성 지표가 자기자본이익률이다. 자기자본이익률을 활용하여 자기자본에 대한 경영 성과를 측정하게 된다.

자기자본이익률 = 순이익 / 자기자본

③활동성비율, 자산을 얼마나 효율적으로 활용하는가?

세 번째 재무 관련 지표는 활동성비율이다. 기업의 경영활동에 대한 자산의 효율적 활용도를 평가하는 지표이다. 이 활동성 비율의 가장 대표적인 지표가 본 도서에 소개한 재고자산회전율이다. 재고 회전에 대한 설명은 앞서 충분히 다루었으니 그 외의 활동성 비율을 살펴보도록 한다.

먼저 매출채권회전율이다. 단어의 의미 그대로 채권의 회수와 현금화 속도를 측정한다. 대표적인 매출채권이 외상매출금과 받을어음인데, 이들이 얼마나 빨리 결제가 되고 있는지를 판단한다. 매출채권의 회전율이 높으면 현금화 속도가 빠르고 채권 회수의 건전성이 그만큼 좋다는 의미로 해석된다.

매출채권회전율 = 매출액 / 매출채권

매출채권 회전기간 = 365 / 매출채권회전율

다음으로 고정자산에 대한 활용도가 얼마나 되는지 보는 총자산회전율이다. 1년을 기준으로 하며 총자산의 회전속도를 측정한다. 당연히 회전속도가 빠르면 자산 투입이 적고 매출이 많다는 방증이 된다.

총자산회전율 = 매출액 / 총자산

④성장성비율, 성장 가능성은 어느 정도인가?

네 번째 재무 관련 지표는 성장성비율이다. 앞서 본문 내용에 성장률, 구체적으로 매출액증감률을 대표해서 설명하였다. 그 외에 당해 연도 총자산의 증감을 확인하는 총자산증감률, 당해 연도 자기자본의 증감을 확인하는 자기자본증감률이 있다. 공식은 다음과 같다. 성장률 공식과 유사하다.

총자산증감률 = (당기 말 총자산 - 전기 말 총자산) / 전기 말 총자산

자기자본증감율 = (당기 말 자기자본 - 전기 말 자기자본) / 전기 말 자기자본

⑤생산성비율, 기업 운영이 얼마나 효율적인가?

다섯 번째 재무 관련 지표도 앞서 본문에서 이미 설명하였다. 바로 생산성비율이다. 아무리 기업이 매출이 높다 하여도 그 운영이 효율적이지 못하면 큰 의미가 없다. 200원을 투자하고 100원을 버는 기업은 존속하기 힘들다.

⑥시장가치비율, 주식시장의 평가는 어떠한가?

기업은 효율적인 경영 성과도 중요하지만 이를 위해서는, 특히나 주식회사의 경우 시장에서의 평가도 매우 중요하다. 이를 평가하는 대표적인 지표가 재무 관련 지표의 마지막인 시장가치비율이다. 기업의 재무 성과와 경영 상태에 대한 주식시장의 반응을 평가하는 지표다.

가장 먼저 특정 연도에 발생한 당기순이익을 해당 기간 발행 총주식 수로 나눈 비율로 구하는 주당순이익이 있다. 주식 1주가 1년간 벌어들인 순이익을 나타내는 지표로, 주식 투자의 핵심 지표로 활용된다. 주당순이익이 높을수록 당연히 주식의 투자가치가 높다고 평가된다.

주당순이익 = 당기순이익 / 발행 총 주식수

그다음은 주가수익비율(PER, Price Earning Ratio)이다. 현재 주가를 주당순이익(EPS, Earning Per Share)으로 나누어 산출한다. 주가수익비율 높으면 기업이 수익에 비해 주가가 상대적으로 높게 형성돼 있음을 의미한다. 반대로 주가수익비율이 낮으면 수익보다 주가가 저평가되어 있어 그만큼 주가가 상승할 가능성이 크다는 것이다.

주가수익비율 = 주가 / 주당순이익

주가순자산비율(PBR, Price Book Value Ratio)은 주가가 장부가의 몇 배로 평가되고 있는지를 판단하는 비율이다.

주가순자산비율 = 주가 / 주당장부가치

주가순자산비율이 낮을수록 주식 투자 매력도가 높다는 의미로 해석된다. 앞서 주가수익비율(PER, Price Earning Ratio)이 수익과 주가를 비교하는 지표라면 주가순자산비율은 재무 상태 측면에서 순자산과 주가를 비교하는 지표로 활용된다.

주가가 영업현금흐름의 몇 배로 평가되고 있는지를 보기 위한 비율도 있다. 바로 주가현금흐름비율(PCR, Price Cash flow Ratio)이다. 주가수익비율은 당기순이익의 몇 배를 주고 주식을 취득하는지에 대한 개념인 반면, 주가현금흐름비율은 기업이 실제 창출하는 영업현금흐름의 몇 배를 주고 주식을 취득하는가에 대한 개념을 내포한다.

주가현금흐름비율 = 주가 / 영업현금흐름

마지막 시장가치비율은 유사한 개념의 주가매출액비율(PSR, Price per Sales Ratio)이다. 주가가 매출액의 몇 배로 평가되고 있는지를 보기 위한 비율로서 배수가 낮을수록 기업의 가치가 저평가되었다고 볼 수 있다. 매출은 있으나 아직 적자인 신생기업이나 벤처기업의 평가에 주로 활용된다.

주가매출액비율 = 주가 / 매출액

데이터 분석가가 갖추어야 할 5가지 핵심 역량

❶ 스킬보다 비즈니스 환경을 먼저 이해하라

❷ 수학을 잘할 필요는 없다, 그러나 확률과 통계는 알아야 한다

❸ 알고리즘은 코딩이 아니라 논리적으로 생각하는 힘이다

❹ 스토리텔링 기법을 활용하여 커뮤니케이션 능력을 키워라

❺ 다르게 생각하고, 색다른 시선을 가져라

데이터 분석가가 갖추어야 할 첫 번째 역량

스킬보다 비즈니스 환경을 먼저 이해하라

데이터 분석은 코딩, 프로그램 언어 등 스킬이 뛰어나다고 잘하는 것이 아니다. 스킬보다 어느 시점에, 어떤 내용을, 어떤 방법으로 접근하여, 왜 그런 분석을 수행했는지 논리적으로 설명되어야 진정한 데이터 분석이다. 따라서 스킬보다 먼저 요구되는 것이 조직과 비즈니스 환경에 대한 높은 이해도이다. 특히 유통, 생산, 재무에 관한 높은 이해도가 중요하다.

나는 과연 데이터 분석다운 분석 업무를 얼마나 수행하고 있을까?

일반 기업체에서 데이터 분석가로 근무하는 사람이라면 위 질문에 꽤 동감할 것이다. 그렇다면, 왜 일반 기업에서는 자체 데이터 분석을 많이 하지 않으면서 데이터 분석가를 뽑을까? 그것은 기업의 비즈니스를 충분히 이해해 달라는 의미다. 기업의 비즈니스를 충분히 이해한 뒤, 데이터 분석기술을 적절히 대입하여 현재 회사에 필요한 분석이 무엇인지 구체적으로 짚어달라는 것이다. 그리하여 회사에 꼭 필요한 데이터 분석 프로젝트를 전문 업체에 요청하라는 의미다.

그 반대도 마찬가지다. 데이터 분석 전문 기업에 분석 프로젝트를 맡긴다는 건 의뢰 업체를 둘러싼 비즈니스 환경을 충분히 이해한 뒤, 화려한 분석 스킬을 뽐내달라는 의미이다. 일반 기업이든, 전문 분석 기업이든 요구하는 결론은 같다. 핵심은 비즈니스 환경에 대한 이해를 게을리하지 말란 것이다.

내가 사회생활을 하며 가장 부러워하는 동료는, 자신이 속한 비즈니스 환경을 완벽히 이해하고 대처하는 사람이다. 비즈니스 환경에 대한 이해는 비단, 데이터 분석가에게만 필요한 소양이 아니다. 비즈니스 환경을 완벽히 이해한 동료에게는 당해낼 재간이 없다. 그래서 경력이 쌓이면 그만큼 우대를 받는다. 나와 같은 데이터 분석가가 취업 현장에서 경쟁력을 갖는 방법은 무엇이 있을까? 당연히 비즈니스 환경을 완벽하게 이해하는 것이다.

내가 가진 기술을 펼칠 수 있는 분야를 선택하는 일은 무엇보다 중요하다. 제조, 유통, 의료, 금융, IT 등 다양한 분야에서 여러분의 기술을 기다리고 있다. 어느 강의 현장에서 있었던 일이다. 한 학생이 내게 이런 질문을 했다.

"강사님, 어떤 걸 준비하면 대기업에 취업하기 가장 빠를까요?"

"음, 글쎄요……. 대기업이 왜 여러분을 선택해야 할까요? 대기업이 원하는 걸 준비하세요. 이게 제 대답이에요."

그러자 다른 학생이 이렇게 말했다.

"아, 그러니까 그 기업에서 나를 왜 필요로 하는지 증명할 수 있도록 준비해라 이거죠?"

"네. 맞아요. 좀 뜬구름 같나요? 저는 명확한데 말이죠. 혹시 여러분이 취업하고자 하는 대기업은 무엇을 하는 회사인지 정확히 알고 있나요? 만약 여러분이 원하는 기업에 취직한다면 어떤 분야에서 일하고 싶으세요? '분야는 뭔 분야야. 일단 취업만 돼라' 이건가요?"

"그거야 당연히 과 특성상 빅데이터 분석 분야로 취업하는 것이 가장 좋지요."

"아, 그건 여러분이 가진 기술이고요. 그 기술을 멋지게 펼칠 분야가 어디냐는 거죠? 회사에서 여러분에게 어떤 분석 업무를 줄까요?"

"뭐, 해당 기업에서 필요로 하는 분석 업무를 수행하면 되죠."

취준생 대부분이 위 대화 상황과 유사한 생각을 하고 있다. 그래서 데이터 분석 능력이 뛰어난 학생일수록 본인은 취업에 아무 문제가 없을 것이라는 환상에 사로잡혀 있다.

"아니 내가 이렇게 뛰어난 분석 능력을 보유하고 있는데, 당연히 나를 선택하지 않겠어? 나를 안 뽑으면 손해지, 뭐."

하지만 이건 아주 큰 착각이다. 여러분이 지금 면접을 보고 있는, 아니 앞으로 면접을 보게 될 수많은 기업에서는 여러분의 그 특별하고 뛰어난 실력을 확인할 방법이 없다.

"아니 이게 무슨 소리야? 내가 학교에서 얼마나 많은 프로젝트를 수행했는데. 경시대회에서 상도 받고 했는데 왜 내 실력을 확인할 수 없어? 말도 안 돼!"

말이 된다. 여러분이 수행한 많은 프로젝트와 수상 내역은 결과일 뿐이다. 기업이 결과만 보고 당신을 선택하리라는 착각은 버리는 것이 좋다. 물론 수행 결과가 많은 사람은 결과가 없는 사람보다 유리한 조건임은 틀림없다. 여기서 말하고 싶은 것은 여러분이 수행한 결과가 실력을 대변하지 않는다는 점이다. 결과가 좋고 많음은 기업에서 여러분의 경험을 판단하는 기준일뿐이지 여러분의 실력을 판단하는 기준이 되지 못한다는 얘기다. 하지만, 앞서 말했듯 경험이 풍부하다는 점은 취업전선에서 한 발짝 앞서 나간다는 점을 부인할 수 없다. 그리고 여기, 그 풍부한 경험 속에서 완벽히 유리한 고지를 점령할 수 있는 비책이 있다. 그것은 바로 그 경험이 어떤 내용을 다루어 산출된 결과냐, 하는 점이다.

경험을 더욱 돋보이게 해주는 건 경험의 품질이다. 즉 기업이 원하는 경험과 유사한 경험을 많이 쌓는 게 중요하다. 그러면 여러분은 이런 질문을 할 수 있을 것이다.

"내가 취업하고자 하는 기업의 업무 환경과 유사한 경험을 하게 되면 이것이 당신이 강조하는 비즈니스 환경을 충분히 이해하고 있다는 걸 대변해 주는 것인가?”
충분하지는 않지만, 어느 정도는 어필해준다. 그런데, 학생 인턴이든, 인턴사원이든 경험의 기회조차 얻기 힘든 게 현실이다. 경험이 있다 한들 모든 산업군에 대해 폭넓은 경험을 하는 건 거의 불가능하다. 그래서 다양한 비즈니스 환경에 대한 선행 학습과 이해가 필요한 것이다. 선행 학습을 하는 일도 만만하지 않다. 비즈니스 환경, 즉 직무가 너무나도 다양한 까닭이다. 이럴 땐 선택과 집중이 필요하다. 필자 생각에 다음 세 가지 비즈니스 환경에 대해서는 선행 학습을 해두는 게 좋다.

첫 번째 비즈니스 환경은 바로 유통이다. 기업은 최대의 이윤을 남기기 위한 조직이다. 이윤을 남기기 위해서는 뭐든 팔아야 한다. 그것이 지적 재산이든 기술이든 아니면 보편적인 형태의 상품이든 팔아야 이윤이 생긴다.
디지털혁명은 유통구조의 다변화를 가져왔다. 오프라인과 텔레마케팅을 통한 홈쇼핑은 물론이고 모바일 환경에서도 우리가 원하는 물건을 얼마든지 구매할 수 있다. ‘코로나19’ 이후 언택트 시대에 이런 흐름이 더 가속화하고 있다. 유통 비즈니스 환경에서 중요한 것은 상품이 생산되고 진열되어 판매되고 배송을 거쳐 고객의 손에 전달되는 과정을 명확하게 이해하는 것이다. 이는 곧 SCMSupply Chain Management의 이해와도 연결된다. SCM은 곧 기업의 영업 경쟁력을 의미한다.

SCM이란? SCMSupply Chain Management은 단순히 물류의 흐름만을 의미하지 않는다. 원자재 공급부터 생산, 물류, 유통, 고객에 이르기까지 일련의 과정을 하나의 연결된 관점으로 접근한다. 서로의 정보를 공유하고 연결된 전체 프로세스 최적화를 목표로 하는 경영 혁신 기법의 하나이다.

오프라인 판매와 온라인 판매가 다르지 않다. 한 기업에서 상품을 생산하면 그 상품은 판매자에게 넘겨진다. 판매자는 홍보를 통해 상품을 알리고 판매한다. 판매한 상품을 안전하게 고객이 원하는 장소와 시간에 전달해야 한다. 이 과정이 유통구조의 흐름이다. 유통구조를 이해하는 것. 그것은 SCM을 충분히 이해하고 공부하는 것이다.

두 번째는 생산이다. 유통 이야기나 생산 관련 이야기가 디지털혁명 시대에 조금 진부하다고 생각할 수 있다. 하지만 일상, 즉 아침에 일어나는 순간부터 잠자리에 들 때까지 우리가 사용하고 소비하는 모든 것이 어디선가는 생산이 되고 있다는 사실은 변함이 없다. "아니 지금 시대가 어느 때인데 아직도 생산이 어쩌니 하는 거야? 그리고 우리는 임가공 업체가 따로 있어! 게다가 노동력이 싼 중국이나 동남아로 생산 기지를 옮겼단 말이지." 위와 같은 상황이기 때문에 생산 흐름에 대한 이해는 더 필요하다. 내가 생산하지 않기 때문에 상대를 관리하기 위해서는 완벽하게 생산구조를 이해하는 게 절실하다. 고객이 상품을 수령해 사용하는 시점이 유통의 가장 마지막 단계라면, 생산은 유통의 시작을 알리는 중요한 단계이다. 우리는 예전보다 더 많은 상품을 소비하며 살고 있다. 여러분의 둘도 없는 친구가 되어버린 스마트 폰이 어떤 과정으로 생산이 되고 있을까?

세 번째 비즈니스 환경은 돈이다. 즉 재무 및 자금과 관련된 업무의 이해가 필요하다. 다시 말하지만, 기업은 어떤 상황에서도 이윤을 목적으로 한다. 즉 많이 벌고 많이 남기는 것이다. 앞서 말한 유통, 생산, 아니 모든 비즈니스의 업무는 바로 이윤을 남기기 위한 행위다. 그래서 재무와 자금의 업무는 매우 중요하다. 기본적인 입출고는 물론이고, 자금의 흐름, 자산의 관리, 투자 등의 지식을 높이면 데이터 분석에 많은 도움이 된다. 기업이 데이터 분석을 하는 것도 최소의 투입으로 최대의 산출이윤을 얻기 위한 행위이다.

데이터 분석가로 살아가는 내가 후배들에게 자주 사용하는 문구가 있다.

"나를 알아야 결과도 가치가 있다."

여기서 '나'는 분석 대상을 의미한다. 데이터 분석 스킬이 뛰어나다고 만족스러운 결과를 얻는 것이 아니다. 스킬보다 어느 시점에, 어떤 내용을, 어떤 방법으로 접근하여, 왜 그런 분석을 수행했는지 논리적으로 설명되어야 진정한 데이터 분석이다. 앞서 말한 몇몇 비즈니스 환경에 대한 기본적인 이해도가 높아야 데이터 분석을 완벽히 수행할 수 있다고 말할 수는 없다. 하지만 분명한 것은 기본이 탄탄하면 내가 속해 있는 조직의 환경을 이해하는 데 많은 도움이 된다는 점이다. 시간적으로도 그렇고 받아들이는 양과 질적인 부분도 기본이 없는 사람과는 차이가 크다. 직무에 관한 기본적인 이해와 내가 몸담은 또는 근무할 환경에 관한 높은 이해도는 능력 있는 데이터 분석 전문가가 되는 지름길이다.

데이터 분석가가 갖추어야 할 두 번째 역량

수학을 잘할 필요는 없다 그러나 확률과 통계는 알아야 한다

데이터 분석은 예측(foresight)하기 위한 행위이다. 예측의 정확도를 높이려면 확률을 높이면 된다. 데이터 분석가가 수학을 특별히 잘할 필요는 없다. 하지만 확률과 통계는 제대로 익혀야 한다.

"데이터 분석이 뭔가요?"

누군가 이렇게 물으면 나는 다음과 같이 대답한다.

"데이터 분석은 확률입니다."

데이터 분석은 결국 예측foresight을 위한 행위이다. 예측의 정확도를 높이기 위한 방법은 바로 확률을 높이는 것이다. 확률은 학문적으로 수학의 한 분야다. 데이터 분석은 따라서 수학과 밀접한 관계가 있다. 나는 수능 1기다. 그러니까 내 직전 선배까지는 '학력고사'라는 이름으로 대학 입시를 치렀다. 내 세대까지만 해도 입시가 끝나면 만점자 혹은 명문대 수석 합격자 인터뷰가 종종 신문에 실리곤 했다. 아니 의례 실렸다. 그들의 공통적인 공부 비법이 있었으니 그것은 바로 '교과서만 공부했어요'이다. 미디어의 위력 때문인지 몰라도 우리 부모 세대 중에는 이 믿을 수 없는 이야기를 철석같이 믿는 분들도 있었다. 예나 지금이나 학생이라면 당연히 궁금해하는 질문이 있다.

"어떻게 하면 공부를 잘 할 수 있나요?"

뭘 어떻게 하나. 그냥 열심히 하는 수밖에 더 있겠는가? 그런데 지금 와서 돌아보니 한 가지 방법이 있기는 하다.

"남들 하는 거 똑같이 하면 돼요. 그리고, 남들이 안 하는 거 딱 한 가지만 더하면 됩니다."

진짜다. 남들보다 딱 한 가지만 더 하면 된다. '수학 공부'를 하면 된다. 사실 고등학교 성적과 대학 입시에 가장 큰 영향을 주는 과목은 단연 수학이다. 말이 나온 김에 범위를 좁혀서 '수학을 잘하려면 어떻게 하면 될까요?'에 대한 답을 찾아보자. 수학은 대표적인 기초 학문이자 응용 과목이다. 아니 그렇단다. 나 역시도 그렇게 알고 살아왔는데 지금은 생각이 조금은 다르다. 수학은 진정한 응용 과목일까? 누군가에게는 그럴 수도 있겠다. 뭐, 예를 들자면 수학자라거나 수학과 학생들? 아니면 정말 수학에 남다른 재능이 있는 사람들 정도? 하지만 나는 그렇지 못했다. 열심히 공식 외우고 문제도 풀고 했는데, 난생처음 보는 문제가 나오면 머릿속이 새하얗게 변한다. 결론적인 나의 의견은 수학은 응용 과목이 아니다. 암기 과목이다. 이 무슨 괴변이냐고 놀리는 분들이 있겠지만, 내 생각이 그렇다는 거다.

"수학은 암기 과목이에요. 무조건 외우는 것이 최선이죠. 이 세상에 더 이상의 문제는 없을 것처럼 외워버리는 거예요. 그리고 시험에서 처음 보는 문제를 접할 때, 바로 그 순간 내가 외웠던 유사한 풀이를 대입해서 답을 찾는 거죠."

수학을 진정으로 잘하고 싶다면, 암기 과목보다 더 많이 읽고 외우면 된다.

잠깐 이야기가 산으로 갔다. 수학은 데이터 분석 분야에서는 매우 중요한 학문 중 하나다. 그러니 데이터 과학자가 되겠다고 마음먹었다면 수학은 필수 불가결이다.

"아, 그럼 저는 안 되겠네요. 수고하세요."

지레 겁먹을 필요 없다. 데이터 분석과 수학은 매우 밀접한 관련이 있지만 그렇다고 꼭 수학을 잘할 필요는 없다. 나 역시 그다지 수학에 소질이 없다. 병 주고 약 주는 아리송한 이야기 같지만 사실이다. 물론 여러분이 아직 세상에 빛을 보지 못한 엄청난 분석 기법을 창안하여 발표하고자 한다면 아마도 수학을 꽤 잘해야 할 것이다. 그러나 다행스럽게도 이미 세상에는 엄청나게 많은 분석 기법이 나와 있다. 그 많은 분석 기법들 다 써볼 틈도 없다.

"그럼 어쩌라는 거냐? 수학을 하라는 거냐 말라는 거냐?"

"아, 수학은 해야 하는데……. 그러니까 음……."

많이도 아니다. 딱 두 가지 개념만 익히면 된다. 첫 번째는 평균에 대한 개념이다. 학창시절 공부 꽤 했을 법한 학생들이 모인 모 대학에서 강의를 진행할 때 일이다.

"여러분 평균이 뭔가요? '평균은 뭐다'라고 정확히 설명할 수 있는 학생 있나요?"

약속이나 한 듯 모든 학생이 아무 말 없었다. 몰라서 대답을 안 한 건지 아니면 귀찮아서인지 모르지만 그 누구도 대답하지 않았다. 우리는 살며 평균에 대해 수없이 말하고 사용하는데 그 의미를 정확히 파악하는 사람은 사실 많지 않다. 그러나 데이터 분석가로 살아가기를 원한다면 평균에 대한 이해는 필수다. 아니 핵심이다. 모든 데이터 분석은 평균 없이 이루어지지 않는다. 모든 분석은 평균으로부터 시작된다.

우리가 일상에서 자주 사용하는 평균은 산술 평균을 의미한다. 쉽게 말해 대상의 총합을 구하고 대상의 개수로 나누어준 값이다. 이러한 산술 평균은 누구나 쉽고 간단하게 구할 수 있는데 이는 데이터 분석의 엄연한 한 분야이다. 학교에서도 기업에서도 그 어느 조직에서도 이 평균을 산출해 최소한의 가치를 찾는다. 하지만 평균 속에서는 오묘한 구석이 있다. 그것은 바로 극단적인 값에 많은 영향을 받고 민감하게 반응한다는 점이다. 어느 한쪽의 값이 극단적으로 높거나 혹은 낮을 때 평균은 이를 상쇄해 버린다는 약점이 있다. 이것을 나는 '평균의 오류' 라 부르는데 이를 무시하면 데이터 분석의 결과가 전혀 예상치 못한 방향으로 전개된다. 그리고 분석을 통해 도출된 값은 무의미한 결과가 되기도 한다. 따라서 평균에 대한 맹목적인 신뢰는 자칫 현상을 왜곡하여 바라보는 결과를 초래할 수 있다.

"그래도 평균을 사용 안 할 수는 없잖아요? 오늘도, 내일도, 매일 사용해야 하는 값인데."

그렇다. 사용 안 할 수는 없다. 평균의 오류를 피하기 위한 가장 쉬운 방법은 최댓값과 최솟값을 빼고 평균을 구하면 된다. 최댓값, 최솟값은 우연히 발생한, 말 그대로 평균적이지 않은 값으로 인식해 버리는 것이다.

좀 더 평균을 평균답게 사용하는 방법을 알아보자. 수Number는 두 가지 특성을 가진다. 방향성과 거리다. 방향성은 음수와 양수를 의미한다. 그리고 거리는 기준점으로부터 떨어진 간격을 나타낸다. -3은 기준에서 음의 방향으로 3만큼 떨어진 것이고 +3은 양의 방향으로 3만큼 떨어진 것이다. 이렇게 각각의 대상 값들이 평균을 중심으로 음과 양의 방향으로 거리가 얼마나 떨어져 있는지 확인하는 것을 편차라 부른다. 그리고 편차를 모두 더하면 당연히 0이 된다. 따라서 편차의 평균도 결국 0이다.

뭔가 근사하게 방향이니 거리니 하는 용어까지 써가며 편차라는 그럴싸한 값을 뽑았는데, 편차의 합도, 평균도 결국 0이라니 허무하다. 문제는 방향성 때문이다. 음과 양으로 구성이 되니 그 합이 0이 되는 것이다. 방향성을 무시해야겠다. 사실 생각해 보니 평균 입장에서 보면 방향성은 크게 상관이 없다. 음의 방향으로 가든 양의 방향으로 가든 평균을 기준으로 편차만큼 떨어져 있을 뿐이다.

수Number의 두 가지 특성에서 방향성을 제거하는 방법은 두 가지가 있다. 첫 번째는 그냥 단순하게 방향성을 무시해 버리는 것이다. 거리만 인정하자는 것이다. 음인지 양인지는 모르겠고 거리만 존재한다. 이를 절댓값이라 부른다. 절댓값은 수의 방향성 없이 거리만 표현하는 것이다. 두 번째 방법은 음수에 음수를 곱하면 양수가 되는 기초적인 이론을 활용한 것이다. 각각의 편찻값에 제곱을 해주면 된다. 편찻값을 두 배로 뻥튀기 하는 것이다. 기존 편찻값의 총합과 평균은 0이었지만 두 배로 뻥튀기된 제곱의 총합은 0이 되지 않는다. 그리고 뻥튀기된 편차의 평균이 바로 분산이 되는 것이다. 그러나 분산은 기존의 값을 두 배로 부풀린 값이므로 이를 다시 축소하는 과정이 필요한데 가장 간단한 방법이 제곱근(√)을 취하는 방법이다. 이것을 다시 표준 편차라 부르는 것이다. 데이터 분석은 데이터를 통해 가치를 발견해 내는 과정이다. 이때 평균은 아주 기본적이며 기초적인 데이터 분석 방법의 하나이며 수치로 표현된 대단히 중요한 가치다. 이러한 평균을 이야기 할 때는 반드시 분산과 표준 편차를 짝으로 생각하고 설명해야 한다. 적어도 데이터 분석가라면 꼭 그래야 한다. 표준 편차의 값이 모두 0이 되면 평균을 구할 필요도 없어진다. 그래서 모든 데이터 분석에서 평균을 올리거나 내리는 노력보다 표준 편차를 줄이는 작업이 훨씬 중요하다. 평균을 중심으로 편차, 절댓값, 분산 그리고 표준 편차로 이어지는 관계와 이론적인 배경을 충분히 학습하고 내 것으로 만들어야 한다. 다시 한번 강조하지만 평균은 데이터 분석의 시작이다. 매우 중요하다. 평균 없는 분석은 없다고 해도 과언이 아니다.

두 번째는 확률에 대한 이해다. 혹시 주사위를 던지면 6이 나올 확률이 얼마나 될까?

"그야 당연히 6분의 1이죠"

"그래요? 진짜 주사위를 던지면 6번 중에 1번은 6이 나오나요?"

"평균적으로 그렇다는 거죠. 꼭 그렇지 않을 수 있죠."

우리는 확률을 이야기할 때도 어김없이 평균이라는 용어를 사용한다. 주사위를 던져 6

이 나올 확률인 6분의 1은 그럴 수도 있고 아닐 수도 있다. '우리가 원하는 기대 확률은 평균적으로 그렇다'라고 말할 뿐이다. 주사위를 몇 번을 던지면 우리가 말하는 평균적으로 6분의 1의 확률이 나올 수 있을까? 주사위 던지는 행위를 관찰이라고 했을 때 관찰 횟수가 많을수록 기대 확률은 높아질 것이다. 평균적이라고 말하는 의미 속에는 평균을 도출할 만한 관찰 혹은 실험이 존재해야 가능하다는 이야기도 된다. 중요한 점은 우리가 원하는 확률, 즉 주사위를 던져서 6이 나올 확률을 높이기 위해서는 주사위를 던지는 실험의 결과가 많을수록 원하는 확률값에 수렴해 간다는 사실이다. 데이터 분석이 필요한 상황은 어떤 때일까? 데이터 분석은 곧 확률이라고 얘기했다. 확률은 평균적으로 원하는 기대치를 높이는 행위이다. 지금 당신의 주머니 속에 3개의 구슬이 들어 있다. 각기 다른 색을 가진 구슬이다. 파란색, 노란색, 흰색. 주머니 속에서 구슬을 꺼낸다. 총 3번을 시행하게 된다. 꺼낸 구슬은 다시 주머니에 넣지 않는다. 흰색 구슬이 나올 확률은 정확히 3분의 1이다. 앞서 말한 관찰과 실험을 반복할 필요도 없다. 이런 결과는 절대적이다. 관찰과 실험을 우리가 말하는 데이터 분석이라고 한다면, 절대적인 결과에 대해서는 굳이 분석을 진행할 이유가 없다. 분석 안 해도 그 결과는 자명하기 때문이다. 그럼 반대로 딱 하나의 구슬만 주머니에서 꺼낸다고 가정해 보자. 이번 결과는 앞서 주사위 던지기와 같다. 흰색이 나올 확률은 3분의 1일 수도 있고 아닐 수도 있다. 이것은 반복된 수행을 통해 얻어지는 상대적 결과이다. 그렇다면 우린 이런 결론을 내릴 수 있다. 데이터 분석이 필요한 경우는 상대적 가치를 발견하기 원할 때이고, 이런 상대적 가치를 확률적으로 높이기 위해 데이터 분석을 수행하는 것이다.

이제 우리는 데이터 분석가가 되기 위해 다시금 수학 책을 펼쳐 볼 시간이다. 전체가 아니다. 딱 한 꼭지만으로 충분하다. 바로 확률과 통계이다.

수학책을 봐도 이해를 못 하는 분들과 다시는 수학과 친해지기 싫다고 절교를 선언한 분들은 서점에서 책 한 권 사서 읽어도 좋다. 확률과 관련한 재미있는 책들은 얼마든지 많다.

그리고 마지막으로 이런 말을 하고 싶다.

"여러분, 그래도 명색이 데이터로 밥 먹고 사는데, 적어도 평균과 확률에 대해서는 명쾌하게 설명할 수 있어야 하지 않겠어요?"

데이터 분석가가 갖추어야 할 세 번째 역량

알고리즘은 코딩이 아니라 논리적으로 생각하는 힘이다

간혹 알고리즘을 컴퓨터의 한 분야, 특히 프로그래밍 능력을 높이는데 필요한 덕목으로 인식한다. 하지만 알고리즘은 컴퓨터의 한 분야가 아니다. 알고리즘은 어떤 문제를 논리적으로 해결하고 풀어가기 위한 절차와 방법을 정의하는 것이다. 문제를 해결하고자 할 때 논리적으로 생각하는 힘, 더 효율적으로 접근하는 방법, 이것이 알고리즘이다.

여러분은 알고리즘을 무엇이라 생각하는가? 알고리즘은 어떤 문제를 논리적으로 해결하고 풀어가기 위한 절차와 방법을 정의하는 것이다. 주어진 문제를 해결하는 '신의 한 수'가 바로 알고리즘이다.

우리는 처한 환경과 상황은 모두 다르다. 그렇기에 무엇보다 알고리즘이 중요하다. 모든 사람이 받아든 문제가 동일하지 않기에 스스로 주어진 문제를 해결하는 방법을 익혀 나갈 필요가 있다. 간혹 알고리즘을 컴퓨터의 한 분야로 인식하는데 나는 조금 다르게 생각한다. 알고리즘은 단순히 컴퓨터의 한 분야가 아니다. 다양한 환경과 분야에서 꼭 필요한 핵심적인 기본 소양이다. 알고리즘에 강하면 문제 해결 능력이 향상되고 문제 해결 능력이 뛰어나면 조직에서 적응하는 데 유리하다.
이제부터 알고리즘을 단순히 프로그래밍 능력을 높이기 위해 필요한 덕목으로 인식하지 말자. 누구에게나 상황에 따라 해결해야 할 문제는 반드시 닥친다. 따라서 알고리즘을 코딩이라는 일반적인 시각에서 벗어나자. 문제를 해결하고자 할 때 더 효율적으로 접근하는 방법을 통칭해 알고리즘이라고 하자. 논리적으로 생각하는 힘, 그것이 알고리즘이다.
학생들이 수학 문제를 푸는 과정도, 프로그래머가 프로그램을 코딩하는 순간도, 데이터 분석가가 데이터를 분석하는 과정도, 글을 쓰는 과정도 모두 알고리즘에 의해 움직인다. 알고리즘은 합리적인 체계를 구축해가는 과정이다. 문제를 합리적 체계에 따라 접근해 풀어가는 과정이 모두 알고리즘에 속한다.
데이터 분석가를 꿈꾸는 사람에게 알고리즘은 무척 중요하다. 왜냐하면, 나만의 독창적인 문제 해결 과정을 수립해야 하기 때문이다. 그것은 오래전 어느 가수가 말한 '창작의 고통'을 겪는 것과 같은 것이다. 나만의 독창적인 문제 해결 과정이 수립되려면 수없이 많은 문제를 받아야 하고 이를 해결하기 위한 합리적 체계를 반복적으로 수립해야 한다. 그것은 시간과의 싸움이며 반복적인 훈련의 결과이다.
알고리즘 능력은 반복적 수행 결과에 비례한다. 어렵게 해결한 문제일수록 그 해결 과정을 꼼꼼히 분석하고 기록하여 반복적으로 풀어보아야 한다. 지금 이 시각부터, 꼭 데이터 분석가가 되지 않더라도, 어떤 문제를 해결했다면 어떤 과정으로 그 문제를 해결했는지 기록하는 나만의 노트를 만들자. 분명 그 노트가 어느 순간 당신의 등대가 되어줄 것이다. '단순함이 가장 아름답다'라는 말이 있다. 바로 그 단순함을 찾아가는 과정, 그것은 바로 알고리즘으로부터 나온다.
그렇다면 알고리즘을 통한 문제 해결 능력을 높이기 위해서 우리는 무엇을 훈련해야 할까? 알고리즘은 문제를 파악하고 그 해결 방안을 찾아가는 과정을 의미한다. 해결하고 푸는 과정 그리고 해결하고 풀기 위해 절차를 정의해 나가는 과정이 곧 알고리즘 훈련이다.

데이터 분석에서 입력한 데이터가 무엇이냐에 따라 결과는 확연히 달라진다. 당연한 이야기지만 입력한 데이터가 쓰레기이면 결과도 쓰레기라는 속설이 있다. 그만큼 입력이 출력에 미치는 영향력이 크다는 이야기다. 입력이 더 중요하냐, 출력이 더 중요하냐의 문제가 아니다. 모든 문제 해결 과정에서는 반드시 입력이 존재해야 한다는 것이다. 데이터 분석에서 입력 없이 출력이 이루어지는 경우는 없다. 세상 모든 일에는 원인이 있기 마련이다. '인과관계'라고 해도 좋다. 모든 사건에는 그 사건을 일으킨 원인이 존재한다. 마찬가지로, 문제 해결 과정에서는 결과를 얻기 위한 입력이 반드시 존재하기 마련이다. 다만, 헷갈리지 말아야 할 게 있다. 주어진 문제를 알고리즘, 즉 문제 해결 과정의 입력으로 착각하는 분들이 종종 있는데, 이는 엄연히 다르다. 주어진 문제는 입력이 될 수 없다. 그 주어진 문제를 풀기 위해 새롭게 투입되는 여러 가지 값과 원인 등이 알고리즘의 입력이다.

새롭게 투입한 입력을 요리조리 분석하여 최상의 문제 해결 절차를 수립했다고 가정해보자. 도출한 문제 해결 절차는 반드시 하나인 것은 아니다. 알고리즘의 범위에서 보면 절차가 수립되었으니 임무 완수다. 따라서 수립한 절차는 결과물, 즉 출력물이 되는 것이다. 그런데 이를 최종 결과로 인식하는 분들이 있다. 거듭 말하지만, 알고리즘은 문제 해결 방안을 모색하는 것입력과 해결 과정에 대한 절차를 수립출력하는 것이다. 어떤 가치를 발견하기 위해 도출된 최종 결과물은 그러므로 알고리즘의 범위에 포함되지 않는다. 뭔가 복잡해 보이는데 이를 그림으로 설명하면 다음과 같다.

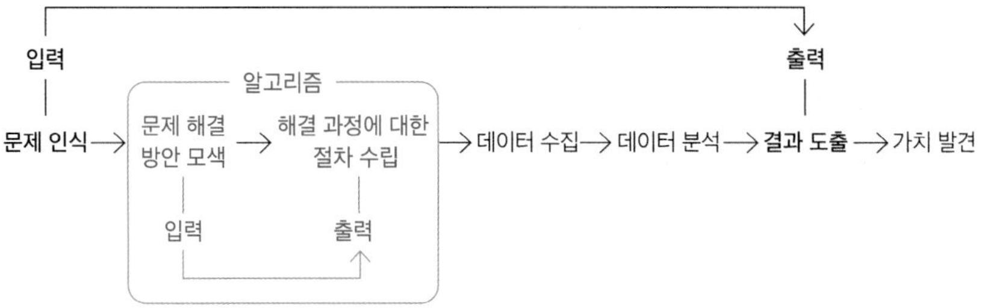

<알고리즘의 투입과 산출>

문제 해결 과정을 수립하는 절차를 얻기 위해서는 하나 이상의 투입과 산출이 존재한다는 점 잊지 말자.

"선생님 알고리즘은 꼭 복잡해야 하나요? 문제 해결을 위해 절차를 수립한다는 건 그만큼 문제가 어려워서가 아닐까요? 그러니 당연히 알고리즘은 언제나 복잡하겠네요."

"아니요. 알고리즘은 아주 단순해야 합니다. 수립한 절차가 복잡하면 안 된다는 거죠. 짧고 간단 명료하게 정의돼야 합니다. 따라서 애매모호하면 안 되겠죠?"

수립한 절차, 즉 알고리즘은 단순해야 하지만 결과를 얻기 위한 과정은 복잡해도 좋다. 아니 복잡해야 한다. 그렇게 복잡하게 생각하기 때문에 모든 문제가 단순하게 풀리는 것이다. 수립한 절차가 단순해야 한다는 건 바꿔 말하면 최단 경로를 선택하라는 이야기와 같다. 옛말에 '어찌 가든 서울만 가면 된다'는 말은 알고리즘에서는 어울리지 않는다. 서울로 가는 길을 이것저것 비교하고 검토하는 건 좋은데 최종 결정은 가장 빠르고 정확한 경로를 선택해야 한다는 것이다. 바로 이 가장 빠른 길을 찾는 게 알고리즘의 진정한 훈련이다.

서울로 가는 최단 경로를 찾았다. 그런데 서울에 도착해 보니 길이 좋아 더 가도 좋을 듯하다. 그래서 이왕 간 거 좀 더 올라가기로 했다. 결론적으로 그러면 안 된다. 서울로 가는 길을 찾는 것이 목적이었다면 서울까지만 가면 된다. 길이 좋다고 더 가면 안 되는 것이다. 즉 알고리즘에서는 그 끝을 명확히 정의해야 한다.

목적지인 서울보다 더 가는 현상은 욕심에서 비롯된다. 이왕 해결한 거 좀 더 많은 것을 해결하고자 하는 욕심 때문에 생긴다. 이럴 경우는 욕심을 또 다른 문제로 인식해서 알고리즘을 정립하는 것이다. 새롭게 문제 해결을 위한 절차로 재구성하는 것이 올바르다.

"그럼 알고리즘에서 수립한 절차에서는 언제나 결론이 하나만 존재해야겠네요?"

끝을 정확히 명시하는 것과 결과가 반드시 하나만 존재해야 하는 것은 다른 의미다. 수립한 절차의 결론은 복수의 값 또는 경우를 가질 수 있다. 끝이 존재한다고 반드시 결과가 하나일 필요는 없다.

서울로 가는 최단 경로는 훌륭한데 그 길이 나만 갈 수 있는 길이라면 이것 역시 알고리즘이라 할 수 없다. 수립한 절차가 뜬구름 잡는 이야기가 되어서는 안 된다는 것이다. 꼭 알고리즘이 아니더라도 나 혼자만이 알 수 있는 결과에 집착하는 건, 데이터 분석가들이 가장 많이 하는 실수 가운데 하나이다. 알고리즘 내의 결과이든, 문제에 대한 결과이든, 그 결과가 정작 분석을 수행한 당사자만이 정답으로 생각하는 것, 아무도 인정하지 않는데 최종 도출된 결론을 혼자만 옳다고 우기는 경우, 이런 오류를 경계해야 한다. 나 역시도 가끔 이런 오류를 범하곤 한다.

정의한 절차는 반드시 수행할 수 있는 내용이어야 한다. 문제를 해결하기 위한 결과는 당연히 모두가 공감하고 납득할 만한 것이어야 하고, 그 문제를 풀기 위한 과정, 즉 알고리즘에서의 결과 역시 모두가 공감할 수 있는 내용이어야 한다. 따라서 최종 문제에 대한 결과도 중요하지만, 그 과정 역시도 매우 중요하다. '중요하다, 아니다'의 판단은 모두가 '공감할 수 있는 것이냐, 아니냐'의 문제와 같다. 따라서 데이터 분석가는 언제나 이타적이어야 한다. 언제나 분석을 수행한 자신보다 그 결과를 필요로 하는 사람을 먼저 생각해야 한다.

"이렇게 복잡하고 어려운 분석 기법은 아마 대한민국에 나밖에 못 할걸?"

그렇다. 그건 당신밖에 못 한다. 하지만 그 결과 역시 필요한 사람은 당신밖에 없다.

앞서 알고리즘을 위해서는 반드시 하나 이상의 투입과 산출이 필요하다고 했다. 투입이 존재하고 그에 따른 산출이 반드시 나온다는 이야기를 들으면, 이제부터 여러분은 효율성에 대해 생각해야 한다. 투입과 산출은 곧 효율성을 말한다.

"그 결과 효과적인가요? 혹은 그 결과 효율적인가요?"

이런 이야기 많이 들었다. 우리는 효과와 효율의 차이를 정확히 구분할 수 있을까? 일상에서 효과와 효율의 쓰임새가 어떻든, 데이터 분석에서 효과와 효율은 매우 큰 차이를 보인다. 결론부터 이야기하면 효과는 투입의 존재에 크게 영향받지 않는다. 투입이 있어도 그만, 없어도 그만이다. 하지만 효율은 다르다. 효율엔 반드시 투입이 있어야 한다. 어떤 결과가 투입 없이 나온 것이라면 그건 효과성을 따져야 할 부분이다. 반대로 투입을 통해 결과가 도출되었다면 그건 효율성을 따져야 한다.

투자한 만큼 손실 없이 거둬들이는 개념이 효율성이다. 알고리즘, 문제 해결을 위해 수립한 절차는 반드시 효율적이어야 한다는 점을 잊지 말자. 그 절차가 시간적으로든, 공간적으로든 투입한 만큼 결과도 최대한 산출되어야 한다.

데이터 분석가가 갖추어야 할 네 번째 역량

스토리텔링 기법을 활용하여 커뮤니케이션 능력을 키워라

데이터 분석가는 분석 결과를 현명하게 전달하는 커뮤니케이션 능력이 필요하다. 상대를 이해하고 존중하는 자세, 과장하지 않은 솔직한 표현, 당신의 이야기에 귀를 기울이게 하는 스토리텔링 능력, 나를 낮추는 겸손한 태도. 커뮤니케이션 능력이 당신의 분석 결과를 받아들이게 한다.

인간관계 대부분은 대화로 시작해서 대화로 완성된다. 표정, 행동, 마음가짐 등이 일부 영향을 주긴 하지만 직접적인 대화만큼 영향력이 크지 않다. 시대가 빠르게 변화면서 대화 방식이 많이 변했다. 가장 가까워야 할 가족 사이에도 면대면 대화보다 스마트폰을 통한 대화가 더 많은 형편이다. 그리고 오히려 그게 더 편할 때도 있다. 그래도 인간관계의 핵심은 대화에서 비롯된다.

데이터 분석 결과는 언제나 긍정적인 것만 들어내지 않는다. 누구에게는 이로운 결과일 수 있지만, 누구에게는 큰 어려움을 주는 독이 될 수도 있다. 따라서 데이터 분석가는 매 순간 분석 결과를 현명하게 전달하는 커뮤니케이션 능력이 필요하다. 커뮤니케이션 능력이 꼭 데이터 분석 분야에서만 유용한 건 아니다. 조직 생활에서 대화를 풀어가는 능력은 매우 중요하다.

사람의 마음을 꿰뚫어 보는 능력, 우리가 독심술을 보유하고 있다면 얼마나 좋을까? 그러나 우리에게는 그런 능력이 없다. 기껏해야 상대의 표정과 말투 등을 순간순간 파악해 대응하는 방법밖에는 별 도리가 없다. 이 세상에는 다양한 인종이 살고 있다. 이는 곧 다양한 생각과 다양한 의견이 공존한다는 뜻이다. 이를 모두 포용할 수 없다면 받아들이고 대처하는 것이 현명하다. 그 시작은 바로 상대를 이해하는 것에서부터 출발한다. 나를 앞세우기보다 상대를 이해하려는 노력. 그것이 성공적인 대화로 이끈다.

효과적이고 현명하게 대화를 이끌기 위해서는 나도 상대를 정확히 알아야 하지만 상대도 나를 왜곡된 시선으로 바라보지 않도록 해야 한다. 나를 모두 들어내는 것이 언제나 좋을 수는 없지만, 반대로 나를 너무 숨기는 것도 현명한 자세는 아니다. 조직 생활을 하다 보면 가끔 이런 생각이 들 때가 있다.

"아니, 내 능력이 얼마나 뛰어난데 나를 이런 취급하지? 정말 여긴 나를 잘 몰라. 나라는 사람을 전혀 활용할 줄 모르잖아."

그건 아마도 조직에 속한 사람들이 당신이 어떤 사람인지를 파악하지 못해서 그럴 수 있다. 그래서 능력을 앞세우기보다 나를 표현하는 훈련이 더 필요한 것인지 모른다.

나를 표현하고 알리기 위한 가장 좋은 방법은 솔직함이다. 뭐든 솔직하면 된다. 나와 관계된 사람들이 나를 과장되거나 모자라게 생각하지 않도록 솔직해지면 된다. 첫 만남에서 거짓으로 접근하면 그 거짓을 덮기 위해 더 큰 거짓이 필요하기 마련이다. 그리고 그것이 밝혀졌을 때 후유증과 상처는 너무 늦어 치유할 수 없게 된다.

"혹시 이런 분석도 해보셨어요?"

모르면 모른다고 대답하자. 괜한 자존심 때문에 또는 남들에게 부족한 부분을 보이기 싫어 모르는 것도 아는 척하는 오류를 범하지 말자. 당신이 진정한 실력자라면, 당신이 모른다고 해도 사람들은 크게 신경 쓰지 않는다. 하지만 반대로 허세 가득한 당신이 모르는 것도 아는 척을 하게 되면 언젠가 당신은 양치기 소년이 부럽지 않은 자리에 앉게 된다.
솔직하게 다가가는 노력의 핵심은 나를 개방하는 것이다. 열린 마음으로 상대를 대하면 상대도 나에게 열린 마음으로 다가온다. 서로가 마음을 열고 다가가면 언젠가 상대의 마음도 통제할 수 있는 경지에 이른다. 진짜다.
상대가 나의 이야기에 귀 기울여주길 바란다면 나도 상대의 이야기에 귀를 기울이어야 한다. 마찬가지로 상대가 나를 알아주길 바란다면 나도 상대를 알아가려는 모습을 보여야 한다. 보통 공감 능력이라 하는데, 뭐 굳이 조직에서 감정까지 공유할 필요는 없다. 다만, 언제나 내가 상대를 존중하고 있다는 느낌을 받도록 하자. 상대를 존중하기 위해서는 나를 낮춰야 한다. 겸손해야 한다.
"내가 분석해 보니 영업 2팀은 이번 성과가 아주 개판이야. 지난번에 나를 그렇게 망신줬으니 이번엔 어디 당해봐라."
정말 좋지 못한 자세다. 데이터 분석가들이 자주 하는 실수이다. 나도 간혹 오만해진 나를 발견할 때가 종종 있다.
"봐, 다들 아니라고 했지? 아니긴 뭐가 아니야. 내 말이 맞는데. 분석 결과 보고 들어갔으니까, 각오들 하셔."
그래서 내가 얻는 건 무엇일까? 적이 생길 뿐이다. 역시나 나를 낮추는 가장 좋은 방법은 솔직함이다. 구태여 과장하지 말고 알면 아는 대로 모르면 모르는 대로! 모든 대인 관계에서 솔직함은 최대의 무기이다. 당신이 정말 잘났다면 구태여 과장하지 않아도 된다. 빛은 어둠을 뚫을 수 있다. 그러나 어둠은 빛을 가릴 수 없다. 당신이 진정한 빛이면 그 빛은 겉으로 드러내지 않아도 드러나게 된다.

데이터 분석하여 상대를 공격할 거리만 생각하면 독이 된다. 사람은 언제나 방어적이기에 언젠가 나도 같은 대우를 받게 된다. 나를 높여 주는 건 주변인들이 만드는 나의 이미지다. 그래서 언제나 내 주변인들과 나와 관련된 모든 사람을 소중히 생각해야 한다.
데이터에서 가치를 발견하기 위한 과정은 길고 고단하다. 어떨 때는 끝까지 진행해도 결과가 없을 것이라는 점을 알게 된다. 그런데도 쉽게 포기하지 못한다. 그래서 가끔 결과를 억지로 만들어 내는 부류가 있다. 데이터 분석이 보편적인 업무 형태가 아니다 보니 가능한 일이다.
우리가 데이터를 분석하는 목적은 더 나은 내일을 위해서다. 억지로 결과를 뽑다 보면 내 실력도 안 늘고 그 결과를 덮기 위한 더 큰 억지를 만들게 된다. 조직에는 나보다 똑똑한 사람이 얼마든지 있다. 금방 탄로 날 억지는 하지 않는 것만 못하다. 때로는 과감한 포기가 더 좋다. 나오지 않을 가치를 찾지 말고 새로운 시도를 하는 것이 더 현명하다. 억지 부리지 않아야 할 게 하나 더 있다. 내가 분석한 결과를 관철하기 위해 억지 주장을 할 필요가 없다. 오히려 이때는 상대가 스스로 내 결과를 받아들이게 만드는 대화 기술도 필요하다.
"이 분석 결과 보세요. 완전 정확하지 않나요? 지금 우리 상황을 정확하게 보여주는 지표에요."
굳이 당신이 이런 이야기를 할 필요는 없다. 결과에 숨은 가치가 좋으면 당신이 말하지 않아도 상대가 알아서 따라준다. 정확히 근사한 표현을 쓰자면 강요에 의한 설득보다 마음의 동의를 구하는 일이다. 설득의 과정은 서로의 마음이 하나가 될 때 가능하다. '저 좀 도와주세요.' 구걸하지 말자. '이거 선택 안 하면 알죠?' 협박하지 말자. 설득은 '말발'로 되는 것이 아니라 마음의 이야기로 이루어지는 것이다. 상대가 내 분석 결과를 선택한다는 건 그가 내게 설득되었다는 뜻이다. 이러면 보람도 두 배가 된다. 내 안의 자존감도 함께 커진다.

상대를 설득하는 일만큼 중요한 것이 어쩌면 거절의 기술이다. 특정 부서와 관련된 분석 업무를 수행하게 되는 경우는 대부분 경영진의 요구로 진행할 때가 많다. 그래서 나는 특정 부서와 관련한 분석 업무를 수행하면 경영진 보고에 앞서 먼저 담당 부서의 부서장 혹은 상급자와 분석 내용을 사전에 공지하고 공유한다. 분석 결과가 긍정적이면 큰 문제 없이 넘어가지만, 반대로 부정적인 결과가 나오면 언제나 다음과 같은 말이 나온다.

"좋은 게 좋은 거잖아. 조금만 수정해서 보고하지? 아니면 몇몇 부분은 빼고 보고 하는 게 어때?"

분석을 수행한 나는 거짓말을 해도 데이터는 거짓말을 못 한다. 데이터 분석가가 거짓된 정보를 보고한다는 건 더는 데이터 분석가로 살지 않겠다고 선언하는 것과 같다. 앞서 말했듯 한번 거짓된 정보를 보고하면 그를 막기 위해 더 큰 거짓말을 계속해야 한다. 더하고 빼는 것 없이 있는 그대로 보고해야 한다. 그러자니 관련 부서의 요구, 데이터를 조금 수정해 달라거나 아니면 부정적인 부분을 빼자는 제안을 거절해야 하는 상황이 발생한다. 받아들이자니 데이터 분석가로서 자부심에 상처가 나고 거절하자니 상대와 거리가 생길까 고민 된다. 이런 경험 여러 번 하게 될 것이다. 방법은 하나다. 소신있게 거절하는 것이다. 단 지금의 결과는 수정할 수 없지만, 다음의 결과부터는 매우 긍정적일 것이라는 희망의 메시지를 전달해야 한다.

"부서장님, 이 결과가 지금 당장에는 좀 부정적인 건 사실인데요. 다음 장 보시면 알겠지만 이 부분만 조금 극복해주면 다음 달부터는 결과가 지금과는 완전히 다르게 나타날 것 같아요. 이 부분을 강조해서 보고하겠습니다. 너무 걱정 안 하셔도 됩니다."

데이터 분석가는 소신이 있어야 한다. 그러기 위해서는 아름다운 거절의 기술도 익혀야 한다.

그 주제가 무엇이든, 어느 한 주제를 선정하고 그 주제에 맞춰 이야기를 구성해 누군가에게 전달하는 과정은 생각보다 쉽지 않다. 상대로부터 나의 이야기에 귀를 기울이게 하려면 무엇보다 내가 전달하는 이야기가 재미있어야 한다. 아무리 주제가 좋아도 재미없는 이야기를 들어줄 청중은 없다.

분석 결과가 아무리 가치가 있다 하여도 전달하는 과정이 흥미롭지 못하면 무용지물이 된다. 쉽고 재미있게 전달하는 능력은 많은 훈련과 풍부한 지식에서 나온다. 분석 결과를 스토리화할 수 있어야 한다. 여기서 말하는 스토리는 친목 도모를 위해 친구들끼리 나누는 이야기가 아니다. 정글과 같은 조직 환경에서 살아남기 위한 경쟁력을 말한다.

이야기를 재미있게 전달하기 이전에 꼭 해야 할 일이 있다. 경청傾聽하기다. 우리가 상대의 이야기가 흥미로운 건 그 이야기를 경청하기 때문에 느낄 수 있는 감정이다. 나부터 상대 이야기에 귀 기울여 듣지 않는데 상대가 내 이야기에 관심을 둘 것이라는 믿음은 단언컨대 착각이다.

경청은 단순히 상대의 이야기를 들어주는 것에서 끝나지 않는다. 그가 말하고자 하는 의도는 무엇인지부터 파악하고, 표정과 손짓을 놓치지 않고 관찰하는 자세도 포함된다. 상대가 말하고자 하는 목적과 의도를 정확히 파악하지 못했다면 그건 경청을 하지 않은 것이다. 상대의 이야기를 경청하지 않고 데이터 분석을 진행하면 그 결과는 독단적이고 무의미할 뿐이다.

"내 실력이 뛰어나니 분석 결과도 훌륭할 것이야. 어차피 저들이 뭘 알겠어? 들으나 마나지."

이건 정말 착각이다. 조직에서 데이터 분석은 나를 위해 하는 것이 아니다. 그 결과를 필요로 하는 구성원들의 이야기를 사전에 경청하는 것은 매우 중요하다. 나의 이익만을 추구할 것이 아니라면 상대의 이야기에 언제나 귀 기울여 경청하자. 경청이야말로 훌륭한 스토리텔러가 되는 가장 든든한 디딤돌이다.

"왜 내가 지금 여기서 시간도 없는데 당신 이야기를 들어야 하죠?"

누군가 당신에게 이런 질문을 했다고 치자. 그렇다면 당신은 스토리텔링을 배워야 한다. 이 질문의 답을 찾는 것이 바로 스토리텔링 훈련의 첫 번째 단계이다.

"아니, 바쁜 사람들 모아 놓고 뭐 하는 거야?"

이런 소리 듣지 않으려면 첫 단계 과제를 성실히 풀어 해답을 찾아야 한다. 두 가지 포인트로 접근할 수 있다. 먼저 당신의 이야기에 관한 관심이다. 당신이 열심히 분석해서 얻은 결론을 발표하는 자리. 그곳에 모인 많은 사람에게 당신의 이야기가 얼마나 긍정적인 피드백을 얻을 수 있을지에 대해 고민해야 한다. 정말 관심이 있어서 모인 사람도, 등에 떠밀려서 모인 사람도, 시간을 때우기 위해 모인 사람도, 그 밖의 어떤 사람도 당신의 이야기에 긍정적인 반응을 보이도록 노력해야 한다.

"에이. 분석한 결과가 좋으면 긍정적인 반응을 자연스럽게 받지 않을까요?"

맞는 말이다. 그러나 결과가 나쁘다고 언제나 부정적인 반응을 받아야 할까? 부정적인 결과에도 긍정적인 반응을 끌어내야 한다. 발표하고자 하는 핵심 결론은 이미 모임 주제에 공표된다. 대부분이 그렇다. 이미 그 자리에 참석할 때는 내가 왜 참석하는지 알고 온다. 모인 사람들은 이 모임이 어떤 결론 때문에 모인 것인지 이미 알고 있다. 그 결과에 대해서는 부정적인 반응을 보인 사람도, 긍정적으로 받아들인 사람도 있을 것이다. 그래서 과정에 집중해야 한다. 부정적인 결론에 놓일 사람들을 생각해서 그들에게 전해 줄 희망적인 메시지를 생각해 두어야 한다. 희망적인 이야기를 하면 당신의 발표 혹은 설명에 긍정적으로 반응할 가능성이 커진다.

"이번 4분기 영업 실적 보고서를 보면 영업 2팀은 목표 대비 실적이 85%에 그쳤네요. 하지만 그럴 만했네요. 급작스레 팀원 2명이 빠진 상황을 고려하면 인원 대비 효율성 면에서는 최고의 실적을 보였습니다. 팀 전체적인 성과는 부진했지만 개인별 성과에서는 꽤 만족스러운 보상을 받으시겠네요."

두 번째 해답은 시간이다. 금쪽같은 시간 내어 왔는데 지루하고 소득 없는 이야기를 듣고 나온다면 어떨까? 해당 모임이 강연이나 강의를 목적으로 한 것이 아니라면 모든 발표 주제에 대해 10분, 혹은 길어야 20분을 넘지 않도록 시간을 적절히 배정해야 한다. 내가 말하고자 하는 바가 시작과 끝이 하나의 목표 지점을 향해 가도록 일관된 시나리오를 가지고 이야기를 풀어가야 한다. 시간이 길어지면 누구나 집중력이 흐트러진다. 최대한 짧은 시간에 효과적인 이야기를 하는 연습을 충분히 해두면 좋다.

당신의 이야기에 관심을 두고 시간까지 내주었다면 이제 모인 사람들과 함께 호흡해야 한다. 가장 효과적인 방법은 질문을 던지는 것이다. 발표 과정 중간중간 질문을 한다. '이 부분에 투입된 데이터는 잘 선택된 거죠?' 혹은, '분석 결과가 원하는 수치보다 조금 낮게 나왔는데, 큰 문제가 없을까요?' 동조와 동의를 구하고자 질문할 때는 상대가 대답할 수 있는 질문을 해야 한다. 상대가 전혀 대답할 수 없는 어려운 질문이나 본인도 정작 모르는 질문을 던지면 안 된다.

또는 매출에 관해 이야기하며 재고에 관해 묻는다든가, 이익률을 발표하며 손실 비용에 관해 묻는 등 주제와 상관없는 질문을 하는 경우도 조심해야 한다. 반대의 상황도 있을 수 있다. '그 분석할 때 왜 특별품에 대해서는 고려하지 않았죠?' 또는, '그 부분은 고객이 자주 사양을 변경하는데 변경 사항에 대한 부분은 반영이 된 건가요?' 이런 경우를 대비해 꼼꼼하게 준비해야 한다. 주제와 관련된 부분에 대해서는 깊이 있고 폭넓게 확인하고 발표하는 게 좋다.

오로지 내 발표 내용과 분석 결과만 생각한 채 관련된 사항을 놓쳐버리면 결과에 대한 신뢰를 얻기 힘들다. 또한 동의를 구하기도 힘들어진다. 그래서 데이터 분석은 결과를 얻기 위해 앞만 보고 달리는 것보다 주변 분위기를 꼼꼼히 살피며 여유 있는 발걸음으로 나아가는 것이 더욱 중요하다.

내 발표를 듣는 상대와 긍정적으로 호흡하는 방법이 하나 더 있다. 바로 대상과의 눈높이를 맞추는 것이다.

"이번 social network analysis를 진행할 때 link는 Association Rules mining의 confidence score를 사용했는데 이때 lift score가 1 이상인 value만 선택해서 활용했습니다."

듣는 사람들이 이런 생각을 할 것이다. 도대체 뭔 소리야? 어려운 용어 섞어 이야기한다고 말을 잘하는 것은 아니다. 청중이 멋지고 훌륭하다고 손뼉 쳐줄 거란 착각을 하면 안 된다. 나를 포함한 데이터 분석가들이 가장 빠지기 쉬운 함정이 바로 이 부분이다. 자신들만의 용어를 사용하면 상대가 근사하게 생각할 거란 착각을 하는 것이다. 재차 강조하지만 절대 그렇지 않다. 오히려 더욱 관심에서 멀어지는 계기가 될 수 있다.

또 하나는 내 발표를 들어줄 구성원 수준 혹은 조직이 어디인지를 정확히 알고 설명해야 한다. 재무 부서와 이야기하며 생산 기술 관련 용어를 사용하거나 인사팀에서 총무 이야기를 하는 등 엉뚱한 상황을 연출하면 안 된다.

"사실 제가 좀 어려운 방법론을 활용했어요. 이렇게 멋진 가치를 도출해낼 수 있었던 이유죠. 솔직히 데이터 수집 과정도 꽤 복잡하고 어려웠어요."

발표 과정에서 나를 영웅으로 만드는 것은 금물이다. 누차 강조하지만 당신의 그 멋진 분석 능력은 말하지 않아도 다 안다. 그러니 히어로가 되겠다는 생각은 잠시 접어두자. 사람들이 원하는 결과를 얻었거나 해당 발표에 좋은 피드백을 받았다면 당신을 자연스럽게 히어로가 된다. 모임의 주인공은 당신이 아니라 시간을 내어 그곳에 모인 청중들이다.

데이터 분석가가 갖추어야 할 다섯 번째 역량

다르게 생각하고, 색다른 시선을 가져라

데이터 분석가에게 꼭 필요한 덕목이 색다른 시선이다. 데이터 분석가는 이 색다른 시선을 통해 앞으로 나아간다. 분석 기법과 분석 도구를 공부하는 것보다 색다른 시선을 갖추는 게 몇 배는 더 중요하다. 왜냐하면, 데이터 분석가는 데이터에서 새로운 가치를 발견하고, 무한한 가능성을 찾아내는 사람이기 때문이다. 색다른 시선을 갖는 최고의 방법은 독서이다. 독서는 참으로 힘이 세다.

비판적 사고라고 하면 사람들은 대부분 어떤 주제에 대한 반대 의견을 생각한다. 이는 잘못된 생각이다. 비판적 사고는 객관적 시각을 견지하고 분석, 평가하는 것을 말한다. 나는 이 비판적 사고에 한 가지 의견을 더 추가한다. 바로 '색다른 시선'이다. 색다른 시선이란 정해진 규칙과 진리에 의해 판단하는 습관을 버리자는 것이다.

데이터 분석가에게 색다른 시선은 한 걸음 한 걸음 앞으로 나아갈 수 있게 하는 원동력이다. 데이터 분석가는 이 색다른 시선을 통해 앞으로 나아간다. 의식적으로 다르게 보는 시각, 그것이 내가 말하는 비판적 사고, 즉 색다른 시선이다.

가볍게 이야기를 시작해 보자. 저마다 이루고 싶은 계획이 있다. 요즘 말로 하면 버킷 리스트Bucket list란다. 나 같은 경우에는 오로라를 보는 것, P사의 스포츠카를 소유하는 것, 골프 스코어를 70대 초반까지 달성하는 것 등이다. 이렇게 거창한 것이 아니라도 우리는 매년 새해가 되면 그 해 이루고자 하는 목표를 세우기 마련이다. 금연, 다이어트, 저축, 자기 계발 등 다양하다. 학생이라면 학업 성적 또는 취업 등을 목표로 삼을 수 있겠다. 이러한 희망 또는 목표를 빠르게 달성할 방법에는 무엇이 있을까? 그 해답은 바로 나의 과거 생활 습관을 들여다봄으로써 찾을 수 있다. 내가 데이터 분석가로 살아오며 항상 마음에 담고 있는 문구가 있다.

'어제와 같은 오늘을 살며 달라진 내일을 기대하는 건 사치다.'

이 말을 언제나 잊지 않고 생활한다. 만약 당신이 무엇인가 이루고 싶은 목표가 있다면 어제, 지난주 오늘, 지난달 오늘, 멀게는 1년 전 오늘 당신이 무엇을 했는지 들여다보는 것이다. 생활 패턴을 조금만 바꿔도 내 주변에 일어나는 일들에 엄청난 변화가 생긴다. 거짓말이라고 치부하는 사람들도 있겠지만, 사실이다.

시간이 없다고? 언제나 내 주머니 사정이 여의치 않았던 것처럼 시간은 늘 없었다. 그렇게 늘 없는 시간을 쪼개고 쪼개 만들어 내는 방법이 바로 생활 패턴에 변화를 주는 것이다. 이를 위해서는 역시 기록밖에 없다. 오늘부터라도 매일 일어난 일을 시간대별로 작성해 보자. 습관적으로 기록하다 보면 그것도 일상이 된다. 시간마다 작성이 어렵다면 아침, 점심, 저녁으로, 그것도 힘들 다면 오전, 오후로 나누어 그 시간에 했던 일을 간단하게라도 작성해 보는 것이다. 그리고 내가 목표로 했던 그것을 달성하기 위해서 딱 3개월 뒤 작성한 기록을 펼쳐본다. 그리고 기록된 내용의 반대로 하면 된다. 우리가 살을 빼지 못 하는 일, 저축을 못 하는 일, 금연을 못 하는 일 등 소소한 목표를 달성하지 못하는 원인은 바로 어제와 같은 오늘을 살기 때문이다. 이렇게 버릇처럼 매일 작성한 기록은 시간이 흐를수록 나의 원대한 꿈도 이루어 줄 것이다. 그리고 당신이 매일 기록한 그

것이 바로 여러분에, 여러분만의, 여러분을 위한 데이터가 되는 것이다.

이러한 과정이 바로 색다른 시선을 갖는 가장 기본적인 습관이다. 어떤 관점으로 현상을 바라보고 있느냐? 매번 반복적인 생활 습관을 지닌 사람은 그것이 당연하다고 생각하지만, 데이터를 통해 보면 이런 생각과 흐름이 잘못되었다는 것을 알려준다.

나는 강의 혹은 강연을 진행할 때마다 그 주제가 무엇이든 기록의 중요성을 언제나 강조한다. 데이터 분석의 핵심 대상은 앞으로 쌓여갈 미래의 데이터가 아니다. 이미 쌓이고 누적된 과거의 데이터가 중심이 되는 것이다. 그래서 기록은 중요하다. 나의 개인적인 기록이 나의 미래를 예측해 줄 수 있다.

'우린 원래 그래요.'

이 말처럼 무책임한 말은 없다. 더욱이 데이터 분석가가 '원래 그렇다'라고 생각한다면 그것은 죄악과도 같다. 세상에 원래 그런 것은 없다. 모든 현상은 처음부터 원래 그랬던 것일까? 만약 원래 그랬다면 그 기준은 누가 정한 것이며, 무엇을 기준으로 그렇다는 것일까? 대다수 사람이 동의한 보편적 시각에서 '원래 그렇다'라는 의미란 것을 안다. 하지만 데이터 분석에서 모든 현상이 원래 그랬다면 굳이 분석할 필요가 있을까? 어쩌면 우리가 수행하는 데이터 분석은 원래 그런 현상이 잘못된 것이라고 밝히기 위한 행위일지 모른다. 세상의 모든 현상이 원래 그렇다면 굳이 미래를 예측할 필요가 있을까? 세상이 원래 그렇지 않다는 것을 증명하기 위해서라도 우리는 데이터를 분석하고 있을지 모른다. 모든 현상을 원래 그런 것으로 받아들이지 않는 것이야말로 진정 색다른 시선이다.

항상 곁에 두고 관찰했던 '데이터'를 바라보는 시선부터 조금씩 바꿔보자. 우리는 보통 결론을 정하고 분석을 시작하는 경우가 많다. 아니 대부분 그렇다. 판매 전략을 새롭게 세우기 위해서, 새로운 시장을 개척하기 위하여, 신제품 마케팅을 위해서, 영업 성과를 분석하기 위해서 등등 대부분의 경우 분석 목적이 주어진다. 조직 생활에서는 어쩔 수 없는 현실이다. 모든 것이 톱니바퀴 굴러가듯 맞물려 돌아가는 조직에서는 개인적인 방향성보다 당연히 조직의 전체적인 방향성을 좇아야 한다.

하지만 데이터 분석가가 되기 위한 훈련에서는 그 누구의 간섭도 강요도 받지 않는다. 이럴 때는 결론을 미리 정하지 말자. 즉 내가 결론을 세우고 그 결론을 이루기 위해 데이터를 찾는 어리석음을 범하지 말자는 의미다.

데이터를 보고 그로부터 도출된 결론이 무엇일까 고민하는 훈련을 끊임없이 하는 것이다. 이런 훈련을 거듭하면 많은 이점이 있겠지만 그중에서도 내가 선택할 수 있는 또는 내가 분석할 수 있는 데이터가 무한하다는 것이다. 결론이 정해진 상태에서 데이터를 찾으면, '개똥도 약에 쓰려면 없다'는 옛말처럼 '이런 빅데이터의 시대에 이렇게 데이터가 없었나?' 생각이 들 정도로 데이터 구하기가 어렵다. 결론이 이미 정해진 상태에서 그 결론에 맞추기 위한 데이터를 찾으니 너무나 당연한 이야기다. 그러나 반대의 경우, 데이터를 보고 결론을 찾으면 전혀 반대의 상황이 연출된다. 데이터는 빅데이터 시대에 걸맞게 넘쳐나고 그로부터 발현될 가치는 차고 넘친다.

"아니, 분석을 하려고 해도 데이터가 있어야 하지. 이놈의 회사는 하나같이 데이터가 쓰레기야."

"아닐걸요? 데이터가 쓰레기가 되고 안 되고는 분리수거 하는 우리 몫이에요. 분리수거 잘하면 버려질 것과 그렇지 않은 것이 좀 더 명쾌하게 구분돼요."

나는 데이터를 보고 가치를 발견하는 훈련을 정말 오랜 시간 해왔다. 아마도 내가 가장 많은 시간을 투자하고 훈련하는 것 중 최고는 바로 이것일 것이다.

데이터를 보고 결론을 찾는 훈련을 해야 하는 이유는 또 있다.

"강사님? 강사님께서는 주로 어떤 분석 기법을 사용하세요? 그리고 어떤 툴을 사용해서 분석하세요?"

"글쎄요? 분석 기법은 그때그때 도출될 결론에 따라 다르죠. 툴은, 소싯적에는 주로 SPSS를 활용했는데 지금은 주로 R을 사용하죠. 근데 솔직히 데이터 분석의 최종 목적지를 향해 갈 때는 주로 엑셀을 많이 활용해요. 직접 VBA 코딩해서 처리하는 경우가 많죠."

대답은 했지만, 우리는 분석 기법과 분석 도구에 얽매이지 말자. 먼저 분석 기법혹은 방법론에 관해 이야기해보면, 분석 기법은 결과에 종속되기 마련이다. 예측할 때는, 패턴을 찾을 때는, 분류나 군집을 분석할 때는, 원하는 결론을 도출하기 위해 방법론이 결정된다. 따라서 앞서 말한 데이터를 보고 그로부터 결론을 찾는 훈련을 하게 되면 자연스럽게 해당 결론을 위한 방법론을 선택해야 한다. 이미 익숙한 분석 기법이라면 아는 만큼 사용하면 되고 모르면 그때 익혀 나가면 된다.

'닭이 먼저냐? 달걀이 먼저냐?'의 문제일 수 있겠지만 굳이 분석 기법에 얽매여 공부할 필요가 있을까 싶다. 물론 꼭 필요한 중요한 분석 기법에 대해서는 미리 익혀 두는 것이 나쁘지 않다. 아니 미리 선행 학습이 되어야 하는 분석 기법은 분명 있다. 미리 앞서가지 말라는 이야기는 꽤 복잡하고 특정 상황에서나 사용할 법한 기법에 목매지 말라는 이야기다. 모르면 그때 가서 공부하고 익히면 된다.

다음으로 분석 도구인데, 이건 두말하면 잔소리다. 가끔 온갖 툴을 다 익히는 학생을 보게 된다.

"학생, 왜 그렇게 많은 툴을 공부해? 한 가지만 확실히 해도 되는데?"

"아, 혹시 몰라서요. 그리고 많이 아는 게 나쁜 건 아니니까 시간이 될 때 미리 해두는 거죠."

단언컨대, 배움과 실무는 다르다. 현장에 나가면 당신이 아는 툴 사용법은 아주 극히 일부분이라는 것을 깨닫는 데 많은 시간이 소요되지 않는다. 사전에 공부하는 것이 나쁘다는 얘기가 아니다. 미리 학습하는 자세는 바람직하다. 여기서 말하고 싶은 점은 이거 아니면 안 된다는 생각으로 접근해서 너무 많은 시간과 노력을 낭비할 필요가 없다는 것이다.

분석 도구의 사용 능력은 정확히 경험을 증명해준다. 실무에서 선배들에게 배우고 여러 분석을 진행하다 보면 자연스럽게 시간의 흐름에 따라 실력이 는다. 미리 걱정하고 많은 시간 투자할 필요 없다. 분석 도구 잘 모른다고 너무 상심 안 해도 된다. 자신감을 가져라. 분석 도구에 얽매여 많은 시간 투자할 거면 차라리 그 시간에 알고리즘 공부를 할 것을 권유한다. 그러면 이런 질문을 한다.

"아니 그때 가서 익히면 늦지 않아요? 익숙해야 활용할 수 있을 텐데? 그리고 또 이미 알고 있는 사람보다 늦게 되잖아요."

맞는 말이다. 이건 이견이 없다. 미리 아는 것만큼 좋은 게 있을까? 그래서 데이터를 보고 결론을 찾는 훈련은 끊임없이 하라는 것이다. 다른 사람보다 늦지 않기 위해서 말이다. 내가 익힌 어렵고 복잡한 분석 기법과 도구를 언제 어느 시점에 사용할지 알 수 없다. 어렵게 익힌 분석 기법과 분석 도구를 영원히 사용 안 할 수도 있다. 그건 조직에 따라 요구가 다양하고 다르기 때문이다.

이렇게 이야기하는 가장 결정적인 이유는 분석 기법과 도구에 목매면 자꾸 내가 아는 범위 내로 한정해서 결론을 유도하는 오류를 범하기 때문이다. 이미 말했다. 결론을 미리 정하고 하는 분석은 전혀 색다른 시선이 아니라고.

우리는 누구나 흐름에 벗어나 살 수 없다. 그것이 유행이라면 유행이라고 부를 수 있다. 특히나 데이터 분석과 같이 기술이 필요한 분야일수록 유행에 민감하다. 하지만 기술은 쉽게 나타나고 쉽게 사라진다. 그만큼 변화가 빠르다는 얘기다. 빠르게 변하는 기술을 따라가기가 쉽지 않은 현실이다. 진정 데이터 분석가데이터 분석가라는 용어도 언제 사라질지 모른다가 되기 위해 공부를 하고자 한다면 현재 유행하는 기술에 현혹되지 말기 바란다. 진심이다.

그리고 데이터로 발현할 수없이 많은 가치를 언제나 생각하며 데이터를 대하는 태도가 필요하다. 아직 가공하지 않은 원석의 데이터는 누구의 손에 의해 분석되느냐에 따라 그 가치가 달라진다. 지금 당장 쓸모없는 데이터이기에 중요하지 않은 데이터는 없다. 지금이 아니어도 언젠가 필요한 데이터가 될 수 있다. 그 어떤 데이터도 보석처럼 귀하게 여기자.

데이터의 최대 강점은 영원불멸하다는 점이다. 일회용 종이컵 사용하듯 한번 분석에 사용하였으니 다음에 쓸 필요가 없어지는 것이 아니다. 다시 말하지만 데이터로부터 발현된 가치는 여러분이 생각하는 것 그 이상이다. 데이터 분석 능력보다 가공되지 않은 데이터를 소중히 하는 마음가짐이야말로 데이터 분석가의 색다른 시선 중 하나가 아닐까 싶다.

색다른 시선을 갖는 훈련 중 가장 효과적인 것은 역시 독서다. 내 어릴 적 이런 이야기가 있었다.

'책은 마음의 양식이다.'

멋진 문구다. 여기에 더해서 나는 이렇게 주장한다. '독서는 다양한 시선이다.'

데이터 분석가에게 독서가 중요한 이유는 바로 '색다른 시선'을 기를 수 있기 때문이다. 그리고 내가 모르는 부분을 빠르게 학습하고 인지할 수 있는 가장 빠른 방법이다. 앞서 이야기한 모든 문제는 독서를 통해 가장 빠르게 내 것으로 만들 수 있다. 모든 것을 경험하고 배울 수 없다. 배우고 학습할 수 있는 것은 환경에 맞게 진행하고 그렇지 못한 부분은 독서를 통해 채워야 한다.

독서를 통한 큰 수확은 비판적 사고, 즉 다양하고 색다른 시선을 견지할 수 있다는 점이다. 모든 것을 바라보는 시선의 폭이 넓어진다. 나와는 다른 삶을 살아가는 사람들, 나와는 다른 생각을 가진 사람들, 나와는 다른 공간에 존재하는 사람들. 반복해서 이야기하지만 인간은 원하는 모든 것을 경험할 수 없다. 이를 극복하는 가장 좋은 방법은 다른 사람을 통해 간접 경험을 하는 것이다. 바로 독서의 힘이다.

자료의 구조, 비즈니스 환경, 알고리즘, 평균과 확률, 스토리텔링 그리고 커뮤니케이션 능력까지 독서를 통해 경험하고 익힐 수 있다. 진정한 데이터 분석가가 되는 가장 빠른 지름길은 독서다. 독서는 습관이다. 이건 명백하다. 아니 확실하다. 책만 보면 잠이 온다는 사람도 잠들기 전까지는 책을 보는 습관을 가져야 한다. 매일 조금씩 책 읽는 시간을 늘리는 거다. 오늘은 1분, 내일은 2분……. 이렇게 시간을 늘려 나가다 보면 잠드는 시간이 조금씩 늦춰지게 마련이다. 시간에 구애를 받기 싫다면 장수로 극복하는 것도 좋다. 오늘은 1장, 내일은 2장.

책과 가까워질 수 있는 또 다른 방법은 내가 좋아하는 분야의 책을 선택해서 읽는 것이다. 이것저것 시대의 흐름에 편승하여 책을 읽기보다는 내가 즐거운 것을 읽으면 책과 친해지기 쉽다.

“넌 너무 책을 편식해. 다양한 분야의 책을 읽어야지. 그렇게 읽으면 안 돼.”

간혹 누군가에게 이런 말을 들어도 괜찮다. 안 읽는 것보다 낫다. 베스트셀러나 반드시 고전이어야 하는 건 아니다. 사람은 누구나 타고난 개성이 있고 처한 환경이 다르다. 내가 관심을 가지는 주제, 내 수준에 맞는 책, 읽고 싶은 책을 우선하여 읽어 나가자. 그다음으로 반드시 읽어야 하는 책을 선택한다.

책을 읽은 후에는 반드시 한 줄이라도 느낌을 쓰는 습관을 기르자. 글쓰기를 좋아한다면 독후감도 아주 훌륭하다. 글쓰기 연습은 꼭 작가가 되겠다는 큰 뜻을 품은 사람에게만 필요한 것이 아니다. 내가 느낀 점을 글로 표현할 수 있다면, 분석 결과를 스토리로 구성할 때 큰 도움을 받을 수 있다. 분석 결과를 필요로 하는 사람과 소통하는 커뮤니케이션 능력도 키울 수 있다. 글로 표현하면 입으로도 나오고 스토리 구성도 되는 것이다. 더 하자면 읽고 느낀 점을 누군가에 이야기하며 정리하는 훈련도 해보자. 읽은 내용을 숙지하는 데 매우 효과적인 방법이다.

책을 읽기 전에는 목적의식을 분명히 하라는 점도 강조하고 싶다. 이 책을 어떤 목적에서 읽어야 하는지를 명확히 하는 것이다. 학습을 위한 것인지, 정보를 얻고자 함인지, 교양을 쌓아가기 위한 방편인지 아니면 즐거움을 쫓고자 함인지를 명확히 해야 한다. 단순히 즐거움을 위해서라면 즐거움만 쫓으면 된다. 지식을 얻기 위해서라면 그 지식만 생각해야 한다는 것이다. 즐거움을 찾으면서 정보도 얻거나, 지식을 얻으면서 즐거움도 느낄 수 있는 책은 그리 많지 않다. 설령 둘, 혹은 셋을 함께 얻을 수 있다고 해도 중심은 하나이고 나머지는 부수적인 것일 확률이 높다.

책을 펼치고 처음부터 끝까지 다 읽는 것이 중요한 게 아니다. 내가 얻고자 하는 부분을 명확히 설정하고 해당 부분을 집중적으로 읽어 나가는 것이 매우 중요하다. 정작 책을 처음부터 끝까지 다 읽는 것에 초점을 맞춰 내가 얻고자 하는 중요한 부분을 놓치는 경우가 생길 수 있다. 독서 자체가 무의미한 일상이 되어서는 안 된다. 우리는 데이터 분석가다. 입력이 있으면 산출이 분명해야 한다. 독서를 했으면 그를 통해 얻는 것도 명확해야 한다. 그것이 즐거움이든 지식이든 그 무엇이든 말이다.

종합해 보면 독서는 다양한 정보와 지식을 얻고, 내 생각을 발전시킬 수 있는 매우 중요한 수단이다. 일방적인 전달자가 아닌 양방향 소통을 가능케 한다. 데이터 분석을 수행할 때 나만의 입장이 아닌 상대의 입장까지도 고려할 수 있다.

글로 전달된 정보는 쉽게 잊히지 않는다. 따라서 순간순간 문제에 봉착했을 때 이를 해결할 수 있는 능력을 배양해 준다. 넓어진 안목은 세상을 다양한 시선으로 보게 해준다. 가치 발견을 위해 데이터를 찾는 것이 아니라, 데이터를 보고 가치를 발견하는 놀라운 능력이 쌓인다.

책에 담긴 상황, 의사 전달 방법을 간접 경험하면 조직 내 의사소통 능력이 향상된다. 갈등의 순간 충돌을 최소화하는 순기능을 제공한다. 분석된 가치는 누구에게나 만족한 결과를 제공하지 않는다. 상대를 충분히 이해시키고 공감하도록 만드는 능력이 독서에 있다.

"그럼, 독서를 하면 지금 당장 위에서 말한 모든 것이 한순간에 이루어지나요?"

"당장에 그 효과가 나타나진 않을 거예요. 하지만 시간이 흐를수록 나도 모르는 사이 놀라운 능력이 쌓일 거에요. 약속드립니다."

급하게 생각하지 말자. 시간이 걸린다고 시작조차 하지 않는 어리석은 선택을 하지 않길 바란다. 지금, 이 순간이 바로 적기다. 지금부터 시작하면 된다. 독서의 생활화. 다른 누군가가 오랜 시간을 걸쳐 쌓아 올린 노하우와 지식을 단번에 그것도 손쉽게 얻을 기회를 놓치지 말자.